编委会

主　编　黄永林
副主编　徐金龙　张国超
编　委　(按姓氏笔画为序)
　　　　丁玉斌　马　力　马　燕　王　彬　王金鹏
　　　　尹　静　邓　为　邓清源　申　逸　任　正
　　　　庄　黎　刘明刚　李媛媛　何春晖　余　欢
　　　　余召臣　沈钰玥　张永青　张勇军　张筱羽
　　　　范　军　罗　忻　周　芳　周雨城　郝挺雷
　　　　徐　燚　凌泽坤　黄　勤　盘　华　彭　涛
　　　　喻发胜　程家忠

中国语言文学
一流学科建设文库

文化遗产保护与文化产业发展论丛

文化与文化产业发展研究报告
——基于湖北的调研

黄永林 / 主编

华中师范大学出版社

新出图证(鄂)字 10 号

图书在版编目(CIP)数据

文化与文化产业发展研究报告:基于湖北的调研/黄永林主编. —武汉:华中师范大学出版社,2023.6
(文化遗产保护与文化产业发展论丛)
ISBN 978-7-5769-0084-2

Ⅰ.①文… Ⅱ.①黄… Ⅲ.①文化产业—产业发展—研究报告—湖北 Ⅳ.① G127.63

中国国家版本馆 CIP 数据核字(2023)第 045300 号

文化与文化产业发展研究报告
——基于湖北的调研
Ⓒ 黄永林 主编

责任编辑:庞 丹	责任校对:骆 宏	封面设计:胡 灿
编 辑 室:学术出版中心	电话:027-67863280/7792	
出版发行:华中师范大学出版社有限责任公司		
社址:湖北省武汉市洪山区珞喻路 152 号	邮编:430079	
电话:027-67863426(发行部)	传真:027-67863291	
网址:http://press.ccnu.edu.cn	电子邮箱:press@mail.ccnu.edu.cn	
印刷:湖北新华印务有限公司	督印:刘 敏	
字数:300 千字		
开本:710mm×1000mm 1/16	印张:21	
版次:2023 年 6 月第 1 版	印次:2023 年 6 月第 1 次印刷	
定价:98.00 元		

欢迎上网查询、购书

敬告读者:欢迎举报盗版,请打举报电话 027-67867353

总　　序

浩瀚苍穹，斗转星移；苍茫大地，沧海桑田，文化照亮人类文明的前行之路。人类迄今已走过长达数百万年的历程，文明的出现所占不过6000年，文明是人类文化发展到较高阶段的产物。人类在漫长的历史长河中，从茹毛饮血到田园农耕，从工业革命到信息社会，创造了多姿多彩的文化瑰宝，书写了波澜壮阔的文明华章。传统文化是人类文明孕育诞生与演化发展的历史见证，是一个国家和民族的历史血脉、集体记忆和精神标识。我国地域辽阔，物产丰富，民族众多，历史悠久，是拥有五千年不间断文明史的古国，创造了博大精深、异彩纷呈的中华文化，为人类文明进步作出了不可磨灭的贡献。中华文化是中华民族集体智慧的结晶，积淀着中华民族最深沉的精神追求，凝聚着中华民族最根本的精神基因，体现着中华民族旺盛的生命力和伟大的创造力，是中华民族生生不息、发展壮大的丰厚滋养。中华文化既是中华民族的宝贵财富，也是全人类文明的瑰宝。

革命推动社会前进，科技铸就现代文明，传统文化在现代化进程中面临挑战。18世纪工业革命的爆发，彻底改变了延续数千年的手工劳动的绝对支配地位，推动延续了数千年传统的自给自足的自然经济逐步解体，使得建立在农业经济基础上的小生产共同体向以机械化大规模生产为条件的工业企业转变，以农业为主的农村社会逐渐向工业化和城市化社会转轨。自20世纪40年代中期计算机问世以来，在全世界范围内兴起的现代信息革命对人类社会产生了空前的影响,信息产业应运而生,人类迈向信息社会,人类文明正在由工业文明向信息文明转型。当今,互联网、大数据、云计算、人工智能、虚拟现实、区块链等新技术的新进展,为人类创造了生活新空间,带来了信息交流的新方式,使信息的传递突破了时间和空间的限制,让人与人之间的距离骤然缩短,整个地球变成了一个"地球村",实现了信息资源的共享,人类单位时间中认识世界、改造世界的能力和效率极大提高。然而,产生于自然经济和农业文明基础之上的传统文化的传承却正遭受着严峻考验,一些十分珍贵的物质文化遗产频遭破坏,许多极为宝贵的非物质文化遗产正濒临消亡的危机。

面对来自自然和社会破坏的威胁,加强文化遗产保护已成为国际共识。为加强世界文化遗产的保护,1972年11月联合国教科文组织通过了《保护世界文化和自然遗产公约》,为文化遗产保护提供了制度化保障。该公约开宗明义地指出:

> 注意到文化遗产和自然遗产越来越受到破坏的威胁,一方面因年久腐变所致,同时变化中的社会和经济条件使情况恶化,造成更加难以对付的损害和破坏现象,考虑到任何文化或自然遗产的坏变或丢失都有使全世界遗产枯竭的有害影响,考虑到国家一级保护这类遗产的工作往往不很完善,原因在于这项工作需要大量投入,而列为保护对象的财产的所在国却不具备充足的经济、科学和技术力量。本组织《组织法》规定,本组织将通过保存和维护世界遗产和建议有关国家订立必要的国际公约来维护、增进和传播知识。而现有的关于文化和自然遗产的国际公约、建议和决议表明:保护不论属于哪国人民的这类罕见且无法替代的财产,对全世界人民都很重要。考虑到部分文化或自然遗产具有突出的重要性,因而须作为全人类世界遗产的一部分加以保护;考虑到威胁这类遗产的新危险的规模和严重性,整个国际社会有责任通过提供集体性援助来参与保

护具有突出的普遍价值的文化和自然遗产,这种援助尽管不能代替有关国家采取的行动,但将成为它的有效补充;考虑到为此有必要通过采用公约形式的新规定,以便为集体保护具有突出的普遍价值的文化和自然遗产建立一个根据现代科学方法制定的永久性的有效制度。①

2003年9月,联合国教科文组织又通过了《保护非物质文化遗产公约》,将作为人类文化遗产重要组成部分的非物质文化遗产纳入保护的范围。该公约指出:

> 本公约的宗旨如下:(一)保护非物质文化遗产;(二)尊重有关社区、群体和个人的非物质文化遗产;(三)在地方、国家和国际一级提高对非物质文化遗产及其相互欣赏的重要性的意识;(四)开展国际合作及提供国际援助。②

经过半个世纪的努力,保护人类文化遗产已成为国际社会广泛的共识,世界各国积极行动,有效地保护了人类宝贵的文化遗产,促进了世界文化多样性的发展。

保护中华优秀传统文化,中国在积极行动,成就辉煌,经验宝贵,引领世界。中国是一个文化遗产大国,保护好文化遗产,事关中华文明的传承和中华民族的振兴,在保护中华优秀文化遗产方面我国作出了不懈努力,也取得了许多独特的中国经验。为加强文化遗产的保护,1982年11月,我国公布实施《中华人民共和国文物保护法》,我国文化遗产保护纳入法制化轨道。1985年12月12日,我国正式加入《保护世界文

---

① 联合国教科文组织:《保护世界文化和自然遗产公约(1972)》,https://www.ihchina.cn/zhengce_details/15725。
② 联合国教科文组织:《保护非物质文化遗产公约(2003)》,https://www.ihchina.cn/zhengce_details/11668。

化和自然遗产公约》，成为缔约国之一，这标志着我国文化遗产保护事业正式加入世界文化遗产保护事业中，是我国文化遗产保护事业国际化的里程碑。2002年10月新修订的《中华人民共和国文物保护法》确立了"保护为主、抢救第一、合理利用、加强管理"的工作方针，至今成为我国文化遗产保护事业的基本出发点和法律依据。2004年，我国加入联合国教科文组织的《保护非物质文化遗产公约》，成为缔约国之一。2005年12月，国务院发布了《关于加强文化遗产保护的通知》，这是我国第一个以文化遗产保护为对象的政策性文件，它明确指出：物质文化遗产保护要贯彻"保护为主、抢救第一、合理利用、加强管理"的方针；非物质文化遗产保护要贯彻"保护为主、抢救第一、合理利用、传承发展"的方针。2011年2月，第十一届全国人大常委会第十九次会议表决通过了《中华人民共和国非物质文化遗产法》，该法于2011年6月1日起施行。中国文化遗产保护的内容从物质文化遗产拓展到非物质文化遗产，即从对物的保护上升到对人的保护，从对物件的保护过渡到对物件制作技艺的保护。《中华人民共和国非物质文化遗产法》以国家立法的形式对非遗进行保护、传承，明确了保护与弘扬非遗的社会责任，这为非遗保护、传承提供了有效的法制保障，对非遗保护、传承、发展起到了巨大的促进作用。

党的十八大以来，以习近平同志为核心的党中央认识到文化遗产的传承、保护、利用在建设社会主义文化强国中的重要作用，高度重视弘扬中华优秀传统文化，推动中华优秀传统文化创造性转化、创新性发展。2013年8月9日，习近平在全国宣传思想工作会议上的讲话中指出：在建设社会主义文化强国中，"中华优秀传统文化是中华民族的突出优势，是我们最深厚的文化软实力"[1]。2013年12月30日，习近平在主持中共中央政治局第十二次集体学习时特别指出，"在5000多年文明发展进程

---

[1] 习近平：《把宣传思想工作做得更好》，《习近平谈治国理政》（第一卷），北京：外文出版社2018年版，第155页。

中，中华民族创造了博大精深的灿烂文化"，"要系统梳理传统文化资源，让收藏在禁宫里的文物、陈列在广阔大地上的遗产、书写在古籍里的文字都活起来"①。2016年，习近平总书记对文物工作做出重要指示，强调要"切实加大文物保护力度，推进文物合理适度利用，使文物保护成果更多惠及人民群众……努力走出一条符合国情的文物保护利用之路"②。2017年1月，中共中央办公厅、国务院办公厅印发《关于实施中华优秀传统文化传承发展工程的意见》，强调要"不断增强中华优秀传统文化的生命力和影响力，创造中华文化新辉煌"③。2021年8月，中共中央办公厅、国务院办公厅印发《关于进一步加强非物质文化遗产保护工作的意见》④，强调非遗保护工作要"贯彻'保护为主、抢救第一、合理利用、传承发展'的工作方针，深入实施非物质文化遗产传承发展工程，切实提升非物质文化遗产系统性保护水平，为全面建设社会主义现代化国家提供精神力量"。党的二十大报告再次提出，"繁荣发展文化事业和文化产业"，"加大文物和文化遗产保护力度"，"推进文化和旅游深度融合发展"，"坚守中华文化立场，提炼展示中华文明的精神标识和文化精髓，加快构建中国话语和中国叙事体系"⑤。2022年12月，习近平对非物质文化遗产保护工作作出重要指示："要扎实做好非物质文化遗产的系统性保护，更好满足人民日益增长的精神文化需求，推进文化自信自强。要推动中华优秀传统文化创造性转化、创新性发展，不断增强中华民族凝聚力和中华文化影响力，深化文明交流互鉴，讲好中华优秀

---

① 习近平：《提高国家文化软实力》，《习近平谈治国理政》（第一卷），北京：外文出版社2018年版，第161页。
② 中共中央文献研究室：《习近平关于社会主义文化建设论述摘编》，北京：中央文献出版社2017年版，第190页。
③ 《中共中央办公厅 国务院办公厅印发〈关于实施中华优秀传统文化传承发展工程的意见〉》，2017年1月25日，http://www.gov.cn/gongbao/content/2017/content_5171322.htm。
④ 中共中央办公厅、国务院办公厅：《关于进一步加强非物质文化遗产保护工作的意见》，《中华人民共和国国务院公报》2021年8月30日。
⑤ 习近平：《高举中国特色社会主义伟大旗帜 为全面建设社会主义现代化国家而团结奋斗——在中国共产党第二十次全国代表大会上的报告》，本书编写组编著：《党的二十大报告辅导读本》，北京：人民出版社2022年版，第40—41页。

传统文化故事，推动中华文化更好走向世界。"①

新中国成立以来，我国文化遗产保护事业从艰难起步、快速发展到高质量发展，从抢救性保护到保护与利用并重，保护理念深刻变革，体制机制不断创新，不断优化调整工作思路和主要任务，在攻坚克难中开拓进取，取得了辉煌成就。目前，中国已有56项世界文化和自然遗产列入《世界遗产名录》，其中世界文化遗产33项、世界文化景观遗产5项、世界文化与自然双重遗产4项、世界自然遗产14项；共有43个项目列入联合国教科文组织非物质文化遗产名录、名册，居世界第一。

当今时代，中国社会正在悄然发生着一场继承和发扬中华优秀传统文化的"二次革命"，中华优秀传统文化的保护利用已进入高质量发展新阶段。在传统与现代交融的文化发展新背景下，我们应如何对这些优秀传统文化的价值进行充分发掘和弘扬？如何让这些博大精深的文化遗产为新时代中国特色社会主义文化建设发挥更大作用？这是我们必须迫切回答的问题。我们要以习近平总书记提出的"文化两创"为引领，深化对中华优秀传统文化重要性的认识，加强对中华优秀传统文化的历史价值、社会价值、文化价值、艺术价值、科技价值、经济价值等进行深入挖掘，为推动中华优秀传统文化创造性转化和创新性发展提供理论支撑与实践方案，让中华优秀传统文化在当代生活中迸发出发展新动力。

研究中国传统文化，推动文化产业发展，华中师范大学师生身先士卒，成绩显著。华中师范大学十分重视作为中华优秀传统文化重要组成部分的中国民间文化的学术研究和人才培养，早在20世纪50年代，即紧跟北京师范大学钟敬文先生，在中文系开设民间文学课程，1985年开始招收民间文学硕士研究生。经国家学位委员会批准，学校于1987年建立民间文学硕士点，2003年建立民间文学博士点。1996年，我主编的

---

① 《习近平对非物质文化遗产保护工作作出重要指示强调　扎实做好非物质文化遗产的系统性保护　推动中华文化更好走向世界》，2022年12月12日，http://cpc.people.com.cn/shipin/n1/2022/1213/c243247-32586031.html。

《民间文学导论》获国家教委高校优秀教材一等奖。1997年,"民间文学教学改革研究"获湖北省政府教学成果一等奖。2006年,学校整合学科资源成立全国高校第一个非物质文化遗产研究中心,并于2007年获得"文化部非物质文化遗产保护工作先进集体"称号。2006年,以黄永林教授为主任的华中师范大学国家文化产业研究中心被文化部命名为国家级文化产业研究中心。2011年,经教育部批准,我校国家文化产业研究中心以中国语言文学、中国史、公共管理、管理科学与工程四个一级学科为支撑,成立了新兴交叉学科"文化资源与文化产业",成为国内首个在该交叉学科招收硕士、博士研究生以及博士后研究人员的单位。2012年,由黄永林教授主持的国家"211工程"三期建设项目"中华民族文化保护、创意与数字化工程"荣获第四届文化部创新奖;由华中师范大学国家文化产业研究中心和湖北九通电子音像出版社合作拍摄制作的《荆楚国家级非物质文化遗产精粹》,2020年获湖北省政府出版奖,2023年获第八届中华优秀出版物提名奖。

勇于探索,不断创新,出版丛书,展示成果,推动中华优秀传统文化创新发展。这套由黄永林教授主编的"文化遗产保护与文化产业发展论丛",是华中师范大学"中国语言文学一流学科建设""中华文化传承创新项目"具有开拓性、代表性成果的展现,是我校师生在党和国家实施中华优秀传统文化传承发展工程,推动中华优秀传统文化创造性转化、创新性发展,扎实推进文化事业和文化产业繁荣发展,实施国家文化数字化战略,建设社会主义文化强国的背景下,开展的以文化遗产保护与文化产业发展为主题研究的重要成果展示。这一丛书的出版,体现了高校的学术功能、学者的时代担当和出版社的社会责任。

本丛书第一批推出的成果包括《中国传统文化的现代阐释》《中国文化产业的现代发展》《中国非物质文化遗产的保护利用》《数字技术时代的非遗保护与经济文化发展》《文化与文化产业发展研究报告——基于湖北的调研》,是作者近几年围绕中国文化遗产保护传承利用、文化产业高质量发展、数字技术与文化发展以及区域文化发展等重要领域进行研究的重要成果。丛书五卷一体，每卷自成体系，各有重点，独具特色。《中国传统文化的现代阐释》聚焦历史文物、民间文学、民俗文化、城市建筑文化和乡村地域文化等的产生发展、功能价值、传承保护和资源转化等进行现代阐释，力图通过一些个案，梳理中国传统文化的历史脉络，探索中华文化基因、文化特征和特殊价值，该研究为当今开展的中华优秀传统文化保护弘扬和利用发展提供了一定的理论支撑。《中国文化产业的现代发展》聚焦中国文化产业的发展历史、基本理论和资源利用、科技创新与产业发展等重大问题，探讨了我国现代文化产业发展的历史脉络、成绩与经验、问题与成因，分析了文化资源、文化创意、科技创新与文化产业发展的相互关系等，为推动我国文化产业高质量发展提供了一些理论思考和实践方案。《中国非物质文化遗产的保护利用》聚焦中国非物质文化遗产保护利用的重大理论与实践问题进行系统研究，利用文化经济学理论研究非物质文化遗产资源的经济价值，利用文化生态学理论分析非物质文化遗产保护利用的文化生态意义，利用文化传承理论分析非物质文化遗产传承人保护路径，并对非物质文化遗产学科建设和学派建构，以及加强非物质文化遗产教育提出了建设性意见，书中关于非物质文化遗产保护的中国经验的总结和非物质文化遗产"创造性转化和创新性发展"实现路径的深入探索，具有很强的理论价值和现实意义。《数字技术时代的非遗保护与经济文化发展》聚焦数字技术对非物质文化遗产传承和文化产业发展的巨大影响问题，重点论述了数字化与非遗保护传播、产业经济发展、新媒体建设等方面的问题，并关注数字技术、数字经济和数字文化等热点问题，进行了许多具有前沿性和前瞻性的理论思考和实践探讨，对提升我国非物质文化遗产保护传播水平和推动文化产业高质量发展具有建设性意义。《文化与文化产业发展研究报告——基于湖北的调研》选录了2019年至2021年间作者主持开展的湖北文化与文化产业调研项目的代表性成果。这些调研报告包括加强基层文化建设（"两个中心"建设），打造新媒体平台，基于现代科技提升文化产业竞争力，应对新冠肺炎疫情对文化产业的巨大冲击，大力发展区域文化产业等内容。这些报告通过实地调研、问卷访谈、纵向历史分析和横向区域比较研究,既总结成绩经验,又分析问题及原因,同时提出了具体的改革发展建议。有的调研报告内容已被湖北省委、省政府和武汉市委、市政府及有关部门采纳,有的还被省市主要领导肯定和被全国重要媒体报道转发,对湖北省和武汉市文化建设与文化产业发展起到了积极的推动作用。总体来看,这些研究成果以保护和弘扬中华优秀传统文化与推动创造性转化和创新性发展为宗旨,深入探讨文化遗产保护的理论与方法,大力挖掘文化遗产资源的内涵与价值,积极探索文化遗产资源利用应遵循的文化保护原则、现代产业理念和市场经济法则等,大胆提出加强文化与现代生活、现代经济、现代科技深度融合,通过创造性转化和创新性发展,实现文化保护与经济发展的相互促进。

本丛书首批五本集结的主要是作者主持的国家文化科技提升计划项目、国家社科基金重点项目、教育部人文社会科学重点研究基地重大项目等国家与省部级重大和重点项目的研究成果,其研究坚持理论与实践相结合的原则,既注重理论探讨,也重视实践研究,力求通过系统的理论研究为实践提供指导,通过深入的实践调查为理论建构奠定基础。其中绝大多数成果曾在国内外重要报刊上发表,有些还被《新华文摘》、《中国社会科学文摘》、人大复印报刊资料、人民智库等媒体全文转载,得到学界广泛关注和好评。出版该丛书对于加深对中华优秀传统文化保护传承与利用发展重要意义的理解,增强文化遗产作为战略性资源重要性的认识,对于持续推动文化遗产主动服务国家战略,融入现代生活,融合现代科技、文化创意、文化产业发展,切实发挥文化遗产在促进经济发展、社会治理、满足人民群众美好生活需要等方面的积极作用,推进社会主义文化强国建设具有一定的理论意义和积极的实践价值。

新时代、新征程、新起点,以新的成绩为推进中华民族伟大复兴作出新贡献。党的二十大报告提出,从现在起,中国共产党的中心任务就是团结带领全国各族人民全面建成社会主义现代化强国、实现第二个百年奋斗目标，以中国式现代化全面推进中华民族伟大复兴。中国式现代化深深植根于中华优秀传统文化，是对中华文明价值理念和智慧的继承创新，是以鲜明的中国特色创造的人类文明新形态。在新的历史时期，我们希望通过出版这类以"文化遗产和文化产业"为主题研究的丛书，来动员更多的人关心、支持和投入文化遗产保护利用事业，激发更多的文化工作者深入研究中华优秀传统文化的积极性，从中华优秀传统文化中寻找源头活水，把蕴含其中的价值充分挖掘出来并发扬光大，为坚持以中国式现代化全面推进中华民族伟大复兴提供强大的价值引导力、文化凝聚力、精神推动力。

　　探索无止境，创新没尽头。希望作者在未来的学术研究中沿着这条探索创新之路继续前行，以更多更高质量的优秀成果为中华优秀传统文化的保护利用和中国文化产业发展作出新贡献。

　　是为序。

刘守华

2023 年 3 月 18 日于中国科学技术大学

（刘守华教授是"中国文联终身成就民间文艺家"荣誉称号获得者，现任华中师范大学非物质文化遗产研究中心主任、博士生导师。）

前　言

为了深入贯彻党中央、国务院关于深化文化体制改革的决策部署，认真落实习近平总书记关于加强智库建设的系列重要讲话精神，2014年，中共湖北省委政策研究室（中共湖北省委全面深化改革委员会办公室）依托华中师范大学国家文化产业研究中心，建立了作为湖北十大改革智库之一的"湖北省文化体制改革智库"。智库坚持前瞻性、战略性、针对性、创新性和独立性原则，以深化湖北文化体制机制改革为主要研究对象，以文化改革发展战略和公共政策为研究重点，以服务湖北省委和省政府依法科学民主决策为宗旨，为深化湖北文化体制改革，加快完善文化管理体制，构建现代公共文化服务体系，建立现代文化市场体系，推动湖北省文化大繁荣大发展，提升湖北文化软实力和国际竞争力，促进湖北由文化大省向文化强省的跨越式发展作出贡献。

湖北省文化体制改革智库成立8年来，在中共湖北省委政策研究室和华中师范大学的领导和大力支持下，按照湖北省改革智库发展宗旨，通过政策研究、战略规划、课题调研、项目评估、信息服务等形式为省委、省政府提供决策咨询，并取得了较为突出的成绩。目前已经提供高质量的咨询报告20多篇，发布《武汉文化创意产业发展报告》蓝皮书（社会科学文献出版社）6部，主编"荆楚文化遗产丛书"和"'文化：资源与产业'文库"20多册，出版《中国文化国情报告（2018）》《湖北文化与文化产业发展新探》《荆楚文化视域下的湖北文化发展研究——来自湖北文化体制改革发展智库的研究报告》等专著8部，参与了湖北省、武汉市以及地方文化事业和文化产业政策和规划的研制工作。研究成果入选"湖北高校优秀决策咨询研究十大成果""湖北高校智库优秀决策咨询研究成果""湖北高校优秀科技成果转化项目"和"湖北省非物质文化遗产保护与传承优秀科研成果"等等。其中《新冠肺炎疫情对湖北文化企业影响的调研报告》等咨询报告还获省委和省政府主要领导的批示,相关成果在《人民日报》《光明日报》《中国社科报》《人民论坛》和人民智库等重要报刊媒体发表和转载,在社会上引起了较为强烈的反响。智库组成员还承担了国家级和部级项目20余项,其中有国家科技支撑计划项目、国家社科基金重大招标项目、国家文化科技提升计划项目、教育部哲学社会科学研究重大课题攻关项目等等,产生了一批专利、软件著作权、高水平论文和学术著作,一批国内领先的高水平学术研究成果获得文化部、教育部和湖北省科研成果奖等荣誉。智库的建设,一方面为湖北省全面深化文化体制改革提供了高质量的咨询报告、政策方案、规划设计、调研数据等,另一方面也促进了学校学科建设、科学研究、人才培养和社会服务能力的全面提升。

近几年,湖北省文化体制改革智库在主任黄永林教授主持下,积极承担了一批中共湖北省委全面深化改革委员会办公室、中共湖北省委政策研究室、中共湖北省委宣传部、湖北省发展和改革委员会以及中共武汉市委宣传部等委托的文化研究项目,本书选录的是2019年至2021年间的几个有代表性、有特色的重要调研项目成果。基于加强基层文化建设,收录了《深化拓展"两个中心"建设研究》;基于新媒体建设发展,收录了《对标国内知名新媒体平台,打造湖北具有全国强大影响力的新媒体品牌》;基于现代科技对文化产业的影响,收录了《湖北省提升文化产业竞争力研究报告》;基于新冠肺炎对文化产业的巨大冲击,收录了《新冠肺炎疫情对湖北文化企业影响的调研报告》;基于对文化产业发展的个案研究,收录了《武汉市文化产业发展报告(2018—2019)》和《武汉市与相关城市文化产业发展比较研究(2019)》。这些报告已被中共湖北省委、省政府和中共武汉市委、市政府及有关部门采纳,有的还被重要领导批示和重要媒体报道,对湖北省文化建设和文化产业发展起到了积极的推动作用。本书是继2018年湖北省文化体制改革智库出版的《荆楚文化视域下的湖北文化发展研究——来自湖北文化体制改革发展智库的研究报告》后的又一智库调研报告成果集。希望读者能通过这本书，了解这一历史时段湖北文化及文化产业发展的基本状况和未来发展前景。

通过这几年的湖北省文化体制改革智库建设，我们体会到建设高校智库应做好以下工作。

第一，从学术导向转向学术与服务双导向。高校智库建设是发挥高校专业研究机构优势，通过提供专业、公正的分析，帮助政府和社会提高决策的质量，跳出传统靠经验、靠少数人智慧随意建言的非规范状态。要建设好高校智库，最重要的是必须转换观念，从纯学术导向转向学术和服务双导向。要立足于高校专业性学术研究特色和智力优势，以一流的学术研究为政府和社会提供一流的服务，不断强化智库成果的公正性、专业性和有效性，实现服务性研究成果效度的持续增长。智库研究不能止步于政策建议被采纳，更重要的是政策措施得到有效实施，使理论研究成果尽快转化为现实生产力。就湖北省文化体制改革智库而言，就是充分发挥智库咨政建言、理论创新、舆论引导、社会服务等重要功能，推动和保障湖北省文化体制改革的顺利进行。

第二，从纯粹学术意识转向现实问题意识。智库建设是一个系统工程，不是单纯的为学术而学术的学院派研究，必须紧紧围绕国家和社会的现实需求，积极参与解决经济和社会发展中的重大复杂问题，把解决问题作为政策研究的根本目的，通过发现和解决问题，满足政府、社会和企业的需要。文化体制改革智库必须以文化体制改革政策为主要研究对象，以公共利益为研究导向，以社会责任为研究准则，在深入研究国内外文化体制改革发展经验和实地调查研究的基础上，针对湖北省文化发展现状，探讨新形势下如何完善湖北省文化管理体制、建立健全现代文化市场体系、构建现代公共文化服务体系，为湖北省制定文化领域的发展战略、规划、政策、建设方案提供可行性论证与研究，并为湖北省文化体制机制改革等重大现实问题提供决策依据，为推进湖北省文化体制改革、促进文化事业全面繁荣和文化产业快速发展提供坚实有力的理论支撑。

第三，从封闭独立研究转向对外开放合作。高校智库研究完全不同于传统高校研究机构关门做学问的发展模式，它必须紧跟政府、社会、企事业单位的需求，促进高校与政府、高校与社会、高校与企事业单位、高校与高校、高校与智库之间的密切合作，通过建立智库联盟（智库群），与政府智库、民间智库深度合作，集聚海内外知名专家学者，构建强强联合、多学科交叉的协作机制，实现优势互补、资源共享、分工协作，努力增强智库整体研究水平。湖北省文化体制改革智库作为一个高层次、多学科交叉的研究平台，就有关文化方面重大战略性、方向性问题，建立政、产、学、研结合的综合研究机构，与政府、企业、事业单位、研究机构开展协同合作研究，同时，还十分注意利用现代数字化技术手段加强数据库建设，开发功能完备的信息采集分析系统，搭建文化信息平台，提供相关信息检索、信息咨询及网络信息服务，更好地促进智库当好省委和省政府咨询决策的智囊团。

第四，从文献研究转向深入实际调查研究。高校智库必须从传统的以文献研究为主向理论与实践紧密结合的深入实际的调查研究为主转变，秉承战略性、前瞻性、科学性、实用性与可操作性的原则，运用规范的研究手段和技术开展研究，以客观的、科学的态度和方法开展研究，以大量翔实的数据和客观充分的证据为基础，开展严谨严密的逻辑演绎推理，用优秀的、前瞻性的学识理论来观照现实的社会问题，提出客观、科学的政策建议。深入开展实地调研，基于第一手调研数据提出符合实际情况的咨询报告，并在实践中对所提出的政策建议进行检验，适时进行矫正和完善，保证政策分析和政策建议的有效度和可信度。

在新的历史时期，湖北省文化体制改革智库要以习近平新时代中国特色社会主义思想统领文化体制改革和制度创新研究，充分发挥智库咨政建言、理论创新、舆论引导、社会服务等重要功能，多出思想、出成果，为湖北省文化体制改革发展提供政策咨询和决策建议，为促进湖北省由文化大省向文化强省的跨越式发展作出更大贡献。

目　　录

深化拓展"两个中心"建设研究 ………………………… 1

  一、湖北省"两个中心"建设基本情况 ……………………… 2

  二、湖北省"两个中心"建设问题分析 ……………………… 42

  三、深化拓展湖北省"两个中心"建设的对策建议 …………… 53

对标国内知名新媒体平台，打造湖北具有全国强大影响力的新媒体品牌 …… 66

  一、发展背景：新技术发展引发的媒体革命 ………………… 67

  二、湖北探索：湖北新媒体融合发展现状 …………………… 79

  三、国内经验：国内知名新媒体平台融合发展经验 ………… 116

  四、对标对表：构建湖北全媒体传播体系，打造具有全国影响力的主流新媒体品牌 ……………………………………………… 143

湖北省提升文化产业竞争力研究报告 ……………………… 163

  一、湖北省文化产业发展总体状况分析 ……………………… 164

  二、湖北文化产业在全国的竞争力分析 ……………………… 171

  三、湖北省文化企业发展现状调研分析 ……………………… 175

  四、湖北省文化产业发展存在的问题 ………………………… 184

  五、湖北省提升文化产业竞争力的时代机遇 ………………… 195

六、指导思想和发展目标 …………………………………… 199
　　七、湖北省提升文化产业竞争力对策措施 …………………… 205

新冠肺炎疫情对湖北文化企业影响的调研报告 …………………… 232
　　一、被调研企业情况分析 ……………………………………… 233
　　二、当前文化企业面临的主要困难 …………………………… 239
　　三、当前文化企业对政策和服务的主要需求 ………………… 246
　　四、推动文化产业发展的建议 ………………………………… 248

武汉市文化产业发展报告（2018—2019）………………………… 254
　　一、2018—2019年武汉市文化产业发展的基本情况 ………… 254
　　二、当前武汉市文化产业发展的主要问题 …………………… 274
　　三、武汉市文化创意产业发展的对策建议 …………………… 281

武汉市与相关城市文化产业发展比较研究（2019）……………… 285
　　一、文化产业竞争力的内涵与研究指标构建 ………………… 286
　　二、九大城市文化产业竞争力比较分析 ……………………… 287
　　三、武汉文化产业发展评价与启示 …………………………… 304

附录：聚焦问题　重质求效　加快湖北文化产业高质量发展
　　　　——《关于加快全省文化产业高质量发展的意见》解读 ……… 308

深化拓展"两个中心"建设研究*

湖北省文化体制改革智库
华中师范大学国家文化产业研究中心

为了贯彻落实中央和湖北省关于统筹推进"两个中心"（新时代文明实践中心和县级融媒体中心）建设有关要求，促进"两个中心"融合发展，进一步加强和改进基层宣传思想文化工作和精神文明建设，"深化拓展'两个中心'建设研究"课题组在省委改革办、省委宣传部支持下，在湖北省文化体制改革智库主任黄永林教授带领下，围绕"两个中心"的体制机制、组织领导、力量配备、平台整合、资源激活、工作机制、技术标准、服务队伍建设等方面开展实地调研，在全面掌握"两个中心"发展现状的基础上，总结经验，查找不足，系统提出了深化拓展"两个中心"建设的对策建议。

---

* 本调研报告为中共湖北省委全面深化改革委员会办公室委托项目"深化拓展'两个中心'建设研究"（ZKCG202005）成果之一。项目负责人：黄永林；主要研究人员：黄永林、范军、喻发胜、张勇军、徐金龙、周雨城、郝挺雷、余欢、李媛媛、盘华、丁玉斌、罗忻；主要调研人员：丁玉斌、邓为、邓萍、邓清源、李媛媛、李有文、杨梓、任飞、余欢、罗忻、周雨城、范威、赵成翔、郝挺雷、徐金龙、黄勤、黄永林、盘华、程萌、廖明玉。

本报告完成时间：2020年10月31日。

一、湖北省"两个中心"建设基本情况

2020年7月下旬至2020年8月底,课题组分赴荆州市、宜昌市、恩施州、黄石市、黄冈市、咸宁市、随州市、襄阳市、十堰市、天门市10个地市州及所属的12个试点县(市、区)的16个重点乡镇、24个重点村,以及宜昌市的夷陵区和猇亭区2个非试点地区展开调研,对"两个中心"建设的相关单位负责人、工作人员、群众、专家进行深入访谈,发放网络和部分线下问卷,力求全面、准确地把握"两个中心"建设现状。此次调研共收回5295份问卷,有效问卷为5136份,占97%;访谈人数共计273人(详见表1及表2)。

表1 调研地区问卷发放和访谈人数情况表

调研地区	个人问卷(份)	访谈(人)
黄石市	347	31
十堰市	350	29
宜昌市	646	64
襄阳市	227	19
荆州市	1045	31
黄冈市	1029	20
咸宁市	542	29
随州市	118	24
恩施州	272	13
天门市	560	13
合计	5136	273

表2 调研对象特征统计表

类型	选项	比例(%)	类型	选项	比例(%)
性别	男	51.11	职业	农民	5.04
	女	48.89		工人	2.82
年龄	18岁及以下	0.29		个体户	1.4
	19~35岁	42.66		村(社区)干部	26.36
	36~60岁	56.11		公务员/事业单位人员	43.73
	60岁以上	0.94		教师	2.12
学历	初中及以下	7.85		医生	0.74
	高中(含中专)	22.39		学生	2.34
	大学(含专科)	66.51		其他	15.45
	研究生	3.25	政治面貌	中共党员	64.02
				共青团员	13.18
				民主党派人士	0.21
				无党派人士	2.65
				群众	19.94

根据调研问卷回收的数据来看，本次被调研的对象覆盖了10个地市州的12个试点县（市、区），男女比例虽有差距但总体较为均衡，年龄结构以中青年为主，学历层次整体较高，本科以上占绝大多数（65%以上），职业类型以政府机关、企事业单位、地方基层组织管理人员为主，政治面貌多为中共党员和共青团员。

（一）新时代文明实践中心建设现状

建设新时代文明实践中心是以习近平同志为核心的党中央推动宣传思想工作守正创新、开创新局的重大举措，是盘活基层、打牢基础的重大改革，是推动乡村全面振兴、满足群众精神文化生活新期待的战略之举，是深受群众欢迎的民心工程。2018年7月，中共中央办公厅印发了

《关于建设新时代文明实践中心试点工作的指导意见》（以下简称《意见》），《意见》在"试点任务"部分首先提出"三级设置"，对试点的组织架构作出明确规定。2019年4月，湖北省委办公厅、省政府办公厅印发《湖北省新时代文明实践中心建设试点实施方案》，根据《意见》要求进一步规定了新时代文明实践中心组织架构中的负责人和班子成员，并明确规定"办公室设在县（市、区）党委宣传部，与县（市、区）文明办合署办公"。在此次实施方案中湖北省将大冶市、竹山县、房县、保康县、宜都市、秭归县、赤壁市和鹤峰县等8个县（市）设为试点，从2019年4月至7月实施试点工作并进行阶段评估和经验总结。2019年10月，中央文明委印发了《关于深化拓展新时代文明实践中心建设试点工作的实施方案》，在全国增设450个试点县（市、区），湖北省共设12个试点县（市、区），其中除了湖北省在2019年4月设置的8个试点县（市）外，还增加了松滋市、黄冈市黄州区、随县和天门市等4个试点县（市、区）。2020年3月，湖北省委办公厅、省政府办公厅印发《新时代文明实践中心试点工作方案》（以下简称《方案》），决定在大冶、竹山、房县、宜都、秭归、松滋、黄州、赤壁、随县、鹤峰、天门等12个县（市、区）同步开展"两个中心"试点建设。

目前，湖北省12个试点县（市、区）开局良好，各方面建设工作有序推进，并呈现出以下特征：一是组织化程度高。各试点都建立起相对完善的组织体系，以组织化形式开展各项实践活动，各试点辖域内普遍形成了中心、所、站三级阵地网络，工作效率较高。二是创新性活动多。各试点在具体的新时代文明实践活动中都能结合当地特点，打造新时代文明实践活动品牌，丰富活动形式和活动内容。三是志愿者规模大。12个试点县（市、区）都能有效发动群众参与志愿活动，志愿者注册率都达到国家规定标准，凝聚起了成百上千支志愿服务队伍。四是群众反映好。由于实践活动充分考虑了广大群众的需求，特别是对大多数群众的合理需求能及时了解和有效满足，群众对新时代文明实践活动普遍反映较好。

试点工作开展以来，有效推进了基层公共文化服务能力的全方位提升，带动了更多群众参与到志愿服务中来，在百姓心中种下了"志愿服务，为你为我"的种子，全域内、各行业逐步形成了志愿服务的新风尚。新时代文明实践中心试点工作在荆楚大地上显示出勃勃生机。

1. 组织制度建设

依据相关文件精神，本次调研的12个试点县（市、区）自启动试点建设后，均迅速有效地建立起新时代文明实践中心（所、站、点）三级组织架构体系，基本实现了全面覆盖、处处可为。调研显示，各试点县（市、区）已根据当地的实际情况，在"三级设置"的基础上因地制宜，制定出台了相应的工作方案或实施标准（详见表3）。

表3 12个试点县（市、区）在新时代文明实践中的组织架构和相关文件

试点地区	组织架构	印发的重要文件
保康	中心—所—站—点	《保康县关于新时代文明实践志愿服务机制建设的实施方案》《保康县新时代文明实践志愿者管理办法(试行)》等
赤壁	中心—所—站	《赤壁市新时代文明实践中心建设试点实施方案》等
大冶	中心—所—站—点	《大冶市志愿服务激励回馈管理办法》等
房县	中心—所—站—点	《全国新时代文明实践中心建设试点方案》《房县新时代文明实践中心(所、站)建设操作指南》《关于进一步做实新时代文明实践中心、所、站建设的通知》《关于加强新时代文明实践志愿服务组织体系及能力建设的通知》等
鹤峰	中心—所—站—岗	《鹤峰县新时代文明实践中心试点建设工作方案》《鹤峰县新时代文明实践中心试点县建设工作联席会议制度》《鹤峰县新时代文明实践志愿服务机制建设实施方案》等

续表

试点地区	组织架构	印发的重要文件
黄州	中心—所—站	《黄州区新时代文明实践中心建设试点实施方案》等
松滋	中心—所—站—岗	《松滋市深化拓展新时代文明实践中心试点工作实施方案》等
随县	中心—所—站	《随州市推进新时代文明实践中心和县级融媒体中心建设的实施方案》《随县新时代文明实践中心建设实施方案》《随县新时代文明实践工作联席会议制度》《关于随县新时代文明实践中心和县新时代文明实践志愿服务总队组成人员的通知》《随县新时代文明实践所（站）建设标准》《随县新时代文明实践中心关于党的十九届四中全会精神宣讲工作方案》等
天门	中心—所—站	《天门市新时代文明实践中心建设工作实施方案》等
宜都	中心—所—站—点	《全市新时代文明实践中心建设试点工作方案》等
竹山	中心—所—站	《竹山县建设新时代文明实践中心实施意见》《竹山县"十星级"志愿者服务管理办法》等
秭归	中心—分中心/所—站	《秭归县新时代文明实践中心建设试点工作方案》《秭归县2020年度新时代文明实践中心建设提质增效工作任务清单》《秭归县新时代文明实践志愿服务管理办法（试行）》等

从表3可以看出，12个试点县（市、区）均已按照《意见》要求建立起完整的组织架构体系，在实际工作中各试点还根据工作实际，积极探索创新，实际组织架构各有特色。如保康、大冶、房县、鹤峰、松滋和宜都均将三级架构向下延伸，设置了下一级别的"实践点"或"实践岗"，打通基层文明实践的"神经末梢"。宜都市探索以网格为单位建立新时代文明实践点，由网格党支部书记任点长，依托小区的"家+"驿站和农村"网格微家"，建立起宣传教育和服务群众相结合的常态长效机制。再如秭归在全县县直单位设立了文明实践分中心，依托县直单位

的专业能力开展更具针对性的文明实践志愿活动。

2. 经费投入保障

根据《意见》有关规定，"文明实践工作的基本经费原则上由县级财政提供，上级财政视情予以必要支持"；而《方案》明确表示，"要加强工作经费保障。县级财政要为文明实践活动提供必要的基本经费，确保文明实践活动顺利开展，省、市（州）两级财政视情予以必要支持"。因此，目前各试点县（市、区）新时代文明实践中心建设基本都能获得一定的经费支持（详见表4）。

表4 新时代文明实践中心建设经费投入情况

试点地区	经费投入	试点地区	经费投入
保康	县财政落实文明实践和文化小康预算500万元（"以奖代补"资金）。其中：每年每个文明实践所1万元，每个文明实践站0.5万元，县文明实践中心20万元，10支县级志愿服务队各1万元。	松滋	中央、省各50万元，市财政配套200万元。2020年已拨经费120万元。
赤壁	投入300余万元用于新时代文明实践中心（所、站）挂牌、办公用品添置和文明实践活动的启动。	随县	由县级财政按照人口数量每年不低于人均2元的标准列入预算保障。此外县政府单独拿出50万元，用于支持文明实践中心建设，目前已基本完工。
大冶	设立专项资金200万元。	天门	市财政每年安排工作经费60万元，项目经费200万元。2019年建设试点所站15个，每个所站建设补贴3万元；2020年打造示范实践所22个、示范实践站36个，每个所站建设补贴1.5万元。

续表

试点地区	经费投入	试点地区	经费投入
房县	县财政预算文明实践专项经费200万元。	宜都	市委拿300万元专项工作经费支持"两个中心"建设。市财政按每村每年1万元标准安排实践站工作经费。
鹤峰	县财政安排专项资金150万元。	竹山	县财政预算专项经费200万元。
黄州	投入专项资金300万元。	秭归	每年县财政预算文明创建经费100万元,新时代文明实践经费50万元。

目前各试点县（市、区）经费投入虽有基本保证，但新时代文明实践中心从硬件建设（包括中心场地、各实践所站挂牌、基层文化设施建设或改善等）到软件配套（包括云端数据管理、"点派单"运营、智能端建设和维护等），以及相应的工作人员的工资发放和志愿者的基本生活补贴都依赖于对应的经费投入。因此在调研过程中，各试点县（市、区）尤其是贫困地区反映阵地化标准建设、志愿者积分兑换、常态化开展下沉服务等方面的经费捉襟见肘、困难窘迫。不过，也有试点县（市、区）联合多部门共同解决经费问题，如黄石市为加强志愿者保障，市文明办、团县委、财政局、民政局从2020年开始联合为全市在全国志愿服务信息系统注册的志愿者购买集体意外伤害保险，每年投入30万元，每人最高赔付可达5万元，意外伤害医疗费每人最高赔付2000元。四个政府部门联合支持，切实有效地为志愿者进行志愿服务时的人身安全提供有力保障，这一举措对相关经费的解决具有一定的借鉴意义。

3. 人员编制安排

人员编制方面，中央和湖北省出台的文件并未对人员编制数量进行硬性要求，各试点县（市、区）从实际出发，根据工作需要，本着专业人做专业事的原则，均出台了文件来解决新时代文明实践相关工作人员的编制问题，但是在具体的实施中情况各有不同（详见表5）。

表5 新时代文明实践人员编制安排及落实

试点地区	人员编制	试点地区	人员编制
保康	5个：县服务站核定事业编制(设站长1名,副站长1名)。 36个：17个乡镇配备乡镇综合文化站公益性岗位,专岗专责。 1~2个：每村长期保障后备干部。	松滋	9个：文明实践中心核定编制。 21个：在17个乡镇原有人员配置基础上,另招聘人员充实实践所。
赤壁	6个：文明实践中心核定编制。 190个：实践所、站均配备兼职管理人员。	随县	5个：公益一类事业单位编制。
大冶	50个：核定编制(新增35个)。成立城市文明创建中心,与市新时代文明实践中心合署,为市委直属公益一类事业单位,实行一套班子两块牌子。	天门	8个：核定编制。将市志愿者指导中心更名为市新时代文明实践中心办公室,级别为公益一类副科级事业单位。
房县	11个：核定编制。县文明实践中心设置为正科级公益一类事业单位。其中领导职数3人(1正2副),已全部配备到位。	宜都	6个：文明实践中心核定编制。 1个：各乡镇明确1名宣传干事。 3个：乡镇综合文化服务中心核定编制。
鹤峰	5个：核定编制。	竹山	12+4个：指导中心核定事业编制,计划再增编(正科级单位)。 34个：县聘乡用"以钱养事"岗位。 2个：每个实践所增配专职工作人员。

续表

试点地区	人员编制	试点地区	人员编制
黄州	37个:文明实践中心核定全额事业编制(区级7个,区聘乡用30人)。目前区级中心已有2人到岗,陶店乡文明实践所1人到岗,余下人员将通过区内调配、区内竞编、公开招考三种方式进行选配,区内竞编工作已基本完成。	秭归	8个:核定机构编制(没有到岗,实际工作由文明创建股完成)。38个:落实乡镇综合文化服务中心事业编制。194个:村(社区)配备兼职文化管理员。

目前各试点县（市、区）对新时代文明实践中心均安排有数量不等的事业单位编制，有的地区为公益一类事业单位，有些地区为公益二类。并且有的地区如房县、竹山县将实践中心设置为正科级事业单位，天门市设置为副科级事业单位，从行政上明确了该地新时代文明实践中心的地位。

4. 整合公共资源

在本次实地调研中，各试点县（市、区）遵循"盘活现有资源"的原则，结合当地实际情况在整合相关资源方面形成了自己的特色（详见表6所示）。

表6 新时代文明实践活动的公共资源利用情况

试点地区	公共资源利用	试点地区	公共资源利用
保康	依托村级文化广场,结合实际发挥已有的党员活动室、农家书屋等教育平台的作用。	松滋	依托融媒体中心、图书馆、博物馆、科技馆、体育馆、群艺馆、杨至芳京剧艺术传承中心、贺炳炎纪念馆、老城文物园、乐乡大舞台、农家书屋、村史馆等现有阵地资源,全面整合,打造了13个新时代文明实践教育基地、2个新时代文明实践主题公园、7个"弄里书香"服务点、93处"学雷锋志愿服务岗",构建文明实践大平台大联盟。另外整合资源在全市打造26个"快乐之家"试点。

续表

试点地区	公共资源利用	试点地区	公共资源利用
赤壁	整合五大平台资源优势：党员活动室、道德讲堂；"四点半学校"、农家书屋；图书馆、群艺馆、乡镇文化站；农业示范基地、农村科技信息站；文体中心、农村健身广场。	随县	整合现有基层公共服务阵地资源，实现资源、载体、力量共享。涉及各平台的机构、人员、资源、设施等权属不变，根据文明实践工作统一调配使用。
大冶	积极盘活村（社区）综合文化服务中心、农村文化礼堂等现有基层公共服务资源。同时将全市643家农村祠堂转化为传承好家风家训、传播乡村文明、服务群众的文化活动阵地。	天门	整合图书馆、博物馆、群艺馆等公共文化服务场所，整合革命烈士纪念馆、陆羽纪念馆等爱国主义教育场所，整合中小学校、市直单位公共资源等共108处，建设文明实践基地。镇级充分整合公共服务资源；村级整合党群服务中心、农村综合性文化服务中心等公共服务资源。
房县	以"房县市民之家"为依托升级建成复合型、可参与的文明实践活动中心。	宜都	利用爱国主义教育基地、非物质文化遗产传习基地等资源建立8个"金种子"培训基地。
鹤峰	整合现有基层公共服务阵地资源，由一个县级部门牵头、若干责任部门配合，涉及各平台的机构、人员等权属不变，根据文明实践工作需要统一调配使用。	竹山	将原规划的十星文化展览馆和道德讲堂改建成新时代文明实践中心和志愿服务总队。整合全县600多个场馆阵地。
黄州	整合区级十大"文明实践基地"和乡镇（街道）、村（社区）的党员活动室、社区大讲堂、百姓大舞台、"四点半学校"、卫生室、律师调解委员会等资源，打造基层文明实践阵地。	秭归	利用已有的县级"四馆两场"、乡级"一站一场"、村级综合文化服务中心和村落"六小"文化的场馆设备，建强文化阵地。

在新时代文明实践活动中，高效利用现有的各种文化资源既能解决过去重复建设、建好即闲的弊端，又能整合资源，将基层治理、文化服务做牢做实。在试点探索的过程中，一些地区挖掘当地特色文化资源，如宜都市在爱国主义教育基地和非物质文化遗产传习基地的基础上，建立起8个"金种子"基地，群众可以通过"金种子"基地充分了解、学习当地独具特色的非物质文化遗产，如宜都剪纸、宜都民间故事、青林寺谜语等，丰富了人们的精神文化生活。再如松滋市精准对接人民群众需求，聚焦农村地区一老一少群体，以市新时代文明实践中心为主导，以乡镇为主体，整合新时代文明实践所（站）、综合文化站、农家书屋、妇女之家、职工之家、青年之家、侨联之家、儿童之家等多个服务空间，在全市打造26个"快乐之家"试点，彻底打破过去各自为政、条块分割、资源浪费的局面，为老百姓提供一个集学习、工作、生活、娱乐、休闲为一体的综合性场所，将过去闲置的场所、文化资源充分利用起来。

5. 实践阵地建设

开展新时代文明实践活动离不开阵地和载体。各试点县（市、区）秉持"就地取材、积极整合、防止浪费"的思路，整合了当地现有的公共文化设施资源。此次调研结果显示，83%的受访者表示本地区有开展文明实践活动的固定场所阵地，86.04%的受访者表示本地区有悬挂"新时代文明实践中心（所、站）"标牌的实体空间，88.96%的受访者表示本地区有专门的工作人员统筹协调和组织实施文明实践活动，85.69%的受访者表示本地区出台并发布了新时代文明实践工作的实施办法或指导意见（见图1）。就本次调研结果来看，新时代文明实践中心的试点建设成效显著，但在基层宣传新时代文明实践方面还有待进一步加强。

6. 志愿队伍建设

从表7可见，各试点县（市、区）注册的志愿者数量都达到了"超过常住人口13%"的规定标准，在具体活动中体现了党员干部的模范带

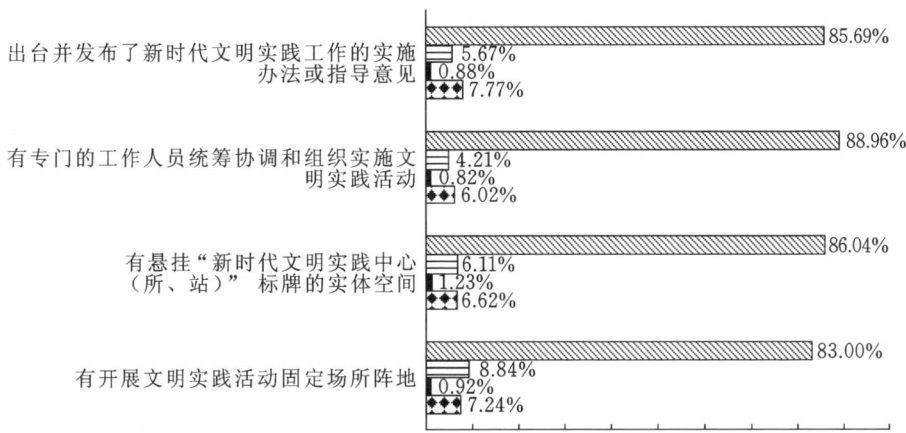

图 1　新时代文明实践中心阵地建设情况

头作用,来自各行各业的共产党员带领着身边的群众参与志愿活动,这是使志愿服务能够快速有效开展的重要因素。同时针对以往存在的志愿服务质量不高、志愿者活动不规范、服务层次不高等问题,试点县(市、区)都尝试发动专业人才进行专业的志愿服务。保康、大冶、房县、鹤峰、松滋、竹山都拥有专业的志愿队伍,宜都形成了"六个志愿服务圈",秭归在村落中充分发挥基层治理中"两长八员"的特色优势,赤壁、黄州、随县、天门也都建立起层级分明、体系完备的志愿服务队伍。志愿服务的星火在试点区域内形成了燎原之势。

表 7　试点县(市、区)志愿队伍和志愿者注册情况

试点地区	志愿队伍	全域注册志愿者注册率(注册人数/常住人口数)
保康	"10+N"模式,在总队下设立 10 支专业志愿服务队,乡镇、县直一级部门和社会公益志愿服务队分别设立志愿服务支队 11 支、88 支、10 支,村(社区)、二级单位和有党组织的企业组建志愿服务小队 1442 支。	16.42%

续表

试点地区	志愿队伍	全域注册志愿者注册率（注册人数/常住人口数）
赤壁	2017年批准成立"赤壁市志愿者协会"，下设7个分会和近300支社会志愿服务队伍。	22.45%（包括全国志愿服务信息系统和志愿汇两个平台，共计12万人）
大冶	913支志愿者队伍；市直部门建立15支志愿服务队伍。	15.59%
房县	建成总队1支、支队51支、大队316支；县级层面采取"20+N"模式，组建20个专业服务队、71个行业服务队；乡镇层面采取"7+N"模式；村（社区）层面采取"6+N"模式，由党员干部和新乡贤牵头。	14.33%
鹤峰	建立起"1+9+21+218+N"模式的文明实践志愿服务队伍网络。	15.8%
黄州	区、乡、村三级志愿服务主力队伍已全部组建完成；全区已注册1330支志愿服务支队。	15.14%
松滋	8类常备队伍、11支特色队伍、559支民间队伍组成志愿服务主力军，分线并行、逐层联动。	45.85%
随县	8支常备志愿支队、68支志愿服务分队、405支志愿服务小队。	15.96%
天门	9支新时代文明实践专业志愿服务分队。	14.93%
宜都	形成六个志愿服务圈：宣教、文体、科技、法律、卫建、便民。	20%
竹山	1个总队、23个支队、10余个民间特色志愿服务队。在"竹山县新时代文明实践中心信息系统"中注册的各类志愿服务队伍达483支。	13.54%

续表

试点地区	志愿队伍	全域注册志愿者注册率（注册人数/常住人口数）
秭归	全县构建"总队+支队+分队+小队"的志愿服务体系；在村落志愿服务小队发挥"两长八员"和党员的先锋模范作用。	13.56%

7. 特色活动开展

新时代文明实践活动是在县一级开展的打通宣传群众、教育群众、关心群众、服务群众"最后一公里"的战略举措，其价值基础是社会主义核心价值观，特色鲜明、群众喜闻乐见的文明实践活动对加强改进农村基础宣传思想文化工作和精神文明建设颇有助益。此次调研中九成以上的受访者表示所在地区的新时代文明实践中心组织过宣讲、培训活动（见图2）。受访者参与活动的积极性普遍很高，其中66.28%的受访者表示参加活动"很积极"，24.03%的受访者则表示"比较积极"（见图3）。

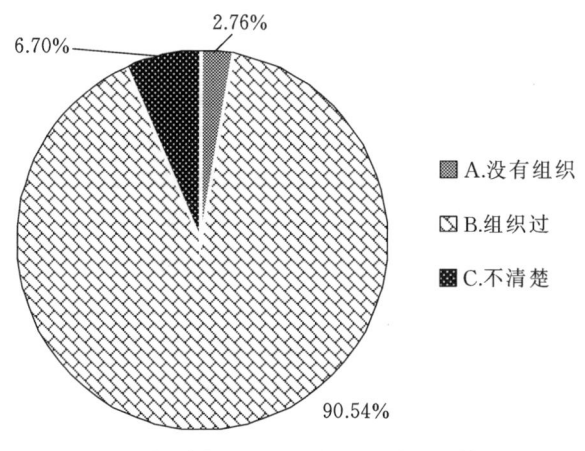

图2　新时代文明实践中心活动开展情况

此外，88.92%的受访者表示参加过文明实践志愿服务活动。在参加的

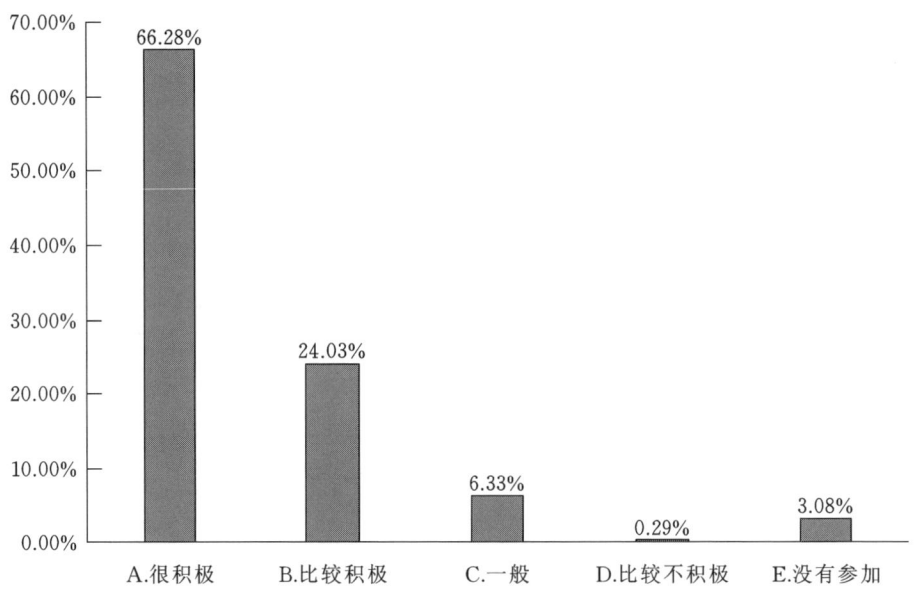

图3　新时代文明实践中心活动参与积极性

具体活动类型上，"开展理论、法律、政策的宣讲或学习""评选身边好人好事"和"医疗卫生健康服务"是受访者倾向于参与的新时代文明实践活动类型中排名靠前的三类，分别占比84.75%、78.02%和70.23%（见图4）。

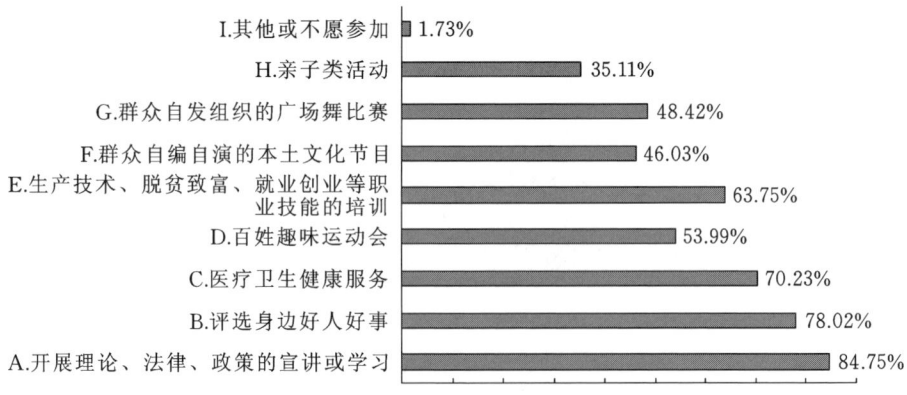

图4　新时代文明实践中心活动参与类型

此次调研表明，各试点县（市、区）反响比较好的实践项目主要有：保康的"乡风文明"志愿服务、赤壁的"扶贫助困"、大冶的"爱心满园"志愿活动、房县的"四好"创建、黄州的"文明出行"、随县和天门的"爱心食堂"、宜都的"六圈四节"、秭归的"六小"文化建设、鹤峰的"最美评选"、竹山的"十星创评"等。

8. 文明实践效果

本次调研中95.29%的受访者对活动效果给予好评,其中57.18%的受访者认为"效果非常好",38.11%的受访者认为"效果较好"(见图5)。五成以上受访者认为"效果非常好",表明试点县(市、区)踏实开展文明实践活动,并获得广泛认同。但不可忽视的是,参与本次调研的群体主要为中青年,而在实际中,尤其是在农村山区大多数中青年外出务工的情况下,新时代文明实践活动服务的主要群体则为青少年和老年人。要做好面向青少年和老年人的文明实践活动,更应注意生活实际问题的解决、政策观念的普及宣讲以及个人心理问题的疏导排解。

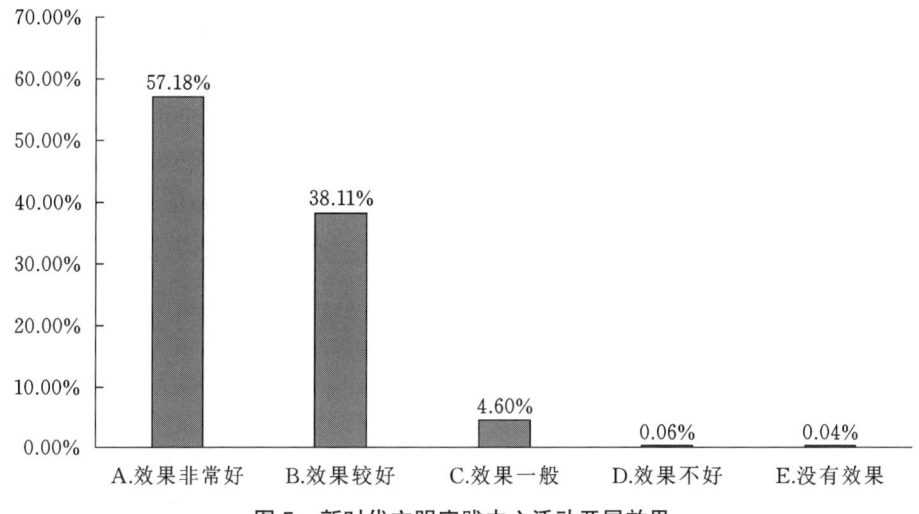

图5 新时代文明实践中心活动开展效果

9. 评价考核机制

新时代文明实践活动的主体是志愿者,因此文明实践效果能否保证主要取决于志愿者的服务。此次调研结果表明,建立以基层党员干部发挥重要示范引领作用、民众广泛参与、志愿者群体管理规范、资金保障稳定和激励机制完善为重要内容的常态长效考核机制十分重要。12个试点县（市、区）在试点过程中都建立了较为完善的以奖励志愿者为中心的考核机制，这对推动文明实践活动的开展起到了十分重要的作用（见表8）。

表8 试点县（市、区）的评价考核机制

试点地区	评价考核机制	试点地区	评价考核机制
保康	制定《保康县关于新时代文明实践志愿服务机制建设的实施方案》，出台《保康县新时代文明实践志愿者管理办法（试行）》，建立农村公共服务阵地资源整合、志愿服务供需对接、"两个中心"线上线下互融、志愿服务培训、志愿服务激励嘉许等机制。	松滋	建立志愿者嘉许制度，打造"时间银行"，实行积分兑换制度，实现志愿者绩效化管理。完善考核机制，将文明实践工作纳入各级党政班子和领导干部绩效考核，纳入意识形态工作责任制落实情况督查范畴，纳入精神文明创建考核。
赤壁	建立了一套较为完善的考核体系，探索建立岗位责任与工作业绩相统一的新的薪酬分配制度。	随县	把实践中心、所、站建设工作纳入县直部门、镇（场、景区、开发区）党政领导班子和领导干部实绩考核，纳入意识形态工作责任制落实情况监督检查范畴。采取明察暗访、专项督查、公开通报、媒体曝光等方式，不定期进行考核评估，将考核结果纳入经济社会发展综合考核指标体系，纳入文明村镇、文明单位、文明校园的评选考核内容。

续表

试点地区	评价考核机制	试点地区	评价考核机制
大冶	积分兑换,星级志愿者:爱心商户打折、电影院免费。	天门	建立了一套较为完善的考核体系,对志愿者参与志愿服务时长进行累计,优秀者可享受各项福利措施(意外保险、体检卡、公交卡)。
房县	建立"纳入"机制,出台《新时代文明实践中心(所、站)建设考评细则》《新时代文明实践中心(所、站)建设"七个硬扣分"》,设立奖励基金200万元,将中心(所、站)建设纳入领导班子和领导干部年度考核。出台《志愿服务管理办法》《志愿服务激励嘉许办法》,推出县级激励回馈+乡村积分兑换的双重激励回馈机制。	宜都	实行志愿服务积分兑换制度,志愿者参与志愿活动可获得积分,达到一定积分后可到爱心超市兑换相应物品。
鹤峰	出台《鹤峰县志愿者注册管理实施方案》;对各志愿服务组织开展年度考评,考评结果作为对依法登记的社会团体、社会服务机构等志愿服务组织奖补的依据;志愿者的考核结果可纳入对干部职工的年度考核。	竹山	印发《竹山县"十星级"志愿者服务管理办法》,鼓励企业和其他组织在同等条件下优先招用有良好志愿服务记录的志愿者。
黄州	正在探索建立一套较为完善的考核体系,准备建立积分兑换体系,提升志愿者参与志愿服务的积极性。	秭归	出台《秭归县新时代文明实践志愿服务管理办法》,建立奖励机制,为优秀志愿者和志愿服务团队在医疗、就业、旅游等方面提供精神礼遇和物质帮扶。

10. 满意度评价

本次调研从理论宣讲活动、青少年教育服务活动、体育健身文明实践活动、文化服务活动、科技科普文明实践活动和志愿者志愿服务等6个维度请受访者对新时代文明实践活动进行了评价。调研表明，受访者对新时代文明实践中心在以上6个方面的表现均表示满意，每一项都有六成以上的受访者评价为"很满意"，其中最受好评的是志愿者志愿服务，平均分4.52（5分为满分，下同），第二为文化服务活动，平均分4.48，第三为理论宣讲活动，平均分4.47（见图6、表9）。如恩施州鹤峰县立足规范化、常态化、项目精准化原则开展新时代文明实践活动，截至2020年7月底，已开展文明实践活动6022次，群众"点单"2600次，累计服务群众50528人次、服务时长431413小时，98.7%的群众需求通过志愿服务、扶贫工作队等得到解决，因此群众满意度高。

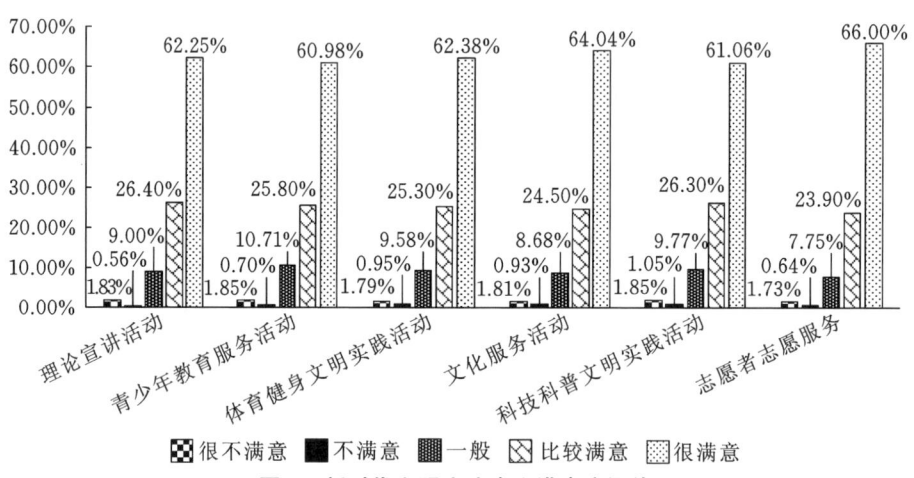

图6 新时代文明实践中心满意度评价

表9 新时代文明实践中心活动满意度评价分值

	理论宣讲活动（5分）	青少年教育服务活动（5分）	体育健身文明实践活动（5分）	文化服务活动（5分）	科技科普文明实践活动（5分）	志愿者志愿服务（5分）
平均分	4.47	4.43	4.46	4.48	4.44	4.52

以文化人、成风化俗是新时代文明实践活动的重要内容，其活动的开展更是一个先进文化长期浸润、人群互相影响的过程。要更好地拓展文明实践的广度、深化文明实践的深度，还有赖于县级融媒体中心的通力合作，这也是湖北省创新性提出深化拓展"两个中心"建设的重要缘由。

（二）县级融媒体中心建设现状

2018年8月21日召开的全国宣传思想工作会议上，习近平总书记提出"要扎实做好县级融媒体中心建设，更好引导群众、服务群众"，并强调组建县级融媒体中心有利于整合县级媒体资源、巩固壮大主流思想舆论。建设县级融媒体中心能在体制机制、资金资源、场地人员、编制机构等方面解决以往县级媒体无法解决的问题，并获得改革动力与政策支持，实现"引导群众、服务群众"的目标。

县级融媒体中心的建设是有利于县域经济社会健康发展的重要事业，也是极具挑战性和创新性的新兴事业。目前，除了天门市还未建立独立的融媒体中心外，其他11个试点地区均在融媒体建设上做出了许多探索。目前湖北省县级融媒体中心试点建设工作呈现出以下几个特点：一是系列改革推动创新发展。各试点地区以媒体融合为重点，进行机构、人事、薪酬等方面的改革，有效推动融媒体中心的融合建设。二是投入经费支持媒体融合。各试点包括贫困地区每年都能投入一定经费支持融媒体中心建设，从财政上体现了各试点政府对融媒体中心建设的支持。三是各尽其能的同时做到尽力创新。各试点县级融媒体中心在保持"新闻+政务+服务"基本功能的基础上，有能力的试点单位还能结合自身优势和当地特色尽力创新拓展服务范围。

1. 中心体制机制

调研发现，11个试点地区中有6个在进行体制机制改革时增设公司作为机构的组成部分，这一方式能够有效地为县级融媒体中心创造更多收入来源，也有利于激发中心员工的积极性（见表10所示）。绩效考核是内部机制改革的重要抓手,许多试点单位在员工绩效考核上进行探索,实行"优绩优效"的考核机制,对县级融媒体中心建设产生了积极的影响。

表10 试点县(市、区)融媒体中心的组织架构与相关文件

试点地区	组织架构	重要文件
保康	四个中心、一个公司、十个部室	《保康县融媒体中心建设实施方案》《保康县融媒体中心机构编制方案》《基础设施建设方案》《技术系统规划方案》等
赤壁	五个中心;组建赤壁广播电视台传媒有限公司;成立行政综合服务保障中心	《赤壁市融媒体中心媒体融合运行机制》《赤壁市融媒体中心管理运行机制》《赤壁市融媒体中心绩效考核机制》等
大冶	九部室;形成了资源统一调度、部室分工协作、平台整体联动的工作局面	《大冶市融媒体中心干部职工岗位管理和绩效考核办法(试行)》等
房县	整合房县新闻中心和广播电视台,内设五个中心	《房县融媒体中心建设方案》《房县融媒体中心绩效考核方案》等
鹤峰	记者—特约记者—通讯员—信息员四级联动	《2.5倍增量绩效考核办法》等
黄州	在原区新闻宣传中心基础上挂牌成立	暂无
松滋	市委明确,坚持"移动优先、创新融合"的思路,坚持事业化、企业化双轨运行方向;设"一室四部"	《松滋市融媒体中心机构编制方案》《中共松滋市委机构编制委员会办公室关于调整市传媒中心有关机构编制事项的通知》等

续表

试点地区	组织架构	重要文件
随县	县委直属公益一类事业单位,与随县繁花文化传媒有限公司合署办公。设六个部室	《随县融媒体中心建设实施方案》等
天门	无	暂无
宜都	"六部二室一公司"	参阅件:《"一三一四"建融媒,守正创新当标杆》
竹山	一个中心,九个平台	《竹山县融媒体中心建设工作方案》等
秭归	产业发展部、综合保障部、新闻采编部、策划指挥部、创意设计部	《秭归县融媒体中心建设试点工作方案》等

2. 建设经费投入

除天门外,11个试点县(市、区)在县级融媒体中心的建设上都有比较大的经费投入,一方面是为了满足当下以及未来群众更多元化的文化需求,另一方面是为了改善设施设备条件,提升融媒体中心的服务质量(见表11所示)。

表 11 县级融媒体中心的经费投入情况

试点地区	经费投入	试点地区	经费投入
保康	从基础改造、平台建设、经费预算、运维保障等方面给予全力支持,整合投入资金1776.6万元,其中中央资金350万元、县级财政1426.6万元。	松滋	基建投资5600万元,技术建设投资3100万元,新闻信息采编中心将在2020年底建成。

续表

试点地区	经费投入	试点地区	经费投入
赤壁	2017年以来，市、县两级已统筹安排2300万元用于支持赤壁融媒体中心建设。	随县	省财政厅拨付2019年中央补助地方公共文化服务体系建设专项资金（县级融媒体中心建设项目）100万元；随县文化和旅游局转随县融媒体中心"村村响"运维经费10万元；随县县委、县政府拨付随县融媒体中心开办费10万元和建设资金70万元。
大冶	市财政全额保障融媒体中心预算支出，并拨付专项建设资金近1400万元。	天门	暂无相关数据。
房县	县委投资3400万元建设融媒体中心，其中2200余万元用于筹建融媒体中心大楼，1200万元用于设备更新。	宜都	投资3000万元完善融媒体中心建设。
鹤峰	专项业务费每年300万元，公用经费每年40万元，人员（含退休人员）经费1600万元。	竹山	投资650万元建成"中央厨房"。
黄州	财政支持50多万元。	秭归	政府补贴300万元。

3. 人员编制安排

人员编制方面，各试点县（市、区）在人员编制的设定上不尽相同，单位的级别也存在差异，例如保康和大冶都采取正科级公益一类单位编制；赤壁和房县都采取公益二类事业单位编制；宜都则采取一类事业单位保障，二类事业单位管理，赋予融媒体中心更大的自主权（详见表12）。

表12 县级融媒体中心的人员编制情况

试点地区	人员编制	试点地区	人员编制
保康	县委直属正科级公益一类事业单位。 85个:核定编制。 73个:在职在编。 5个:公益性岗位。 18个:聘用。	松滋	86个:事业编制。其中主任1名,总编辑1名(正科级),副主任3名,副总编辑1名,总工程师1名;副科级职数4名,其中总编室主任1名,采集部主任1名,编辑部主任1名,技术部主任1名;设正股级内设机构职数6名。
赤壁	明确为市委直属正科级事业单位(公益二类)。 80个:核定事业编制(设主任1名,总编1名,副主任3名,副总编2名)。	随县	10个:核定事业编制。其中主任(总编辑)1名,副主任2名,副总编辑1名。中心和随县繁花文化传媒有限公司合署办公模式,人员打通使用,共计19人。
大冶	95个:市委直属正科级公益一类事业单位编制。 90个:在编。 18个:聘用。	天门	暂无相关数据。
房县	80个:公益二类事业单位编制。	宜都	45个:核定编制。一类保障,二类管理。
鹤峰	53个:核定编制。 50个:在编人员。 8个:借调到其他单位。	竹山	县委直属事业单位,公益一类,正科级。 80个:核定事业编制。
黄州	区委直属正科级事业单位。 21个:核定事业编制。现有事业编制5人,劳务派遣人员6人。	秭归	58个:核定编制。

4. 中心服务范围

县级融媒体中心建设是以人民为中心的，要紧紧抓住服务群众这个关键，吸引群众、赢得群众、引导群众。从表13可以看到，试点县（市、区）的融媒体中心建设以新闻服务为基础，发展"新闻+政务"内容，同时尽力开辟更加多元的板块，如公共的生活便民服务、文化服务。目前保康、鹤峰、宜都和秭归都在进一步探索电子商务方面的服务，有效地加强了人与物、人与信息、人与人的连接，试点县（市、区）的融媒体中心正朝着基层综合信息服务一体化平台的方向迈进。

表13 县级融媒体中心服务范围表

试点地区	服务范围	试点地区	服务范围
保康	新闻、公共服务、电商	松滋	新闻、文化
赤壁	公共服务、政务	随县	新闻
大冶	公共服务、政务	天门	新闻
房县	公共服务、新闻	宜都	新闻、政务、电商
鹤峰	新闻、政务、电商	竹山	新闻
黄州	新闻、文化	秭归	新闻、政务、电商

5. 信息生产方式

县级融媒体新闻信息的生产方式主要包含三个方面，即"融媒体系统（包括报纸、广播、电视台）提供""专题策划"和"转载文章"，所占比例分别为96.44%、89.47%和79.09%。从细分地域来看，保康县主要以"融媒体系统"供稿为主，占比100%，说明当地以聚合类信息为主；竹山县以"专题策划"供稿为主，占比97.71%，反映当地主题策划能力较强，凸显当地特色；与之形成鲜明对比的黄州区则是以"转载文章"为主，占比84%，直接反映了当地原创新闻内容不足的问题；随县在"特派记者"上占比80.70%，说明当地新闻信息采集以记者采写重要新闻和独家新闻为主，注重内容深度挖掘（见表14）。

表14 新闻信息生产方式（细分地区）

试点地区	新闻信息生产方式					
	A.融媒体系统（包括报纸、广播、电视台）提供	B.专题策划	C.转载文章	D.特派记者采写	E.不了解	F.其他
大冶市	98.36%	93.44%	77.87%	76.23%	4.10%	3.28%
竹山县	99.24%	97.71%	71.76%	80.15%	2.29%	1.53%
房县	98.57%	89.05%	75.24%	60.48%	4.76%	0.48%
宜都市	95.94%	90.63%	79.69%	51.88%	6.88%	1.56%
秭归县	97.30%	91.89%	79.28%	72.97%	1.80%	0.90%
保康县	100%	93.46%	71.96%	71.96%	0.00%	0.00%
松滋市	97.31%	90.01%	80.31%	62.63%	6.15%	1.63%
黄州区	94.93%	85.29%	84.06%	47.12%	10.14%	2.98%
赤壁市	97.00%	91.74%	74.67%	65.10%	4.88%	2.25%
随县	99.12%	88.60%	80.70%	80.70%	1.75%	1.75%
鹤峰县	96.68%	87.82%	74.17%	69.37%	2.95%	1.11%

6. 信息接收渠道

本次调研结果显示，微信和电视成为当地民众信息的主要来源。受访者花费在微信和电视这两种媒介上的时间明显多于在其他媒介上的时间。进一步与人口特征进行交叉分析后发现，不同受教育程度的受访者在接触信息渠道选择上存在差异：本科及以上学历的受访者更倾向使用微信，而高中及以下学历的受访者则是将电视作为获取信息的主要渠道（见图7）。究其原因，一是社交媒体的迅速发展改变了传统用户媒介接触习惯，二是电视在县（市、区）由于信源权威可靠，成为受访者获取信息的重要渠道。调研结果也反映了影响受众媒介渠道选择的三个重要原因，依次为"信息含量丰富，能够满足需求"，"时效性强，能够尽快获取信息"以及"发布方比较权威，提供的信息真实可信"，分别占比

90.54%、90.15%和80.94%。

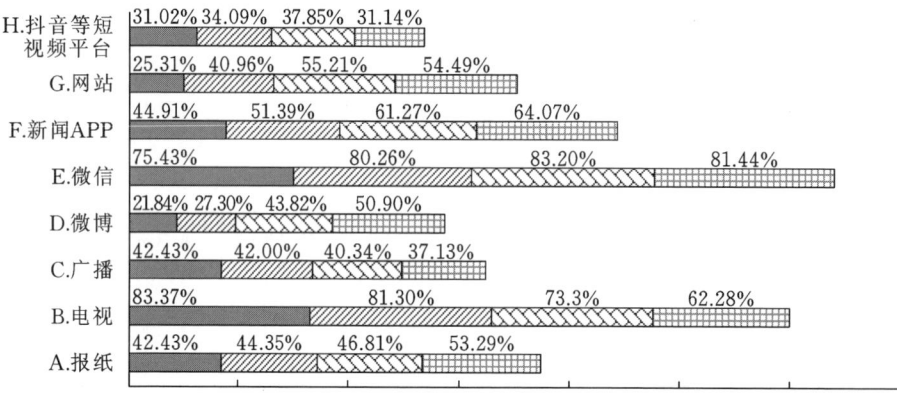

图7 受众信息接触渠道（交叉分析）

7. 信息传播效果

本次调研中，88.98%的受访对象表示"听说过"所在县（市、区）在进行融媒体中心建设，但并不了解相关概念，其中71.02%的受访者表示不了解融媒体中心，主要是因为"平时没有关注过有关媒介动态"，其次是因为"当地没有进行相关的宣传"（见图8、图9所示）。这反映出融媒体中心建设工作还需要在宣传上下功夫，争取让更多的群众了解融媒体中心，特别是融媒体中心的产品和服务。

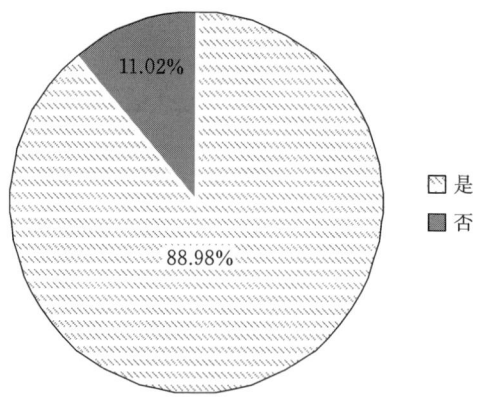

图8 受访者是否听说过县级融媒体中心

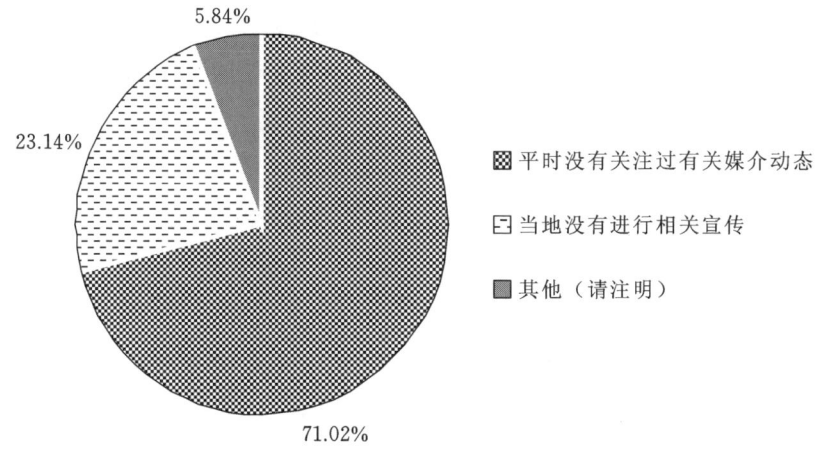

图 9　受访者不了解县级融媒体中心的原因

8. 中心功能实现

目前试点县级融媒体中心的功能主要集中在综合服务、采集和汇编、策划指挥、内容生产、融合发布和数据分析等方面。

其一，综合服务方面。整体来看，服务党建、民生、政务是各地县级融媒体中心重点实现的三大功能，实现率分别为90.19%、85.99%和82.36%。从细分领域来看，秭归县在党建、政务、文化、教育、增值服务等方面均表现突出，实现率分别为97.30%、94.59%、89.19%、75.68%和54.05%。另外，大冶市在民生方面表现突出，实现率为96%（见图10、图11）。

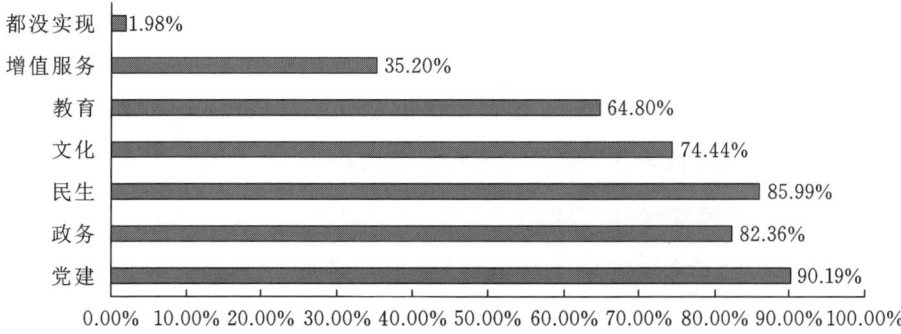

图 10　综合服务

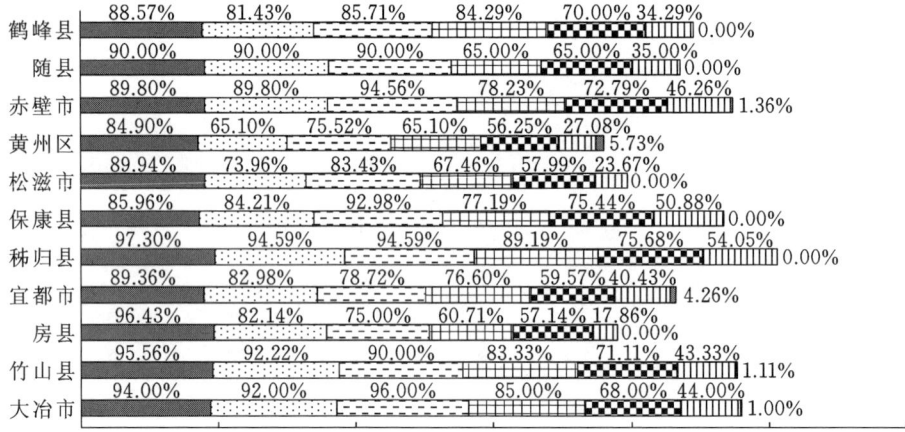

■A.党建 ■B.政务 □C.民生 □D.文化 ■E.教育 ■F.增值服务 ■G.都没实现

图11 综合服务（细分地区）

其二，采集和汇编方面。记者外采、远程回传、互动数据是各地县级融媒体中心重点实现的三大功能，实现率分别为67.44%、64.14%和63.81%。从细分领域来看，保康县在远程回传、信号收录、用户数据、互联网内容和应急广播方面均表现突出，实现率分别为87.72%、77.19%、71.93%、75.44%和77.19%。另外，大冶市和赤壁市分别在记者外采和互动数据方面表现突出，实现率分别占90%和80.27%（见图12、图13）。

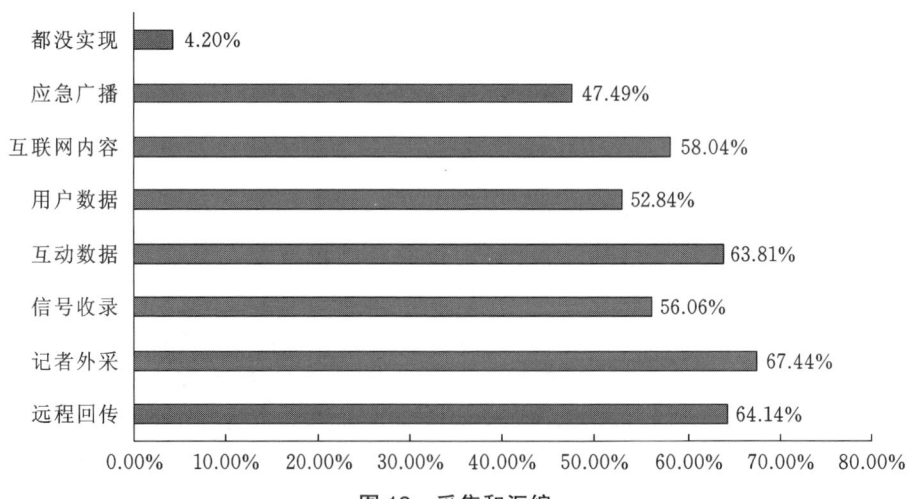

图12 采集和汇编

鹤峰县	52.86% 68.57% 55.71% 57.14% 54.29% 55.71% 47.14% 1.43%
随县	75.00% 85.00% 50.00% 60.00% 55.00% 70.00% 45.00% 0.00%
赤壁市	75.51% 77.55% 70.75% 80.27% 65.31% 67.35% 61.90% 4.08%
黄州区	55.21% 39.58% 46.88% 54.17% 44.79% 48.44% 29.69% 7.81%
松滋市	47.93% 60.36% 45.56% 52.07% 42.01% 51.48% 43.79% 2.96%
保康县	87.72% 89.47% 77.19% 78.95% 71.93% 75.44% 77.19% 1.75%
秭归县	86.49% 86.49% 67.57% 75.68% 62.16% 59.46% 62.16% 0.00%
宜都市	72.34% 42.55% 61.70% 57.45% 59.57% 55.32% 44.68% 6.38%
房县	60.71% 57.14% 50.00% 50.00% 35.71% 53.57% 32.14% 3.57%
竹山县	74.44% 84.44% 67.78% 71.11% 57.78% 66.67% 60.00% 4.44%
大冶市	68.00% 90.00% 57.00% 73.00% 55.00% 55.00% 54.00% 2.00%

■A.远程回传　□B.记者外采　□C.信号收录　□D.互动数据
□E.用户数据　☒F.互联网内容　□G.应急广播　■H.都没实现

图13　采集和汇编（细分地区）

其三，策划指挥方面。线索汇聚、选题策划和信息呈现是各地县级融媒体中心重点实现的三大功能。从细分领域来看，保康县在线索汇聚、选题策划和通联写作方面均表现突出，实现率分别为91.23%、89.47%和85.96%。另外，竹山县信息呈现功能实现较好，实现率为81.11%。值得注意的是，仍有12.50%的黄州区受访者表示当地县级融媒体中心在策划指挥方面的各项功能目前都没有得到实现（见图14、图15）。

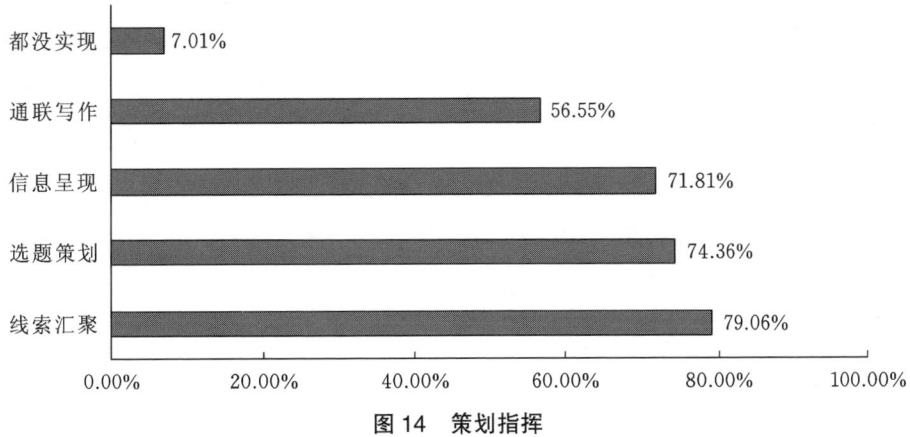

图14　策划指挥

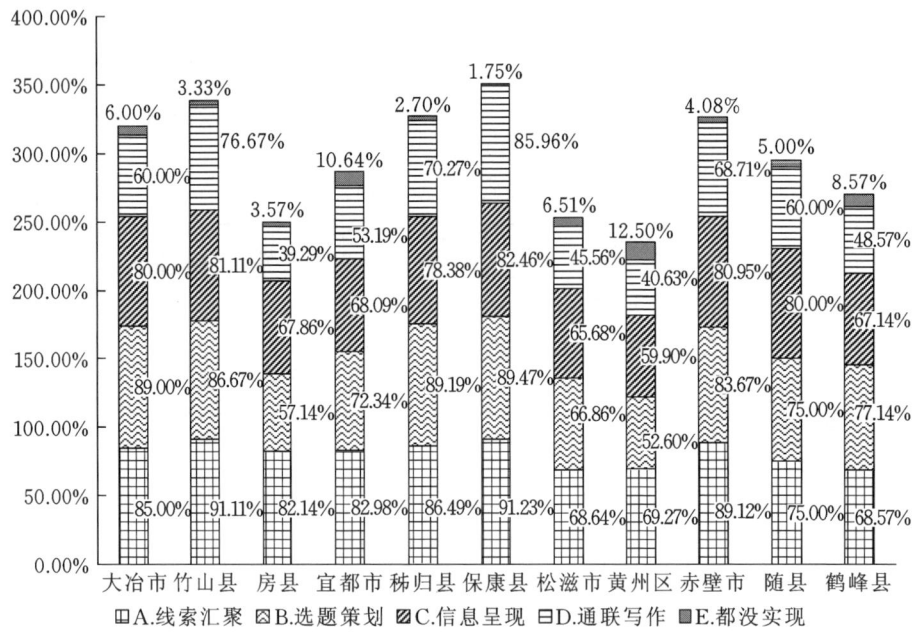

图 15 策划指挥（细分地区）

其四，内容生产方面。新闻制作、新闻演播室和新媒体生产是县级融媒体中心重点实现的三大功能，实现率分别为 79.88%、78.73% 和 76.09%，但在生产协同方面均表现较弱。从细分领域来看，保康县在新媒体生产、报刊编排、内容管理、生产协同、广播电视综合制作方面均表现突出，实现率分别为 92.98%、84.21%、73.68%、70.18% 和 78.95%。另外，竹山县新闻演播室功能实现最好，实现率为 93.33%；秭归县在新闻制作功能上表现较好，实现率为 91.89%，但在报刊编排上存在明显短板弱势，实现率仅为 29.73%（见图 16、图 17）。

其五，融合发布方面。客户端，报刊、广播、电视、大喇叭，网站是县级融媒体中心实现功能的重要工具（见图 18）。从细分领域来看，随县在利用客户端实现功能上做得最好，实现率为 95%，保康县在利用网站和报刊、广播、电视、大喇叭和其他（手机报、手机台、电子阅报栏、户外大屏等）实现功能上做得最好，实现率分别为 89.47%、91.23%

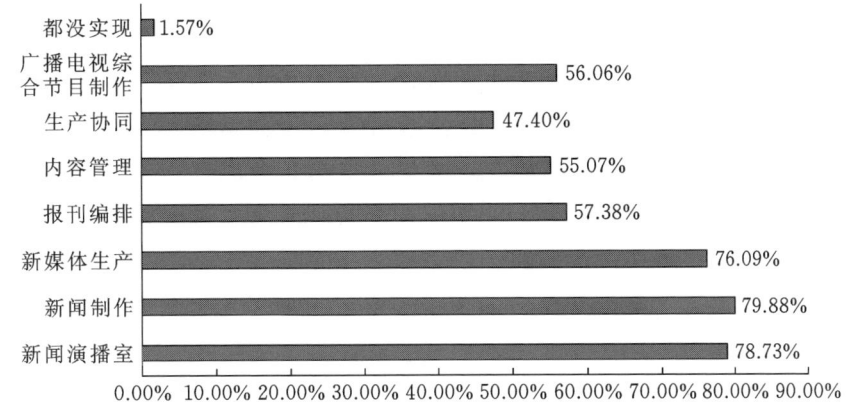

图16 内容生产（细分功能）

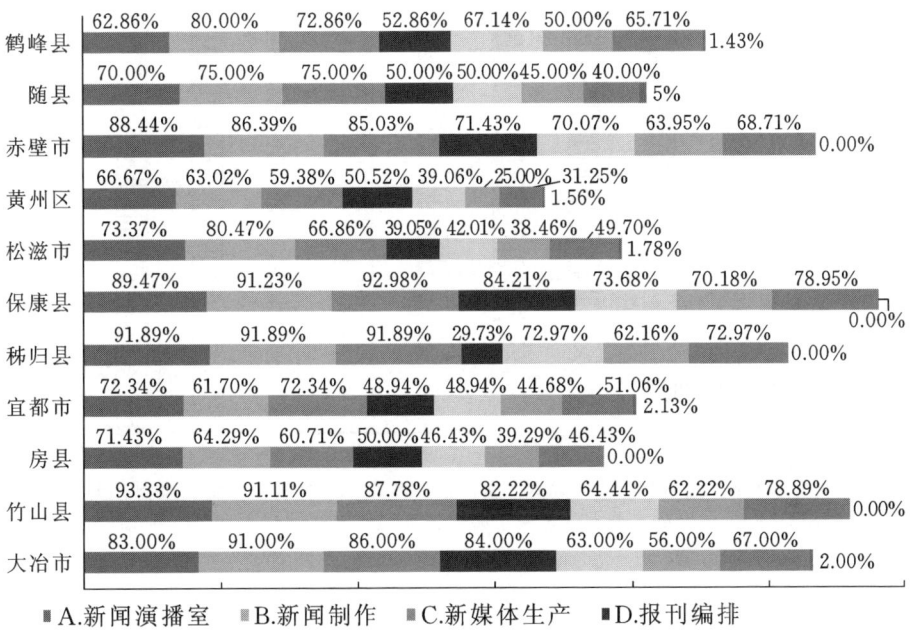

图17 内容生产（细分地区）

和75.44%，说明保康县侧重利用传统媒介渠道实现媒体功能（见图19）。与之形成对比的是秭归县，在利用微博、微信、抖音等新媒体形式实现功能上做得最好，这说明，秭归县勇于尝试使用社交媒体和视听媒

/ 文化与文化产业发展研究报告 /

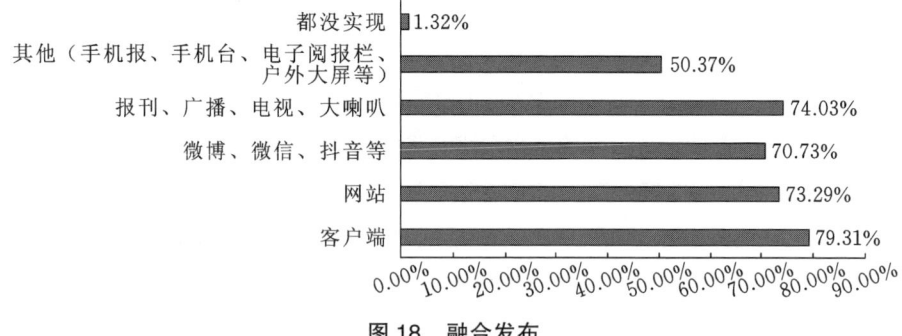

图 18 融合发布

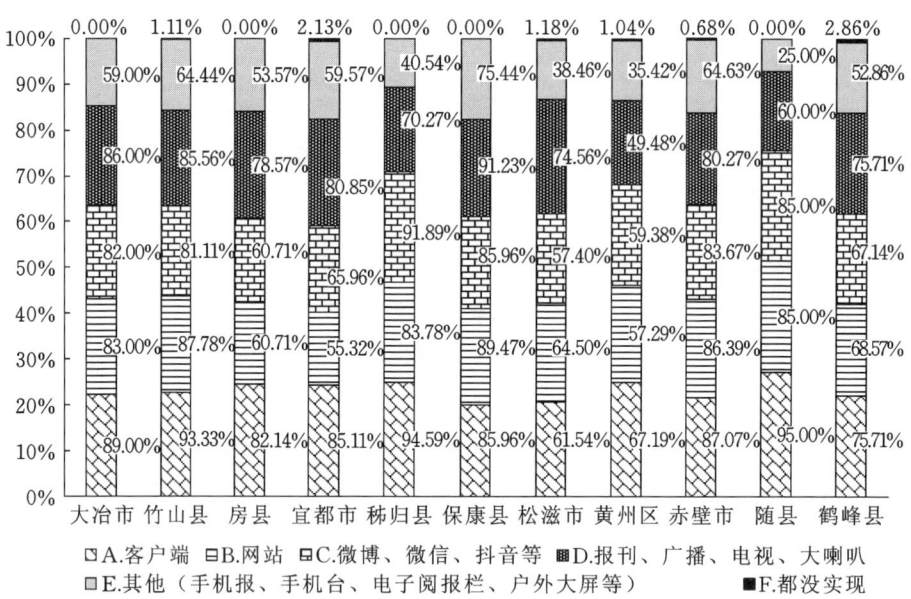

图 19 融合发布（细分地区）

介渠道，在增加融合发布的形式和渠道方面有一定创新。

其六，数据分析方面。舆情热点、传播分析和用户分析是县级融媒体中心重点实现的三大功能（见图 20）。从细分领域来看，保康县在舆情热点和用户分析功能上实现最好，实现率分别为 98.25% 和 68.42%，随县在传播分析功能上实现最好，实现率为 90%（见图 21）。通过调研数据分析可以看出，各地县级融媒体中心都比较重视舆情热点和传播分

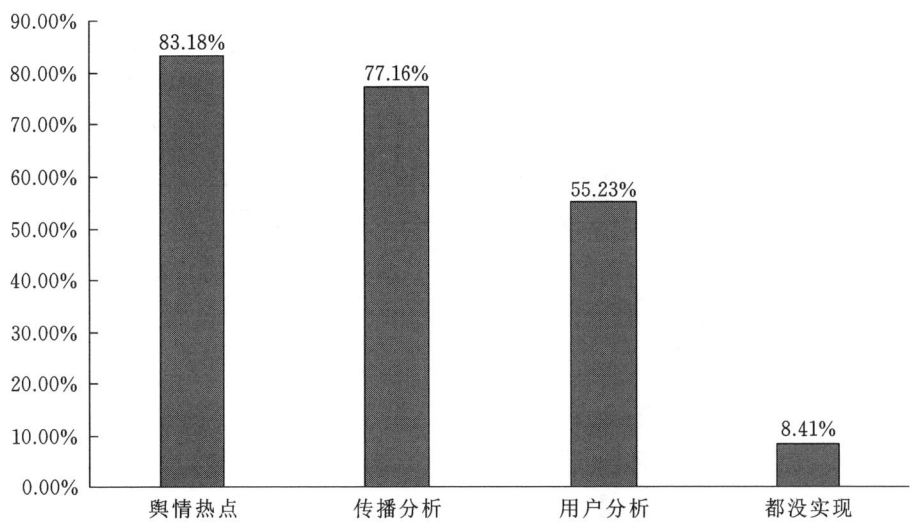

图 20 数据分析（细分功能）

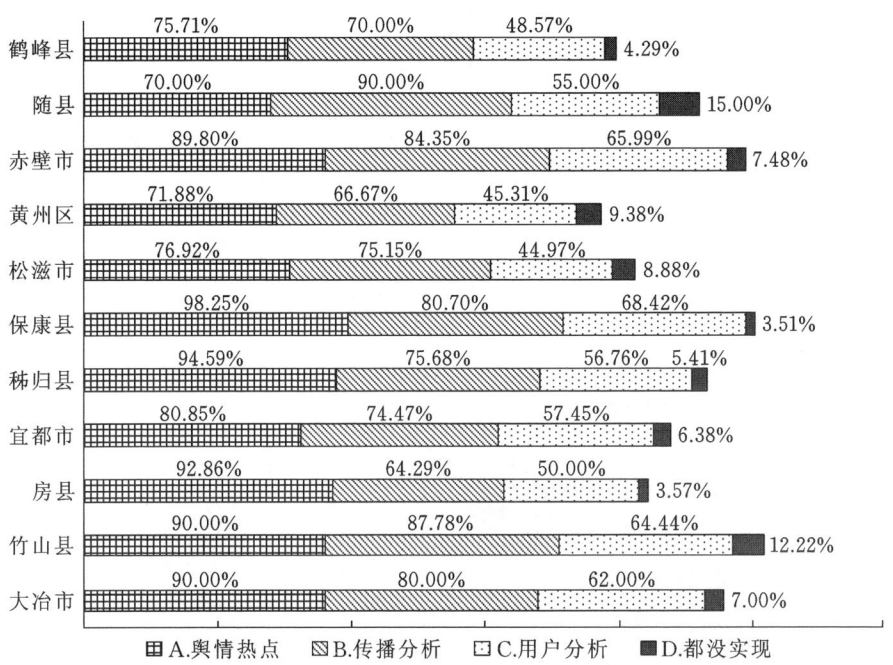

图 21 数据分析（细分地区）

析功能,但在用户分析功能方面,明显存在短板,尤其是松滋市和黄州区,实现率分别仅为44.97%和45.31%,亟待加强。

9. 满意度评价

本次调研从"定位和方向明确""在当地有品牌效应""有较好的内容质量""有稳定的受众群体""经营方式和盈利模式的稳定性""有良好的媒体融合经验""在当地舆论引导中发挥的重要作用""对当地少数民族文化传播起到的推动作用"和"为促进民族团结发挥的不可代替作用"等9个维度请受访者对县级融媒体中心建设进行了评价。调研表明,受访者对县级融媒体中心在以上9个方面的表现均表示满意,且每一项都有近六成的受访者评价为"很满意",其中最受好评的是"在当地舆论引导中发挥的重要作用",平均分为4.44(满分为5分);第二为"定位和方向明确",平均分为4.43(满分为5分);第三为"在当地有品牌效应",平均分为4.4(满分为5分)。如保康县实施"书记工程",投入资金1500万元,大力推进"一中心、十平台"建设,推出"云上保康"APP、保康融媒体微信公众号等,在当地发挥舆论引导作用,同时建立新闻指挥官制度,实施"头条工程",设置线上线下文明实践"互动空间",设置融媒志愿服务岗,并探索"广电+电商"等广告产业。竹山县融媒体中心于2019年8月斩获了"2019全国地方融媒体发展十大建设样板中心"和"2019全国地方融媒体传播影响力十强"两项大奖(见图22和表15)。

表15 县级融媒体中心建设评价分值

	定位和方向明确(5分)	在当地有品牌效应(5分)	有较好的内容质量(5分)	有稳定的受众群体(5分)	经营方式和盈利模式的稳定性(5分)	有良好的媒体融合经验(5分)	在当地舆论引导中发挥的重要作用(5分)	对当地少数民族文化传播起到的推动作用(5分)	为促进民族团结发挥的不可替代作用(5分)
平均分	4.43	4.4	4.43	4.42	4.31	4.37	4.44	4.38	4.42

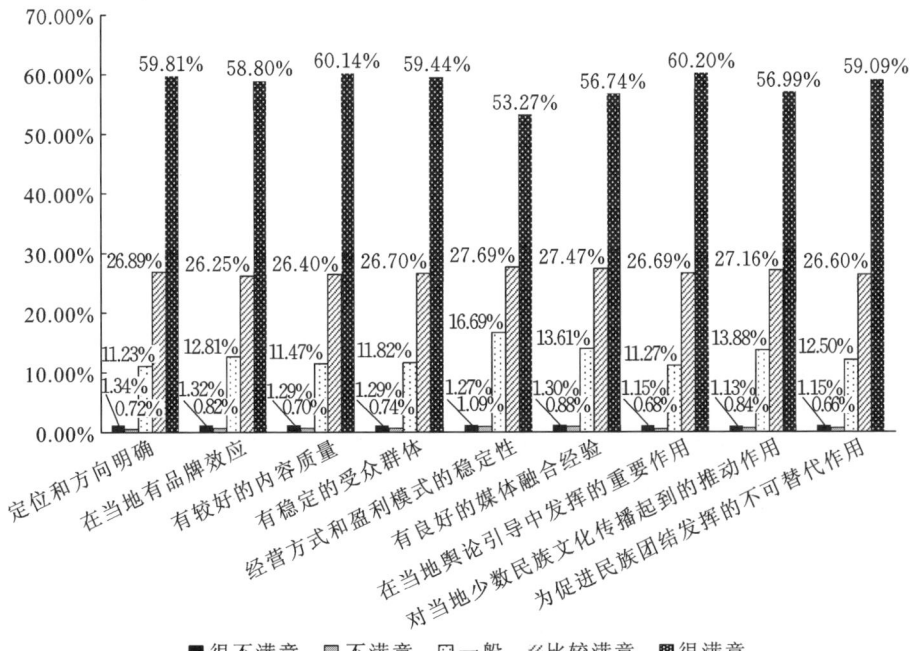

图22 县级融媒体中心建设满意度评价

调研显示,以网站和"两微一端一抖"平台为主要支撑的县级融媒体中心发展迅速,在统一思想认识、凝聚社会共识、引导社会舆论、满足群众美好生活需求等方面发挥着越来越重要的作用。但也存在"两微"账号分散、信息资源整合不够、本地原创内容不多、信息技术人才缺乏等问题。除此之外,在体制机制、人才激励、内容创新、服务功能等方面还有很多实际问题,亟须加强顶层设计和规划指导。

(三)"两个中心"融合现状

中共中央办公厅和中宣部等8部门先后印发《关于建设新时代文明实践中心试点工作的指导意见》《关于加强县级融媒体中心建设的意见》,湖北省创造性地贯彻落实,提出统筹推进"两个中心"建设。2020年3月29日,湖北省委深改委会议审议通过了湖北省《新时代文明实践中心试点工作方案》和《加强县级融媒体中心建设工作方案》,决定在赤壁、大冶、房县、竹山、保康、随县、松滋、黄州、宜都、秭归、鹤峰、天门等12个县(市、区)同步开展"两个中心"建设试点。本次调研结果表明,各地区都从多个方面对"两个中心"融合发展进行了一些探索,取得了各不相同的收效。

目前全省"两个中心"建设试点工作主要成效有以下几个方面:一是双线并行,能融尽融。"两个中心"统筹建设工作目前普遍处于各自探索建设的阶段,各试点县(市、区)从体制机制、文化空间、工作方式、服务平台等多个方面进行了融合探索,能融尽融。二是目标统一,尽力协作。各试点县(市、区)牢牢把握打通教育群众、引导群众、服务群众的"最后一公里"这一目标,实现文明实践为融媒体中心提供内容创作素材,融媒体中心为文明实践开展提供技术支撑。三是抓特色创新,做有益探索。各试点县(市、区)在统筹建设"两个中心"上努力探索,不断创新,有些试点县(市、区)做出了颇具特色的创新项目。四是探融合路径,做文化品牌。新时代文明实践中心和县级融媒体中心在具体的工作方式、活动逻辑、平台建设等很多方面都有着本质不同,但是各地在试点建设中努力寻找二者的最佳融合路径,产出了一些文化品牌项目。

1. 体制机制

试点县(市、区)都在有意识地去推进、统筹"两个中心"的融合,但目前绝大多数试点都还处于新时代文明实践中心和县级融媒体中心体制机制"各具特色"的阶段。例如鹤峰县在"两个中心"建设中率先走出了统筹融合的一步,即实际工作中由一位分管领导直接统筹"两个中心"的日常工作,"两个中心"不仅在同一栋楼中办公,且在活动策划、信息、资源等方面能够在一定程度上实现互通共享与合作交流。宜都市新时代文明实践中心和融媒体中心分别使用同一栋大楼的两边,中间通过一道门廊连接,这从空间上拉近了"两个中心"的距离,促进了相互沟通交流,但是在体制机制上"两个中心"还有所不同。比如在人员落实上,新时代文明实践中心核编6人,到位1人,而融媒体中心核编 45 人，全部到位。

2. 阵地资源

虽然"两个中心"建设在目标上都是引导群众、服务群众，但两者在具体的实现方式上有所不同，导致它们在阵地资源上有较大的差异。一方面，新时代文明实践中心在阵地建设上拥有丰富的资源，主要通过志愿服务去感染、带动更多的群众理解文明、实践文明；另一方面，县级融媒体中心则是通过智慧终端和互动大屏向群众传递信息、传递文化。因此，"两个中心"在引导群众、服务群众的方式上形成互补。例如秭归县地处贫困山区，从镇上到各个村里交通都极为不便，因经费紧张，当地的基础文化设施建设也没能达到较高标准。但是秭归县因地制宜，根据当地特点推出了"六小"文化建设，即建设小院坝、配备小设施、设立小场所、开辟小墙壁、组织小活动、培育小队伍，将村里现有的基础设施都充分利用起来，极大提高了阵地资源的利用率，让文明之风吹进山区村庄。

3. 服务平台

目前 12 个试点县（市、区）在"两个中心"服务平台融合上进展不同，可分为两个阶段：一部分处于初步融合阶段，即处于利用县级融媒体中心服务新时代文明实践活动的阶段；另一部分处于融合较好阶段，一方面文明实践中心能够通过县级融媒体平台进行文明实践活动，另一方面县级融媒体中心也能通过新时代文明实践中心扩大融媒体服务范围、增加服务内容和提高服务影响力。

大冶市在"两个中心"服务平台融合上颇有创新，例如在县级融媒体中心成立了特色志愿服务队伍，参与文明实践活动；而新时代文明实践中心也在融媒体平台上积极地开辟相关栏目，如新时代文明实践志愿小课堂，邀请志愿者队伍在融媒体平台讲课，通过新媒体平台进行传播，讲群众身边的故事，传播党的声音；另外志愿者还与县级融媒体中心合办了一档读书栏目，在相互融合方面做了一些有益的探索。

4. 服务功能

为群众服务是"两个中心"建设的根本目的，只是各自服务的方式不尽相同。新时代文明实践中心主要依靠志愿者团队进行现实生活服务，所针对的基本上都是与群众生活息息相关的服务内容，例如便民服务、政策宣讲、法律咨询等具体内容。而县级融媒体中心提供给群众的服务则更多是精神文化内容，例如新闻服务、政务服务等。值得注意的是，新时代文明实践活动中所要求的"点单""接单""派单""评单"这一系列的服务，必须依靠融媒体中心的线上平台才能够完成，这为"两个中心"的融合提供了路径。

赤壁市在服务功能实现上做出了品牌效应。他们推行的"四单"运行机制，做到有问必答，有求必应，有难必解，有过必查。通过探索实践，云上赤壁"问政"平台已成为架设在地方党委政府和人民群众之间良性沟通的桥梁，打通线上线下服务群众"最后一公里"的有效载体，在听民声、解民难、化民怨方面发挥了明显作用，得到了中宣部、湖北省委、咸宁市委的肯定和人民群众的认可。未来赤壁市还将做到回复诉求要快速、要客观、要真诚，面对问题快解答、真解难、有效果，持之以恒，优化平台功能，提升服务效能。

5. 人才队伍

根据本次调研的"两个中心"人员编制数据（见图23），在全省12个试点县（市、区）中，"两个中心"人员编制总量超过120人的有3个（大冶、保康、竹山），100~120人的有2个（松滋、秭归），80~100人的有2个（赤壁、房县），40~60人的有3个（鹤峰、黄州、宜都），20人以下的有2个（随县、天门）。有6个试点的县级融媒体中心人员编制达80个，人员规模较大。

总体上来看，湖北省"两个中心"试点县（市、区）的人员编制普遍是融媒体中心人数高于新时代文明实践中心的人数。但在实际调研的过程中大家普遍反映，新时代文明实践中心的人员需求也非常大，尤其是需要一定数量的拥有专业素养的高级人才，在创新新时代文明实践活动的形式、发扬当地文化特色等方面发挥重要作用。当然"两个中心"试点建设工作人员数量不是工作取胜的唯一条件，最大限度发挥每一个在岗在编人员的能力、潜力极为重要，但是人员数量过少，人均工作量

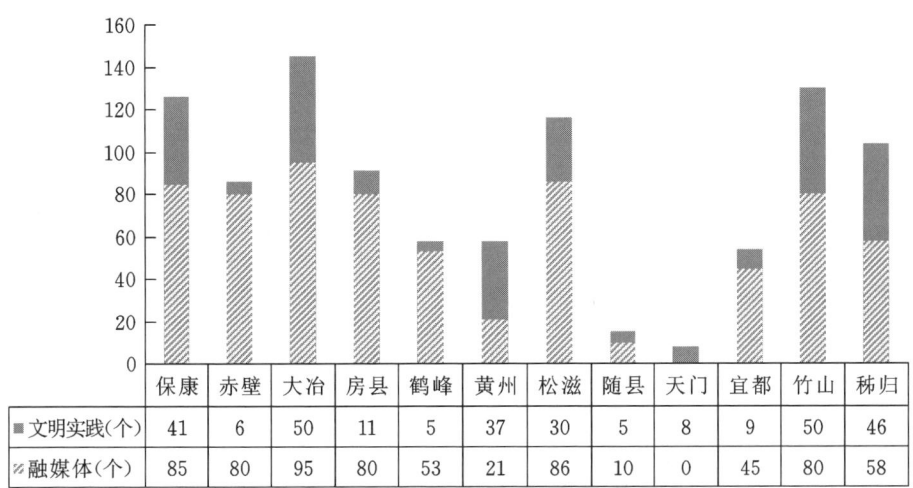

图23 湖北省"两个中心"人员编制统计图

过大,势必会影响工作成效。

6. 资金保障

目前,湖北省新时代文明实践中心和县级融媒体中心试点县(市、区)在资金上都获得了一定的支持,根据此次调研收集的相关数据,整理出了湖北省"两个中心"的资金保障情况(如图24所示)。

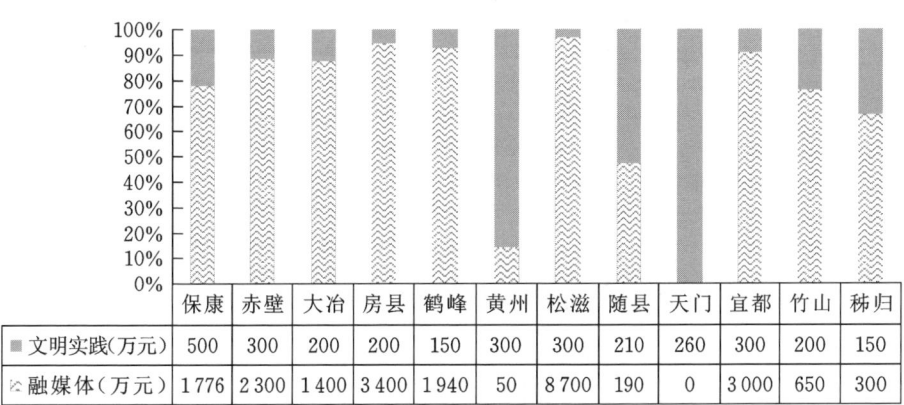

图24 湖北省"两个中心"试点经费保障统计图

综合来看，湖北省新时代文明实践中心建设经费保障在各试点之间的差距不是特别大，平均值为255.83万元，其中有一半在平均值以上，最低为150万元（鹤峰、秭归），最高为500万元（保康）。但是县级融媒体中心的经费保障就呈现出比较大的差距。天门暂未建立此中心，因此不纳入比较。黄州区的经费情况在前面也有提到，因经费分配问题最终在融媒体中心建设投入上只有50万元。随县、竹山和秭归这几个贫困县的投入也相对较少，在千万元以下。鹤峰虽总量高，但实际上1940万元里有1600万元属于人员经费，其中还包括退休人员的费用，最终落实到县融媒体中心建设的经费也不到400万元。最高的是松滋市的8700万元，该市为了筹建一个融媒体中心综合体在基建方面投资5600万元，技术建设方面投资3100万元，该工程预计在2020年底完成，次年投入使用。据调研了解，松滋市融媒体中心大楼不仅用于融媒体中心日常办公使用，还划分出很多可供市民活动的文化空间，这一设计思路将新时代文明实践的相关内容也囊括进去，未来"两个中心"充分利用好这一文化综合体，将在深化拓展"两个中心"融合建设上提供更好的经验。

"两个中心"的融合建设需要大量的资金支持，尤其是新时代文明实践中心作为公共文化服务部门，所需资金大部分依赖于政府的财政支持，还有部分来自社会各界的爱心捐助。在政府财政支持有限的情况下，新时代文明实践中心可以通过举行一些慈善活动的方式来获得社会各界的资金支持，用以保证志愿服务活动各项必要开支。目前，县级融媒体中心试点的资金支持力度是比较大的，大部分的资金支出都用于设备、场地等软硬件设施的置办。但值得注意的是，县级融媒体中心的强大生命力来自产出的优质内容，若是"新瓶装旧酒"，设备更新了，工作观念不更新，产出内容不更新，那么也不可能达到服务的目的。

二、湖北省"两个中心"建设问题分析

湖北省"两个中心"建设处于快速发展的进程中，虽然取得了许多

成绩和经验,但仍存在一些突出的矛盾和短板,新时代文明实践中心建设中体现出阵地资源整合力度不够,志愿服务的质量有待提升,常态长效机制仍未建立,"一把手工程"难以落到实处,群众主体性地位有待强化等问题,而县级融媒体中心建设中则存在着融合思路不够清晰,优质内容不充足,运营有待加强等问题,且当前"两个中心"的融合程度不高,在体制机制、平台融合、服务功能、人才队伍以及经费保障等方面,离真正的融合仍有一定差距。

(一) 新时代文明实践中心建设存在的问题

由于启动时间点不同,各地新时代文明实践中心建设进度不一,有些处于起步阶段,有些则是处在进一步探索阶段。而无论进度如何,各地均面临一些问题。要拓展并深化新时代文明实践中心建设,必须正视这些问题,并着手解决。

1. 文明实践的阵地资源整合力度不够,活动方式有待创新

(1) 基层资源缺乏与阵地场馆空转并存

重城市、轻农村,重发达地区、轻落后地区是新时代文明实践建设发展不平衡的突出表现。纵观全省,在地市州和县市层面,几乎都有丰富的新时代文明实践载体和资源,但是到了镇、村一级则面临着资源有限、文明实践活动承载力不足的境况。在财力不足的地区,实践活动以"小而美"为主导思路,既是因地制宜,也是资源有限的无奈之举。而部分发达地区存在虽投入高但服务职能不到位的情况。调研发现,一些经济较发达区的乡镇、村投入资金,修建了镇史馆、村史馆或新时代农民讲习所,以配合新时代文明实践中心建设,然而这些乡村文化设施的利用率不高。部分地区的村级公共文化活动室和农家书屋处于空转状态,一些百姓舞台虽配备了较高水准的硬件设备,但后期维护成本高,资金支持不足,并未充分得到利用。新时代文明实践中心的建设,虽需要一定的阵地支持,但并不提倡高投入、大建设,要尽可能地盘活并用好已有资源,减少浪费,降低财政负担也是建设的题中应有之义。

(2) 各级组织系统间的契合度有待深化

试点县（市、区）大多在组织上将垂直的三级延伸为四级，还有些地区则在各区级单位建立分中心，与新时代文明实践中心形成总分关系。从横向或纵向拓展组织系统架构是为了发挥各部门各层级的优势，提升文明实践服务质量，然而这需要强有力的组织领导和各部门间通力合作。当前大部分试点县（市、区）新时代文明实践中心建设仍处于初级阶段，各级组织系统尚处于互相适应、彼此协调状态，契合度有待加深。秭归县虽然已经在县级直属单位建立了新时代文明实践中心分中心，但由于行政级别和人员到岗问题，仍处于"有名无实"状态，总中心和分中心之间关系责任不明；虚化的总中心也难以统辖各站所，存在指挥难、动员难等现实问题。另外，在调研中发现，文明实践工作大多归属文明办或创文办，县一层级工作人员数量少，任务却重，五六个人对接多项工作，文明实践工作难以得到充分落实。此外，一些部门如团委、民政、妇联等在新时代文明实践中心建成前已有各自的志愿服务队伍，而试点县（市、区）的新时代文明实践中心与这些部门之间还没有形成良好的互动、衔接机制，相关部门之间欠缺统筹联动，存在各自为政的现象，各级单位难以做到全员参与、全域参与。

(3) 文明实践活动针对性和有效性需要强化

新时代文明实践中心的核心目标就是聚民心。用党的理论来聚民心，用党的方针政策聚民心，用丰富多彩的文化生活聚民心，用解决困难、办实事聚民心是新时代文明实践与以往志愿服务的本质区别。文明实践的针对性和有效性是群众接受并信赖新时代文明实践活动的保障，而群众的参与度对文明实践活动的实施效果影响巨大。因此应因需制宜地开展不同的实践活动。调研表明，部分地区开展的文明实践活动往往针对性不强，主要围绕具体项目如募捐、支教和下乡支农等开展，缺乏有地方特色的文明实践品牌，难以给服务对象带来长期的、稳定的、有效的服务。由于多地互相学习交流，一定程度上也造成文明实践活动策划呈现同质化趋势。有些活动简单雷同，大家一哄而上，热闹过后，志愿者没有获得更多启发和受益，群众没有得到更多新颖特色服务。如此操作，当热情褪去后，新时代文明实践或许会徘徊不前。

2. 志愿服务的质量有待提升，常态化长效化机制亟待形成

（1）缺乏制度规范引导，专业性有所欠缺

首先，志愿服务制度建设不够。我国当前缺乏统一的志愿服务权威性法规，并未有完善统一的全面化、规范化的管理机制对志愿服务进行规范，这不利于志愿服务活动的长效开展。本次调研的试点县（市、区）大多出台了本地区的志愿者管理条例，它们在制度建设方面的探索上应予以肯定，但这种"摸着石头过河"的现状也表明我国志愿者相关法规的不足，未能从制度上予以保障和引导。其次，志愿团队规范化管理有待加强。一方面，当前省里没有志愿服务联合总队，志愿服务队组织架构不完备；另一方面，部分志愿者投身志愿服务的主动意识不强，有的志愿者队伍仅仅停留于组织体制内工作人员加入或要求基层村干部兼职的阶段，这种志愿服务模式不仅不能有效吸纳大量群众自觉参与到服务队伍中来，反而给体制内人员造成额外负担，不利于志愿服务常态化发展。最后，志愿服务层次尚需提升。由于专业技术知识的局限，大部分志愿服务只能停留在义务劳动的较低层次，多数志愿服务以助老、助残、助学为重点开展，而紧急救援、心理辅导、法律咨询等专业志愿服务则是群众最为需要却供给不足的。随着文明实践试点建设的广泛推进，原有的公共文化服务形式和项目建设一时难以跟上新时代文明实践发展的步伐，导致服务质量不高，专业化欠缺。

（2）激励机制不够完善，资金基础不牢固

激励机制的完善度关系到志愿者的积极性和志愿服务的可持续性。如果志愿者在付出的同时无法从志愿服务中获得成就感，其志愿行为将不可能持久，志愿服务队伍也不可能稳定。调研结果表明，绝大部分志愿者都是出于不求回报帮助他人的志愿精神和服务社会的热情参加活动的，但随着时间推移，不断有志愿骨干离开志愿组织，究其原因主要是志愿服务的保障机制和激励机制不到位。有些地方虽然通过志愿活动积分奖励兑换物品、组织集体活动等方式，来维系成员之间的感情和增强组织凝聚力，具有一定成效，但还必须建立长效的保障制度和激励机制，

调动志愿者的积极性和提高志愿服务的质量。此外，新时代文明实践中心的运转主要依靠每年专项资金保障，但试点县（市、区）普遍存在政府投入不够、民间捐赠不足、志愿队伍自筹能力不强等问题，致使新时代文明实践活动的开展缺少有力的物质保障和资金支持。

（3）信息平台建设分散，精细化管理不够

为了全面掌握和精准调度志愿服务信息数据，以实现工作的精细化管理，试点县（市、区）纷纷建设志愿服务信息平台，这些地方平台是各地政府根据需要建设的，属于传统且分散的建设模式，致使出现重复投资、技术薄弱、人员缺失以及建设周期长、标准规范不统一、与国家省市级平台对接困难等问题。如以打造志愿之城为文明实践重点的松滋市为例，其志愿者数量须在全国平台有记录，但由于松滋市的服务管理平台是当地自主开发的，与全国系统不兼容，志愿者在松滋市的服务时长记录无法上传到全国志愿服务平台，仅在松滋市有证明。截至2018年底，松滋市有户籍人口82.96万，常住人口76.87万，6万多人在外，外出人口中亦有志愿者，却因信息联通问题无法在工作地获得志愿者身份认证。不能与全国连通的志愿服务平台将精细化管理的范围囿于一隅，形成了一座座"信息孤岛"，无法有效管理或激励那些"候鸟"型的本地市民志愿者。

3."一把手工程"落实难，群众主体性地位有待强化

（1）部分领导重视不够

虽然中央和湖北省要求各级党委为新时代文明实践中心建设的责任主体，各级书记担任中心、站、所的负责人，但在实际工作中，各级站所主要归口于宣传或文化工作部门。一些基层地方党委、政府还未形成新时代与时俱进的政绩观，重视经济建设而忽视思想文化建设。在脱贫攻坚的决胜之年，少数地方的党政领导干部甚至认为，发展经济、脱贫摘帽才是硬道理，文明实践对经济社会全面发展作用不大，其效果也难以在短期内显现出来，因此不重视文明实践活动。尽管《中共中央关于全面深化改革若干重大问题的决定》明确提出，政府要加强和优化公共服务，但少数地方和部门对中央这一精神重视不够，认识不到位，对新

时代文明实践中心建设重视不够、支持不够，这严重影响了新时代文明实践工作的开展。

(2) 群众主体性不突出

群众是文明实践服务的享受者，更是创造者和提供者。新时代文明实践，须以群众需求为导向，吸引群众参与，支持群众"自我表现、自我教育、自我服务"，并以群众满意度为重要评价指标。"群众主体"既是理念也是原则，既是任务更是目的，因此在新时代文明实践中心建设中要深刻认识和充分体现"群众的主体性"。从调研情况来看，尽管各试点县（市、区）区已经有很多群众投身到新时代文明实践工作中来，但参与人群不够广泛，主动性不够高。尽管各地在创新活动载体和活动形式上有进行一定尝试和探索，但一些工作举措对群众吸引力还不够，更遑论引导群众发挥自身主体性，形成文明实践的良性循环。

(3) 活动主体结构不优

一个地区居民的数量规模、年龄结构、文化质量等人口基本因素直接影响着该地文明实践活动效果，甚至决定着当地文明实践目标的进度和实现高度。改革开放40年来，受工业化、城镇化等现代化浪潮及人口计生政策的影响，农村人口增速大幅度减缓、青壮年人群大规模向城镇迁移，造成乡村常住人口规模不断缩小，人口空心化、老龄化程度逐渐加深。据湖北省人社厅统计，2020年4月湖北返岗就业人数524.6万，省内跨区域就业196.5万人，省外就业328.1万人。大量乡贤精英和青壮年劳动力的外流，导致基层新时代文明实践的参与主体规模不大、结构不优、力量不强，作用发挥有限。

(二) 县级融媒体中心建设存在的问题

经调研发现，作为最基层的县级媒体机构，县级融媒体中心在资源整合和进一步发展上面临许多问题，无论是思想开放程度还是内容生产能力，抑或是市场化程度，都存在短板。此外，即使县里有财力保障硬件水平，但短期内软实力仍很难有根本性转变。

1. 思路不够解放，缺乏长期规划

习近平总书记提出要加强县级融媒体中心建设，县级融媒体中心迎来了发展关键期,全国范围内县级融媒体中心数量不断增加,建设速度不断加快。湖北省试点县(市、区)的融媒体中心建设推进速度较快,基本上完成了媒体整合和平台建设工作。但从实际效果看,目前存在的最大问题是县级融媒体中心建设受到国家层面政策的驱动,缺乏对自身实际情况的考量,呈现出严重的跟风现象。虽然从短期看确实实现了县级融媒体中心建设的全面铺开,但从长远看很可能由于缺乏深思熟虑的规划而导致县级融媒体中心在运行中遇到较大阻力,成为"空壳"机构。这主要是由于县级融媒体中心建设涉及机构名称、体制改革、资源分配等多方面的问题,而且还要顾及全国行政体系内的上下畅通和文化体制改革的整体规划,仅仅依靠县级力量很难协调好其中的各种关系。省级层面虽已进行了总体部署,但在运营管理新媒体平台、统筹协调割裂的新旧媒体平台上仍难结合实际情况走出行之有效的路子。试点目前只有形式上的融合,没有考虑到互动性和长远发展,因此新媒体布局较为混乱,难以实现信息畅通流动,并且信息分散与资源浪费,难以形成传播合力。各县(市、区)摸索前行中虽会涌现出一些极具突破性的创新经验,但也有可能因为缺乏战略高度而面临着较大阻碍。

2. 优质内容不足,服务有待提升

其一,内容发布实效不强。大部分试点地区的融媒体中心虽然紧跟时代步伐,入驻今日头条、抖音等时下最流行的社交平台,看似拓展了传播渠道,实则将传统媒体时代的内容生产思路、表现手法原封不动地照搬到了新媒体平台。调研显示,不少县级融媒体中心至今还是将当地领导活动、工作动态、总结性报道等作为主要内容产出,既缺乏时效性,也不符合基层群众的实际需求,缺乏吸引力。

其二,内容生产缺乏创新。县级融媒体中心作为当地新闻信息发布和传播的重要渠道,兼具政治属性和新闻属性,在实际工作中都非常重视内容管理,建立了严格的内容审查制度。部分负责人在求稳心态的驱使下,在内容生产环节选用保守而陈旧的传统模式,主要靠转播上级新闻信息、加工现成的媒体信息和选播当地活动信息来完成新媒体端的发布,不愿意在内容生产上进行创新。这种基于拿来主义的"四平八稳"

的内容，不仅缺乏丰富性和吸引力，一定程度上还导致各个县级融媒体平台内容同质化严重，媒体机构"僵尸号"现象层出不穷，无法发挥新媒体形式多元、快速传播的宣传优势，亦不利于提升县级融媒体中心自身的影响力。

其三，服务功能开发不够。针对习近平总书记提出的县级融媒体中心"引导群众、服务群众"的功能，虽然大部分县已经意识到了必须通过提供优质的公共服务来增强用户黏性，但是完善的政务和服务功能的开发还是依赖于技术投入以及县域其他部门的配合。各种"云上"客户端虽然具备一些政务服务功能，但仅仅是将网上的政务服务功能以网页的形式链接到客户端。在引导群众和服务群众功能上，各县级融媒体中心尤其欠缺优秀原创内容的产出和功能服务的便民化设计。

3. 市场运营较弱，缺乏盈利模式

当前，县级融媒体中心普遍存在高度依赖财政补贴拨款、造血功能明显不足和缺乏科学的盈利模式的问题。财政支持只能保证基本生存，难以保障融媒体中心的长远发展。在互联网等高新技术发展环境下，传统媒体已经不能实现良性的自我运转，需要借助其他优势资源来拓展产业边界，即通过其他收入来源来反哺传媒。在调研的县级融媒体中心中，绝大多数现在主要依靠财政补贴来生存，仅有部分地区如保康县、秭归县融媒体中心活用自身资源、多渠道创造营收。不少县级财政经费紧张，对融媒体中心建设投入十分有限，这严重制约了县级融媒体中心的建设与发展。

4. 考核评价不全，难以激发活力

第一，在顶层设计上，县级融媒体中心评价工作存在不少难点。当前，评价对象是各试点县（市、区），随着建设工作的逐步推进和深入，评价对象将扩展到全省县级基层单位和市（州）一级单位，涉及范围广、数量多，各地区发展水平不同，中心评价工作如何兼顾标准统一性和地域特殊性，如何在全面考虑地方特性的同时保证各地之间的可比性，是评价工作的难题。

第二，在组织结构和管理体制上，县级融媒体中心仍存在组织结构相对落后、管理体制有些僵化、改革动力不足等问题。由于企业化的运营模式普遍受到事业单位性质的限制，融媒体中心缺乏独立的人事任免权，资源配置不合理，无法发挥资源优化的作用。即使个别县级媒体采取"事业化单位、企业化管理、市场化待遇"的管理模式，也只是尝试性探索，并非来自统一部署，同时也缺乏政策性依据。此外，根据现有管理规定，不少区县的融媒体中心的采编人员无法申办记者证，正常的采访活动常常受到限制。县级融媒体中心现有的这些管理体制和机制障碍亟待突破，需要尽快明确指向、确立边界、融合发展。

第三，在县级融媒体中心运营上，缺乏行之有效的绩效评价。"大锅饭""铁饭碗"的陈旧机制，严重掣肘着县级融媒体中心的建设与发展。由于受到单位性质、编制、绩效考核等方面的影响，因而存在同工不同酬、优稿不优酬，工作量增加但待遇没有变的现象。工资待遇上存在不合理现象，直接导致了一些单位人员流动性大、人浮于事，挫伤了从业人员的工作热情和积极性。

（三）"两个中心"融合问题

"两个中心"融合发展是湖北率先提出的，各试点尚处在摸索阶段。相较于只建立一个中心而言，"两个中心"融合在组织架构、人员、资金等诸多方面要困难得多。这需要地方深刻把握"两个中心"发展的内在规律，抓住可融合点推动融合。但目前不仅存在着人财物的缺乏，还存在着体制机制不顺、平台各自为政和具体服务内容结合不紧密的情况，亟待从以下几方面着手解决。

1. 在体制机制上"两个中心"离"真正融合"还有一定距离

囿于现行组织架构，新时代文明实践中心和县级融媒体中心在体制机制上的融合还存在一定困难。首先，"两个中心"分属两个行政方向。虽然新时代文明实践中心和县级融媒体中心都由地方宣传部负责，但日常工作分属两个领域，一般由分管新闻宣传的领导统筹县级融媒体中心，而由负责文明创建事务的领导统筹新时代文明实践中心，"两个中心"各自实行垂直领导，市、省一级有各自对应的部门，组织架构上分属两条线，需要一定的改革方能实现体制上的融合。其次，县级融媒体中心建设的标准化与新时代文明实践中心建设的非标准化造成彼此间壁垒。试点县（市、区）按照中宣部和国家广电总局联合下发的《县级融媒体中心建设规范》和湖北省委办公厅、省政府办公厅印发的《湖北省县级融媒体中心建设实施方案》要求即可在行政级别、人员编制、平台建设、软硬件规格方面按照规范投入建设。而《湖北省新时代文明实践中心建设试点实施方案》中仅要求试点地区的新时代文明实践中心根据工作需要合理配置工作力量，这就造成不同地区新时代文明实践中心的生存状态各不相同，与当地融媒体中心的融合度参差不齐。此外，由于"两个中心"业务重合范围小，现在从事新闻宣传工作的大多不太了解文明实践工作，做文明实践工作的大多不了解专业性强的媒体业务，因此，既懂技术又懂新媒体，还能做好思想文化工作的人才比较缺乏。

2. 在平台融合上存在各部门自媒体平台各自为政的现象

习近平总书记强调，要科学认识网络传播规律，提高用网治网水平，使互联网这个最大变量变成事业发展的最大增量。当前，互联网在拓展主流意识形态传播的形式和载体、畅通党和政府与群众沟通交流的平台和渠道、提升思想舆论宣传的影响和效果等方面的作用日益突出。强化互联网思维，在抓好线下各项工作的同时，重视互联网，依托大数据、人工智能等新技术，针对不同群体推出个性化服务是"两个中心"未来发展的题中之义，有极大的融合空间。然而目前"两个中心"的互联网平台目前在运营管理上"各自为政"，缺乏平台之间的联动。志愿服务云平台是新时代文明实践工作开展的重要渠道，群众点单、平台派单、志愿者接单、志愿服务时长统计等等，都需要依靠这一平台完成，平台建设是县级融媒体中心的重要功能，也为新时代文明实践中心提供相关技术支持。但一些试点的云平台却并未与当地融媒体中心合作开发，而是自主购买或自行设计，割裂的平台之间难以统筹协调，给实际运营带来极大障碍：一方面，降低了平台之间信息共享效率，延长了信息发布周期，难以保证信息传播的实效性；另一方面，"两个中心"在宣传重要方针政策和处理重大突发性事件时，面临着分散于"小程序"和"云上"APP中的用户，无法扩大影响、形成传播合力。

3.在服务功能上融媒体中心和文明实践服务结合不紧密

县级融媒体中心的"政务+服务"功能与文明实践志愿服务在打通服务群众的"最后一公里"上有异曲同工之处。据此，县级融媒体中心和新时代文明实践中心本可以在开展服务规划、开发志愿服务项目、配置组织资源、服务过程管理、服务结果评估等方面通力合作，以实现服务群众的功能，然而现实情况是，县级融媒体中心活动范围为"线上"，新时代文明实践中心活动范围为"线下"，即新时代文明实践中心到场负责具体志愿服务工作的开展，县级融媒体中心将之记录后形成通稿在新媒体平台铺开。这属于低层次的合作，并没有真正将融合理念贯穿到服务过程中。另外，"两个中心"在服务理念上还存在差异，部分试点融媒体中心将群众服务与提升造血功能结合，试图在服务群众的同时实现部分市场化运营，而新时代文明实践中服务群众是公益性服务。因此，理念上的差异也是"两个中心"服务结合不紧密的一个客观因素。

4.专业人才匮乏导致队伍建设乏力和阻碍人力资源互通

对于县级基层单位来说，专业人才匮乏始终是"两个中心"融合发展面临的最大的问题。现实情况是县一级基层单位亟需大量相关专业人才，而他们能够为专业技术人员提供的薪资待遇、发展机遇、生活环境等整体条件有限，仅仅依靠本县的资源很难吸引到高素质的专业人才。经济的落后导致了人才队伍建设的困难，人才的匮乏又严重影响了当地的发展，加剧了地方经济的落后。这一情况在整体发展程度较为落后的鄂西地区更为明显。如县级融媒体中心高水平的专业技术人才奇缺，但绝大多数县并没有针对融媒体专业技术人才引进提供特殊的政策或配套的福利待遇，只能靠本县人社部门统一招聘，招聘来的工作人员专业很杂，难以胜任媒体融合相关工作。

此外，县级单位专业技术人才职业发展路径并不明朗，也缺少将人才长期留住的机制。如大多数负责人谈到目前中心运营人员年龄多在35岁以上，有的地区甚至以50岁以上人员为主；多位访谈者都提到了本县没有建立完善的人才激励机制、培训制度和晋升制度，因此在实际工作中很难长期留住优秀人才。

5. 保障力度不足使基础建设捉襟见肘，难以实现深度融合

在投入经费方面，由于"两个中心"融合发展往往涉及平台、技术、服务等购买问题，前期需要大量的资金投入。无论是发达地区还是欠发达地区，"两个中心"主要资金来源都是财政补贴。对于实力强的经济发达地区来说，只要当地给予充分的重视，"两个中心"建设的资金就会相对充足。有些地方除了给予足额预算外，还另外给予设备购置费、项目专项费和中心建设专项费等，有的县级市每年给予的各类补贴在数千万元。但是对于经济落后地区来说，即使当地再重视，也很难完全满足"两个中心"的现金需求。目前来看，纳入国家和地方融媒体中心或新时代文明实践中心建设试点的单位一般都获得了来自上级的资金支持，如国家试点的县级融媒体中心考评验收通过后可获得100万经费。但这种来自上级的财政支持对于其他不是试点的县级基层单位来说并不具有普遍意义，财力保障不足将成为制约"两个中心"融合的重要障碍。

在人力保障方面，"两个中心"的人员因身份差别难以融合。县级融媒体中心对人员编制有硬性要求，不同地区类别不一，而新时代文明实践中心人员由于编制数量没有硬性要求，如何明确工作人员身份仍处于模糊地带。这就造成"两个中心"在人员上"无处融""融不通"。长此以往，难以形成一套行之有效的考核监督机制，将不利于"两个中心"深度融合发展。

三、深化拓展湖北省"两个中心"建设的对策建议

"两个中心"建设，是以习近平同志为核心的党中央着眼推动宣传思想工作守正创新，建设具有强大凝聚力和引领力的社会主义意识形态作出的重大决策部署。湖北在"两个中心"建设中，认真贯彻落实党中央和国家的有关文件精神，既取得了较为突出的成绩，也遇到了不少问题。根据此次调研的现状与问题，今后，还应在以下方面进一步深化和

拓展"两个中心"建设。

（一）新时代文明实践中心建设路径

新时代文明实践中心建设应结合地方实际，立足群众需求，在资源、队伍、项目、保障上下功夫，把新时代文明实践活动做到百姓家门口，聚集人气、传扬正气、激发活力，真正打通宣传群众、教育群众、关心群众、服务群众的"最后一公里"。

1. 完善体制机制建设，促进文明实践活动良性发展

完善体制机制建设，是推进新时代文明实践活动有序、顺利开展的坚实保障。只有建立"注重实效、紧盯目标、严格落实"的制度，确保文明实践工作落细落小落实，才能保障新时代文明实践活动充满生命力，才能将新时代文明实践中心打造成为距离群众最近的、服务群众的"百姓之家"。

一是要增强财政保障力度。新时代文明实践中心活动内容丰富，只有在资金投入上得到保障，才能保证实践活动的质量与效果。应建立最低保障制度，投入经费按总人口计算，每人每年不少于5元；按志愿者人数计算，每人每年投入不少于25元，以保障实践中心日常运行及相关活动的顺利开展。

二是要加强人才队伍建设。在新时代文明实践中，要选拔发掘一批能力强、立志投身于新时代文明实践工作的人才加入队伍，为这些人才提供合适的工作岗位，给予财政支持，以更好发挥人才的作用。无论是"县聘乡用""乡聘村用"，还是文化专岗形式，都必须有利于人才队伍建设，激发他们的工作激情，促进他们为新时代文明实践工作添砖加瓦。

三是要完善考核评价体系。"谁来评、评什么、怎么评"是完善建设评价体系的重要问题。评价体系的主体是群众，上级部门在考核新时代文明实践中心的建设情况和活动组织情况时，要时刻把群众放在第一位，时刻以群众利益为评价标准，针对群众关心的、群众所需的问题进行考核。要以价值为导向进行客观评价，重点关注活动的内容和效果，切实评价新时代文明实践的成果和价值。在考核评价中，上级部门应该切实深入基层，深入群众，可以采取问卷、座谈等形式倾听群众声音，促进评价体系的不断完善。

四是要健全奖励激励机制。针对志愿者和服务队伍，优化健全奖励机制。对参与活动、做出贡献的志愿者，可以采取积分累积等手段，对服务时长、工作质量等因素进行针对性记录，采取生活物资补贴、交通出行补贴等手段进行奖励，激发志愿者积极性，促进新时代文明实践活动进一步开展。

五是将文明实践工作纳入领导班子和干部职工实际考核指标，把考评结果作为意识形态责任制落实的重要依据。此外，将文明实践工作纳入常态化督查检查范围，组建督查考核组定期督查考核、定期通报考核结果，对考核中落后的单位和单位负责人严肃追责问责。

2. 积极盘活阵地资源，最大限度发挥综合使用效益

积极推进新时代文明实践中心建设，必须充分利用现有资源、现有阵地，充分发挥资源优势，积极推进阵地建设。

一是积极利用现有资源。新时代文明实践中心扎根基层，往往受限于现有条件，出现资源不足的局面，这时就应当充分利用现有资源，为新时代文明实践活动服务。若场地不足，活动开展受到了限制，一方面，充分利用已有场所，对于满足使用条件的场所，可以与原单位协调场地使用，分时分段推进新时代文明实践活动；另一方面，对闲置场所进行针对性的改造，使其能够符合新时代文明实践对场所的要求，成为新时代文明实践活动的坚实阵地。如大冶市东岳路街道在开展新时代文明实践活动的过程中，面临活动空间不足、场地受限等问题，他们创新性地将街道办原有的闲置办公场所拿出来，针对新时代文明实践活动要求进行改造升级，使闲置的办公场所成了居民的活动中心和新时代文明实践活动开展的中心。

二是大力整合现有资源。新时代文明实践中心建设不是另起炉灶，要抓住"盘活资源""高效利用"的建设要点，在实际工作中努力做到"花小钱、办大事"。一方面，对原有资源充分利用，避免资源的浪费；

另一方面，赋予现有资源新的生命力，解决新时代文明实践中心建设过程中面临的资源不足问题。在对现有资源进行多方面整合的过程中，要积极盘活各种资源，实现人、财、物的统一利用开发，充分发挥阵地资源的互补性优势，实现统筹开发利用，以最大限度发挥资源的综合使用效益，助力新时代文明实践活动中心的建设。

3. 统筹志愿队伍建设，实现志愿服务精准常态长效

志愿者队伍是践行新时代文明实践的主体，是新时代文明实践活动的主要参与者。建好用好新时代文明实践中心，关键在建设一支来源广泛、数量充足、结构合理、素质优良的志愿服务队伍。

第一，在组建志愿者队伍上，既建立"正规军""专家团"，又用好"游击队""土八路"。这支队伍中应当既有党员干部、专家学者，也有道德模范、文艺骨干，还应有乡贤精英、草根名嘴等。他们必须善表达、知民情，既要"耍得一手绝活"，又要"八仙过海各显神通"，练就真功夫。要甩开文件腔，能讲故事会唠嗑，多讲"短、小、微"的身边故事，会说"生、鲜、活"的乡间俚语，让基层干部群众愿意听、听得懂、听得进，解决理论宣讲"一阵风""留不住"等问题，使党的创新理论"飞入寻常百姓家"。譬如，在新冠肺炎疫情期间，竹山县各种特色志愿服务队尽显神通，争当战"疫"鼓号手，用三句半、花鼓歌、战"疫"民谣等老百姓所喜爱的形式，创作一大批接地气的原创作品，引爆群众战"疫"激情。

第二，在组织志愿服务的过程中，尤其要注意志愿服务活动的精准化、常态化、长效化。精准化即志愿服务活动要精准对接居民需求，从居民的切身利益和现实需要出发，围绕"帮老、帮困、帮病、帮残、帮教、帮事、帮心"，"群众哪里需要，文明实践就出现在哪里"，组织切实可行的志愿服务活动。常态化即志愿服务活动定时、定期组织，使志愿服务活动成为居民生活的一部分。长效化即重视志愿服务活动的效果，使志愿服务活动能够弘扬社会主义核心价值观，激发正能量，激发居民参与志愿服务活动的积极性。新时代文明实践活动要能够真正实现贴近群众，扎根群众心中，营造居民的参与感和认同感，使广大群众乐于参

与、主动参与、积极参与志愿服务活动。

第三，在志愿者网上注册环节上，搭建统一的信息平台。从国家或省级层面搭建统一的新时代文明实践志愿服务信息平台，综合运用信息化手段开展点单、派单、接单、评单，减轻基层工作负担，确保新时代文明实践中心（所、站）有效落实"群众点单、精准派单、反馈评单"机制，快捷实现志愿服务供给与群众需求有效对接。

4. 创新文明实践活动，吸引广大人民群众积极参与

新时代文明实践中心建设要从群众角度出发，从群众中来，到群众中去，将中心"派单"和群众"点单"相结合，做到"你点我有""你需我供"，切实解决群众最盼、最急、最忧的现实问题。在组织活动时，要牢牢扎根群众，以满足群众需要为目标，能否吸引广大群众积极参与，特别是激发年轻人活力，是衡量新时代文明实践活动成效的重要因素。要吸引广大群众积极参与，就要积极倾听群众的声音，以群众的需求为导向，创新新时代文明实践活动的内容、形式和方法，实现"到人、管用、有效"，真正发挥新时代文明实践活动的社会引领功能。

在内容创新上，要进一步丰富新时代文明实践活动的内容，通过了解居民的需要，有针对性地提出新的活动内容，以丰富多彩的活动内容，增加居民和志愿者的新鲜感，使居民主动、乐于参与实践。应重点设计两类志愿服务项目：一类是解决公共问题，如环境治理和文化习俗的传承；一类是提供个体福利，如帮助留守儿童、妇女、残疾人、老人、返乡农民工等。

在形式创新上，既要说好"普通话"，把党的创新理论成果、党中央大政方针和决策部署的思想精髓、核心要义传递到位，不跑偏、不走样、不缩水；又要说好"地方话"，就是要"接地气"，实事求是，贴近群众，理论联系实际，不教条、不僵化、不死板，特别是利用好快板、顺口溜、三句半、小戏说唱等群众喜闻乐见的形式。

在方法创新上，要用好"土专家""土方言"，教好"土本领"。挖掘一批"百姓名嘴"，让他们走进田头、村部、农家、庭院，发挥"百姓名嘴"能打快板、会唱小戏、善于表演的特长，通过聊天式宣讲、互

动式答疑实现理论育民、理论惠民。

"一人红、红一点，大家红、红一片。"新时代文明实践试点工作在鼓舞带动群众参与志愿活动的基础上，应做出各具特色的实践品牌项目，既讲思想、讲政策，还讲知识、讲技术，使群众通过文明实践能够逐步提升自身素养、跟随时代新风。如何使志愿服务做到常态化、长效化发展，关键在于新时代文明实践基层工作人员能不能够抓住老百姓最关心的问题、最需要的东西、最能接受的方式。

（二）县级融媒体中心建设路径

县级融媒体中心建设应努力提高宣传服务能力、水平和效果，把宣传做到群众的心坎上，主要在以下方面下足功夫。

1. 统筹布局发展规划，形成媒体集聚效应

当前，各县市的县级融媒体中心建设大部分还处于摸索阶段，各自独立发展甚至野蛮发展的情况不可避免，但从长远发展来看，有必要从省一级层面规划和部署县级融媒体中心建设，在省委宣传部的统一指导和协调下建设全省融媒体集群。以分级管理和维护为原则，打破地区、媒体间相互割裂的状态，促使省、市、县三级融媒体在组织架构、技术架构、内容架构、分发渠道等方面实现无缝对接、协调统一，促进协作共赢，形成规模效应和宣传合力。具体来说，通过"长江云"平台，实现县市融媒体中心和湖北省委宣传部、湖北省广播电视台的实时互动。纵向上，打通省到县的媒体通路，帮助企业、群众、志愿者等利益相关方获取全省的信息资源，减轻县级融媒体中心的内容生产压力，确保主流声音传达到基层；横向上，可以实现全国兄弟省市之间、省内县域之间的相互学习和合作，实现区域之间协同发展。通过统筹布局，最终形成中央、省、市、县四级媒体上下贯通的现代信息传播体系。

2. 大力推进资源整合，提高资源综合效能

在县级融媒体中心建设中，应破除各个部门之间的本位主义和"信息孤岛""数据孤岛""利益孤岛"，充分整合各类资源，分层分类推进，牵住"牛鼻子"，围绕中心转。

第一，把当地所有的媒体资源整合到县级融媒体中心。目前，在县级区域应坚持"扶强扶优"的原则，以市场化能力强、规模大的媒体为核心来整合当地的电视台、报纸、新闻中心等媒体资源，实现县级区域的"广播、电视、报纸、网络、客户端、微博、微信"等传播资源的同一平台化运作，并且通过彻底的采编流程和组织结构的重构和优化，实现媒体资源的效能最大化。

第二，把政府网站等政务资源与县级融媒体中心有机融合。由于县级财力、人力、物力都有限，应把分散的政府网站、政府数据以及政府部门下的各个政务微博、政务微信、政务号统一整合到县级融媒体中心这一平台，致力于打造信息公开、生活服务、诉求受理、线上办事、群众志愿活动于一体的综合服务平台；对接党政部门技术平台，提供申报审批、注册办证、办理社保、投诉受理等一站式服务，打造"指尖上的政务服务中心"，以更好地实现政务服务、政府数据资源的整合化和集约化，最大限度地发挥政务大数据的效能。

3. 生产优质精品内容，实现精准个性服务

优质内容是当今媒体的核心竞争力之所在，县级融媒体中心在与其他媒体、互联网公司的激烈竞争中，只有生产出定位于县域治理目标用户的信息内容，才能持续打造吸引用户的核心竞争力。

第一，拓展传播领域内容的纵深度。一是本着用户需求理念对传播内容进行拓展，做到个性化、品牌化管理。对基层群众不满意的内容，在调查原因的基础上予以取缔或完善，直到让群众满意为止。增加老百姓喜闻乐见的内容和形式，譬如，宜都围绕群众关注的热点，推出《宜都工匠》《寻味宜都》等多个本土化栏目，受到当地百姓的欢迎。二是本着用户思维对传播流程进行再造，实现精细化、人性化服务。县级融媒体中心平台上的板块内容，如服务查询、讨论议题、投诉监督等，要以用户使用方便和让用户满意为核心，避免出现重复登录、打不开或内容缺失、内容虚假等现象。三是对传播领域内容及时进行更新。对每一板块内容的管理都要做到发现问题及时反馈，及时解决，与时俱进地更新内容，做到规范化管理，不能出现"僵尸"板块。

第二，提升优质内容生产能力。随着 5G 时代的来临，每一种有价值的内容都更加便利、更有包容性地被广泛传播，同时由于当下用户参与的低门槛性和平台的开放共享，用户在使用或观看新闻内容时更注重内容体验和沉浸感。县级融媒体中心应依托省级平台的采编发系统与技术系统，依靠先进的技术和人员培训，创新内容传播形式，运用 vlog、微视频、H5 等可视化表现形式，将内容优势转变为传播优势。引进虚拟现实等新兴技术，实现精准化的个性传播。譬如，保康县融媒体中心成立"短视频工作站"，打造短视频和新媒体团队，推出了快闪、抖音等短视频以及 VR、H5 等特色新产品。

4. 创新平台运营模式，提升自我造血功能

县级融媒体中心具有事业单位、企业管理的双重属性，在经济方面依托于财政补贴和自身造血双渠道，前者保障其"活下去"，后者才能使其真正"活得更好"。县级融媒体中心在建设中除了依靠国家财政支撑、当地省政府部门和县委部门资金支持、自有资金积累之外，在日常工作中还需加大自主拓展、多元化经营的能力，拓宽经营渠道。例如，江西省分宜县融媒体中心、浙江长兴传媒集团、山西上党区融媒体中心，在履行好服务职能的同时，通过创新传播方式、数字呈现、跨界合作，保证了当地融媒体中心的长久发展，其经验值得借鉴。

第一，按照"移动优先""数据优先""智能优先"的思路，拓展"新闻+政务""新闻+监管""新闻+电商"的融媒体建设思路，建设"资源通融、内容兼容、宣传互融、利益共融"的功能完备、覆盖全面的新型主流媒体体系。

第二，以跨界合作、跨区域合作等方式，延伸"媒体+""广电+"等产业链；探索组建传媒公司，盘活副业，形成融媒体中心建设的良性循环。

第三，县级融媒体中心在运营时，重点应放在地方有政策门槛的领域，提升自我造血功能，增强融媒体中心发展的后劲。在实地调研中，课题组发现了不少好的做法，譬如"云上大冶"APP 电商平台已接入数十家本土电商和企业网店，秭归则上线了"广电商城"淘宝店并设有线

下门店，通过媒体影响力为贫困农民打通网上销售渠道。

5. 推动评价制度化，强化评价指导性

第一，在顶层设计上，推动县级融媒体中心评价制度化。要以推动中心建设工作加快落实为目标，兼顾媒体融合建设要素，综合考虑省情和各地区实际情况，建立起一套具备科学性、操作性、系统性、权威性的评价指标体系，从体制机制、内容建设、技术建设、经营情况、人才建设等维度对县级融媒体中心进行客观全面的描述和评估。

第二，多形式直观呈现评价结果，多渠道发布传播评价工作，形成评价常态化。一方面，将各县级融媒体中心评价结果或同级各指标的权重对比情况直观地展示出来，利用微信、微博等互动性强的平台刊载并附以解读文章，吸引广大群众转发关注，扩大传播范围；另一方面，召开发布会发布县级融媒体中心建设权威性报告、榜单，展示各地县级融媒体中心建设成果，结合相关案例和数据进行深入解读，找到问题与不足。

第三，建立结果导向的激励机制，强化评价指导性。以正向机制为主，通过评选"年度县级融媒体中心建设先进单位""县级融媒体新闻奖""县级融媒体工作先进个人"等方式，对建设卓有成效的县市给予表彰奖励。此外，激励机制要充分考虑到各地区融媒体中心发展的不平衡，有针对性地向经济发展滞后但发展较快的县域地区倾斜，充分激发落后地区的建设热情。

（三）"两个中心"融合发展路径

建设县级融媒体中心和新时代文明实践中心，是以习近平同志为核心的党中央做出的重大决策，是推动习近平新时代中国特色社会主义思想深入人心、落地生根的重要载体，是打通宣传群众、教育群众、关心群众、服务群众"最后一公里"的重要手段。从试点县（市、区）实地调研现状和问题来看，"两个中心"融合还应深化拓展，精准施策，互相借力，将"两个中心"建设打造成为湖北乃至全国的样板。

1. 理顺体制机制，实现真正融合

在传统的部门格局中，媒体属于新闻广电口，文明实践工作由文明办负责。县级融媒体中心主要关心的是如何在各级媒体上多发正面报道，宣传本地区工作亮点的同时，避免发生负面网络舆情事件。它的工作方式是线上为主，移动优先、数据优先。新时代文明实践中心的工作是调动县域资源，指导乡镇文明实践所、村文明实践站服务好百姓。它的工作方式是线下为主，与群众面对面。这就需要从体制机制上把线上线下两种资源统筹起来。

第一，实现"物理融合"。要打破原有的体制机制藩篱和隶属部门界限，实现机构合作与人员融合。县级融媒体中心和新时代文明实践中心工作职责、工作方式等不同，工作人员的思维方式也不一样，这就需要建立融合机制，让大家"在一个锅里磨勺子"，"不讲过去，不分彼此"，慢慢变成"一家人"。

第二，要达到"化学融合"。县级融媒体中心和新时代文明实践中心在物理融合的基础上，要握指成拳，做到化学融合，产生化学反应。媒体工作人员的文字功底扎实，电台主播的语言组织能力强，电视主持的画面感好，互联网新媒体反应快、互动性强；文明实践活动丰富，分布地域广，群众基础好，发生的感人故事多，等等。既要发挥融媒体的内容制作优势，又要体现文明实践活动中群众参与度高的优势，"两个中心"强强联手，提供个性化服务，让群众有实实在在的获得感。

第三，要"功能融合"。融媒体中心不仅有宣传功能，还有服务功能，即"媒体+政务+服务"。应依托"长江云"，做优做强信息综合服务平台，文明实践相关部门和服务单位入驻云上县（市），实现PC端和移动端所有信息一键推送、一键更新，实现打造群众"心坎上的媒体、指尖上的政务、掌心里的中国"，把融合平台建设成为党委的宣传阵地、政府的服务窗口、群众的网上办事大厅。

2. 健全规章制度，形成服务合力

通过健全规章制度，让"两个县级中心"互相借力，互相促进。

第一，是出台"两个中心"融合实施方案。湖北省应尽快出台两个中心融合的具体实施方案，地方在此基础上结合本地群众需求和供给能力，制定各自的实施办法或方案，确定"两个中心"融合的物理空间、人员配备、财政保障等，统筹协调"两个中心"融合平台，提升平台之间的沟通和信息共享效率，保证信息传播上的时效性，形成传播合力。

第二，是制定"两个中心"融合的评价标准。制定具体的评价指标，由上级组织人事部门、宣传、文旅行政部门等，对地方政府的两个中心融合建设成效、实施情况进行评估，纳入政府绩效考核、领导班子考核或目标责任考核内容。

第三，是建立"两个中心"融合激励制度。对"两个中心"融合过程中社会影响力大、群众反响好的单位给予重点支持，并在经费保障上给予倾斜。

3. 推进技术融合，打通线上线下

中共中央办公厅《关于建设新时代文明实践中心试点工作的指导意见》明确提出"文明实践活动网上网下同频共振"要求，强调要"积极运用'学习强国'网络平台的资源，运用县级政府门户网站，运用'两微一端'等新技术新应用，运用公共数字文化服务、党员远程教育等载体，注重发挥手机等移动终端的传播功能"。县级融媒体中心通过整合报纸、广播、电视、网络等媒体，根据受众需要，创新传播形式，运用5G、虚拟现实、人工智能等新技术手段，精准传播，直指受众心底，为新时代文明实践工作提供强大的舆论传播工具。

推进技术融合，一是按照融媒体中心技术指标的要求，对既有采编流程进行彻底重构和优化，使得生产关系与生产力相适应；二是高度重视技术，学习并运用互联网、大数据、人工智能等最新技术；三是构建文明实践工作高效的网上指挥体系、志愿服务动态管理系统、网上培训和交流平台，吸引广大群众积极参与，贡献"金点子""好办法"。此外，借助融媒体中心，文明实践还可以征集百姓需求，招募志愿者，公布志愿服务项目，听取志愿服务反馈情况等，增强文明实践的针对性、有效性。

4. 加强人才建设，强化基层力量

人才是推进县级融媒体中心与新时代文明实践中心融合的关键因素之一，是"两个中心"发展最核心和最宝贵的资源，是"两个中心"融合的主要支撑。应通过"外引""内培"组合拳，构建精干高效的人才队伍，强化基层力量。

第一，加大人才队伍培训力度，通过"上靠""下沉"的办法快速为"两个中心"从业人员创造成才环境。一方面，上级部门要举办"两个中心"融合业务培训班，让从业人员树立先进理念，学习掌握前沿技术和理论知识，增强其紧迫感和责任感并快速成长；另一方面，上级部门工作人员要主动下沉到县级融媒体中心和新时代文明实践中心，对基层一线的工作人员进行传帮带。

第二，注重优秀人才引进。加强与"双一流"高校、省属高校的交流合作，把符合要求的本科及以上学历的优秀人才"引进来"，充实到网络采编一线和志愿者一线，重点引进懂互联网的新媒体人才、技术人才和各类复合型文化人才。此外，还要积极将现在正在"两个中心"从事相关工作的合同制工作人员择优纳入编制，同时因地制宜地制定人才相关待遇政策，真正做到"留得住、发展好"。

第三，强化人才互通互用。新时代文明实践中心需要大量的志愿者，县级融媒体中心需要大量的专业技术人才。在某种程度上，志愿者与专业技术人才有一定的重合性，专业技术人才可以成为志愿者，某些拥有专业技能的志愿者也可以通过正规渠道发展成为编内技术人才。因此，"两个中心"的专业人才资源若能实现互通共用，将对"两个中心"的融合发展大有裨益。

5. 增强保障力度，促进深度融合

第一，针对"两个中心"融合，给予长期且充足的资金保障。一方面，应提高新时代文明实践中心的活动经费，确保相关实践活动顺利开展；另一方面，应在县级融媒体中心具备自我造血能力之后再逐步减少资金支持，以县级融媒体中心为主体来整合当地的政务资源、政府大数据资源，对县级融媒体中心的级别、人员编制等给予一定倾斜。

第二，在充分试点的基础上，实行全面绩效管理，逐步淡化编制、身份等界限，逐步完善"能上能下""能进能出""能高能低"的奖惩机制。譬如，探索在经营环节引入股权激励等激励举措，在采编环节上开展阶梯薪酬制，充分激发活力；加快新时代文明实践中心"文艺宣传队库""视频资源库""文艺作品库"建设，鼓励中心从业人员深入基层，创作脍炙人口的优秀作品。

第三，对"两个中心"融合建设给予更多的包容和理解。"两个中心"融合是一项艰难的探索任务，面临不少难题，为了鼓励更多有能力、有水平、有干劲的人才投身其中，就需要为其营造"宽容失败、鼓励创新"的社会舆论环境，使其敢于尝试、敢于突破。

湖北省统筹推进"两个中心"建设具有前瞻性、创新性，在深化理念、拓展维度、融合路径等问题方面，各试点建设工作已提供了很好的实践经验。进一步深化拓展"两个中心"建设，重在抓住融合要点，要在区分好新时代文明实践中心和县级融媒体中心的工作性质、方式、内容等差异，把握好"两个中心"目标导向的前提下，在体制机制、服务功能、政务资源、资金保障等方面，进一步实现深度融合，不断拓展建设领域，更好地服务群众。

对标国内知名新媒体平台，打造湖北具有全国强大影响力的新媒体品牌[*]

湖北省文化体制改革智库
华中师范大学国家文化产业研究中心

为深入贯彻中央关于加快推进媒体深度融合、建立全媒体传播体系的重要精神，认真落实湖北省委关于坚持党管媒体、移动优先，打造立足全国、放眼国际、具有较强传播力和竞争力的新媒体品牌的重要部署，受中共湖北省委全面深化改革委员会办公室委托，湖北省文化体制改革智库承担了"对标国内知名新媒体平台，打造湖北具有全国强大影响力的新媒体品牌"研究课题。在中共湖北省委全面深化改革委员会办公室领导下，在省委政研室（省改革办）改革规划处、省委宣传部新闻处、省委宣传部文体改革和规划处等具体指导下，课题组站在新技术引发新媒体革命的时代潮流背景下，聚焦有影响力的新媒体平台建设中的关键

---

[*] 本调研报告为中共湖北省委全面深化改革委员会办公室委托项目"对标国内知名新媒体平台，打造湖北具有全国强大影响力的新媒体品牌（ZKCG202105）"的结项成果之一。项目负责人：黄永林；主要研究人员：王彬、邓为、邓清源、任正、庄黎、李媛媛、余欢、余召臣、张勇军、周芳、周雨城、郝挺雷、徐金龙、黄勤、黄永林、盘华、彭涛、喻发胜；主要执笔人：黄永林、余欢、李媛媛。
本报告完成时间：2021年10月31日。

环节和重点事项，围绕机制创新、管理创新、技术创新、顶层设计，从探索运用互联网思维优化资源配置、再造生产流程、创新运营机制、应用技术手段等方面展开研究，采用座谈专访、实地考察等方式多途径、多渠道收集所需资料，力求全面、准确地把握"国内知名新媒体平台"建设先进经验，在全面总结湖北新媒体平台建设经验、查找存在的问题与不足、分析原因的基础上，对标国内知名新媒体平台，提出了打造湖北具有全国强大影响力的新媒体品牌的对策建议。

一、发展背景：新技术发展引发的媒体革命

（一）媒体革命：从"新媒体"到"新媒体平台"

1. 新媒体的特征

"新媒体"是一个在不断推陈出新进程中演化发展的概念。马克·汉森在《新媒体》一文中特别指出："人类进化可以用一长串'新媒体'革命来定义，它与技术紧密关联；那长长一串'曾经新的'新媒体就是这一共同演化的明证。"[①] 新媒体的"新"是相对的，是在新的技术体系支撑下出现的"新"的媒体形态，而当下的新媒体总是会被技术发展推动下不断涌现出的更新的媒体所取代，成为旧的媒体。一种新媒体的出现是媒体技术延续性发展进程中由量变到质变引发的传统媒体转型与新媒体迭代更新。

进入到21世纪后，移动互联网技术的深度应用与智能手机的广泛普及，标志着新媒体在全面变革人类信息传播与认知方式上迈入新阶段。从传播形态上看，新媒体能够在新的平台融合各种传统大众媒体，实现复合型的传播；从传播范围上看，新媒体进行的是无边界传播；从传播形式上看，新媒体强调传播的互动性，突出高度综合性特点；从传播内

---

① Mark B. N. Hansen, "New Media". In W. J. T. Mitchell& Mark B. N. Hansen (eds), *Critical Terms for Media Studies*. Chicago & London: University of Chicago Press, 2010, p. 177.

容上看，新媒体内容丰富且呈现形式多样化①。列夫·曼诺维奇总结了新媒体的五大原则：数值化（numerical representation）、模块化（modularity）、自动化（automation）、多变性（variability）、跨码性（transcoding）②。数值化强调内容的数字化呈现；模块化强调不同内容呈现形式的可组合性；自动化强调不同程度地实现人工替代，在当下则具体体现为人工智能的实现；多变性强调内容和形式的多样性、非恒定性；跨码性强调新媒体由"文化层"和"电脑层"两个层面组成，并具有互相转换的可能性。列夫·曼诺维奇并没有将新媒体置于一个孤立的技术语境中进行分析，而是敏锐地捕捉到新媒体具有的"文化跨码性"，即新媒体对文化生产、文化传播，乃至文化生态的影响与作用。

新媒体正在以一种前所未有的深度与广度，对社会、文化和艺术的方方面面进行重塑。新媒体的使命，当然绝不仅仅只是建构一种新的信息生产与传播渠道，或单纯实现对原有产品功能架构的技术迭代与优化更新，而是围绕着它所依托的介质和载体所产生的组织性、结构性的活动，重新建构社会性的生产关系，通过对社会生活的深度介入，对公众进行一场彻彻底底的、由行为到思维的重塑。在新媒体技术的拉动下，人类的信息传播方式变得更为多元化，传播速度与效率得到大幅提升，新媒体构建起了人们多样化的文化生活空间，对文化生产、文化传播，乃至文化生态都正在产生积极的影响与作用。新媒体依托于网络化，实现了跨越时空的彼此关联；依托于数字化，实现了线下线上的多维呈现；依托于互动化，实现了供需双方的活态反馈；依托于社交化，实现了信息传递的无限延伸；依托于智能化，实现了个性诉求的人本关照。

2. 新媒体平台的意义

"平台化"是传统媒体向媒体融合发展转型的重要标志，是飞速发展的网络技术、数字信息技术和人工智能技术作用于新媒体结果的综合体现。如社交媒体平台从最初的 BBS 论坛发展到后来的博客，再从微博

---

① 陈刚：《新媒体传播的特点及对营销传播的影响》，《国际广告》2006 年第 10 期。
② ［俄］列夫·曼诺维奇：《新媒体的语言》，车琳译，贵阳：贵州人民出版社 2020 年版，第 27—47 页。

到微信，各类平台不但向我们展现了新媒体在中国的持续发展逻辑，更体现了新旧传播方式在技术层面与观念层面的不断革新与接力。这种新媒体平台具有比以往任何传统媒体更强的号召力、包容力、拓展力与优化力。比如微信，就是这样一个兼具高度整合性、便捷性、实用性的公众服务平台。其发展经历了三个阶段：核心功能实现阶段、人际关系建构阶段、服务平台打造阶段。第一阶段立足于新媒体技术应用，第二阶段聚焦于新媒体思维导入，第三阶段着眼于新媒体生态建立，最终以公众平台的形式实现了对于几乎所有用户群体的全域覆盖。今天的新媒体平台已不再仅仅是一个信息传播渠道，而是集生产、分发、消费于一体的具备融合、升级、创新效应的新媒体生态综合体。首先，平台为内容到达用户提供了多元路径，也是聚合用户、产生用户黏度、实现用户间关联的最有效手段。同时，平台将内容生产者与内容使用者集聚于一体，催生二者间的相互转化。因此，平台在用户层面就已具有复合生态关系。其次，平台作为内容生产、分发与消费的主导方，通过制定生产、分发、消费规则，在使用平台的个人与组织、媒体与自媒体间建立起复合生态关系，促使各方在有效互动与协同联动中参与平台服务。

"社会化"是新媒体思维的关键要素，是网络与信息传播等新媒体技术以不断渗入式姿态作用于人类社会的必然结果。互联网这样一个庞大细密的信息体系将每一位个体用户都串联包容进来了，而层出不穷的社交媒体平台、工具则在潜移默化中，将原本存在于现实世界中互相牵连的社会关系网逐步移植进了虚拟世界中。借用新媒体所提供的虚拟空间的流动性来建构虚拟共同体，使得社会学意义的参与感和依赖感有了新的信息支点[①]。从某种意义上讲，社交媒体平台就好似一座城市的基础设施，"历史上所有基础设施都包括通信媒介、动力源和逻辑机制三个部分，它们相互影响，共同确保基础设施的整体运行。在这个意义上，基础设施可以看作是一种扩大社会机制的手段"[②]。数字符码和互联网络

[①] 陈卫星：《新媒体的媒介学问题》，《南京社会科学》2016年第2期，第114—112页。
[②] [美] 杰里米·里夫金：《零成本社会》，赛迪研究院专家组译，北京：中信出版社2014年版，第14页。

便是平台这个基础设施的通信媒介,包括个人用户在内的各方成为动力源,而具有实时交互性的各项使用规则与操作方法便成为逻辑机制。社会化已成为新媒体时代个体存在的普遍状态。其一,现实世界中的社会关系被全盘投射在互联网端,并成为网络构建的基础;其二,依托于新媒体信息体系建构起的虚拟社会关系对于信息生产与传播具有关键意义;其三,虚拟社会关系较之现实世界社会关系更具可塑性与实时变通性,可根据信息生产与传播的实际需要来进行社会关系的自我调配与重建。人们每天通过智能手机、电脑等终端设备穿梭于不同的微信群、QQ群以及其他各类聚合性的网络平台之间,进行不同主题的信息传播与交流。当用户置身其中,其社交能量与社会化拓展空间便会因为时空限制的打破以及去中心化的运作而被无限提升。以不同性质的社会关系形成的节点成为个人用户在虚拟世界中进行信息生产与传播的轨迹,"网络建立在节点以及它们之间互相关联的基础之上。这些节点可以根据新的任务与目标进行重构,可以随着它们获取或失去知识和信息的多少来增加或减少自身的重要性"[①]。此时的社交媒体,已然成为个人用户通过自我媒介化实现社会化交往的宏大装置。

(二)中国实践:从"网络媒体"到"媒体融合"

1. 互联网的发展

20世纪90年代我国正式开始接入互联网,回望这过去近30年我国互联网建设与普及的历程,其发展之快、成绩之大,世所罕见。中国互联网络信息中心(CNNIC)2021年8月27日发布的第48次《中国互联网络发展状况统计报告》显示,截至2021年6月,我国网民规模达10.11亿,互联网普及率达71.6%,手机网民规模占比99.6%,网民人均每周上网26.9小时。10亿用户接入互联网,形成了全球最为庞大、生机勃勃的数字社会。我国IPv6地址数量达62023块/32,移动电话基站总数达948万个。截至2021年4月,我国光纤宽带用户占比提升至94%,

---

[①] [英]曼纽尔·卡斯特、马汀·殷斯:《对话卡斯特》,徐培喜译,北京:社会科学文献出版社2015年版,第32页。

固定宽带端到端用户体验速度达到51.2Mbps，移动网络速率在全球139个国家和地区中排名第4位。另外，工业互联网"综合性+特色性+专业性"的平台体系基本形成，具有一定行业和区域影响力的工业互联网平台超过100家，连接设备数超过了7000万台（套），工业APP超过59万个。我国5G商用发展实现规模、标准数量和应用创新三大领先。其中，已累计开通96.1万个5G基站，覆盖全国所有地级以上城市；5G标准必要专利声明数量占比超38%，居全球首位；5G应用创新案例已超9000个，5G正快速融入各行各业。"5G+工业互联网"在建项目已超过1500个，覆盖20余个国民经济重要行业[①]。互联网特别是移动互联网通信技术的快速发展，为新媒体的普及应用开创了新局面，提供了强支撑。以智能手机为主的各类移动设备、社交媒体、大数据、传感器技术、地理信息定位等，几乎将我们工作、学习、娱乐以及生活日常的方方面面全都囊括其中。近年来，我国5G网络建设进入快车道，网络信息技术的发展，引动传播技术的更新迭代。截至2021年4月，在"5G+媒体"的融合应用模式推动下，新媒体技术有了更为广阔的应用空间，如超清视频直播、大数据同步传输、多场景实时交互、VR/AR深度运用等，体现了新媒体技术在应用形式与产品样态上的多元化发展。5G、物联网、大数据、云计算、人工智能等新兴业务带来全新赋能，为新媒体功能的实现提供了载体。

2. 智媒体的兴起

技术引领发展，智能重构传播。伴随着人工智能等技术的不断突破，各类移动应用发展势头迅猛。人工智能与移动互联网相结合的应用场景日趋丰富，自动驾驶汽车、智能语音、虚拟现实和增强现实等正越来越广泛地应用在社会生活领域。整体来看，技术一直在传统媒体与新兴媒体融合进程中扮演着引领作用。作为最能展现新媒体"智能化"的重要技术支撑与核心功能要素，人工智能已开始被广泛对接到各类新媒体工具、平台、应用的迭代升级中，并衍生出新一代"智能化"新媒体。

---

① 李政葳：《我国网民规模超10亿——解读第48次<中国互联网络发展状况统计报告>》，《光明日报》2021年8月28日。

2017年12月26日，新华社在成都发布媒体人工智能平台——"媒体大脑"。紧接着，在2018年两会期间，"媒体大脑"便向社会公众展现出了其强大的智能生产能力，在15秒内快速生成发布了全球首条关于两会内容的MGC（机器生产内容）视频新闻，瞬间引爆媒体圈①。"媒体大脑"融合了云计算、物联网、大数据、人工智能等多项技术，包含了"2410"（智能媒体生产平台）、新闻分发、"采蜜"、版权监测、人脸核查、用户画像、智能会话、语音合成等八大核心功能，为媒体机构提供线索发现、素材采集、编辑生产、分发传播、反馈监测等基于各类新闻场景现实需求的智能化服务。其中，"2410"通过摄像头、传感器、无人机、行车记录仪等智能采集设备，采集生成新闻实地多维数据，实时描绘新闻事件，协助记者发现一手新闻线索，有效提升新闻报道的深度与广度；专业级录音应用"采蜜"可将录制音频信息转为文字，并可与移动端和PC端进行无缝衔接，提升记者采编效率；人脸核查功能可在海量图片与视频素材中进行精准对象认定，在源头上杜绝虚假新闻出现；用户画像功能可以通过大数据准确描绘读者阅读习惯、地理位置、行为偏好等详细信息；新闻分发功能则基于用户画像为读者进行新闻资讯的精准推送；版权监测功能通过对全网近300万站点进行监控，精确打击抄袭、洗稿等侵权行为。更值一提的是，该平台具有高度的开放性，国内各媒体机构均可在认证后使用其各项功能和产品。总的来说，"媒体大脑"是一个智联的平台，它的出现意味着内容生产与传播进入一个提档升级的新时代，它向我们展现的，只是未来全新AI内容生态系统的"冰山一角"。2019年11月，中央广播电视总台5G新媒体平台"央视频"上线，该平台率先采用了5G、4K/8K、AI等一系列新技术，带来全新视听体验②。作为国内主流媒体中首个"视频社交新媒体平台"，"央视频"在通过云服务技术消解传统媒体物理空间阻隔与生产环节壁垒的同时，更是在新媒体技术的集成应用方面展示了极具创想性与实用性的

---

① 《网络传播》杂志微信公众号：《独家专访：新华社"媒体大脑"背后的算法机制》，2018年5月29日，https://www.sohu.com/a/233270467_181884。

② 《我国首个国家级5G新媒体平台正式上线》，2019年11月21日，https://baijiahao.baidu.com/s?id=1650766179114245987&wfr=spider&for=pc。

功能架构,将短视频、长视频、移动直播、点播直播关联、数据共享、4K 投屏等集于一身,以账号体系为内容聚合逻辑,以开放共建机制整合社会创作资源,围绕"增强用户视听与社交体验"做足文章,受到广大用户与社会各方的广泛好评。

新媒体技术的普及应用,引发的不仅仅是信息生产与传播方式的变革,更是对于大众思维模式的更新与重塑。2018 年 11 月第五届世界互联网大会在乌镇召开。在大会的"媒体变革与传播创新"论坛上,新浪董事长兼 CEO 曹国伟题为《共赢:新媒体生态的演进》的演讲,引发了舆论普遍关注与公众热议。他提到,当下几乎所有新媒体平台正在不断走向社交化、视频化和智能化。无论是基于强社交关系的微信,还是基于弱社交关系的微博,无论是基于智能推荐的新闻客户端今日头条,还是基于推荐+社交的短视频平台抖音,都已趋向于成为兼具社交、视频和智能推荐三重属性的综合体[①]。社交化指向了传播关系,智能化和视频化则分别对应了"社交关系实现"的功能架构与呈现形式。

3. 媒体融合发展历程

随着信息技术和社会经济的发展,媒体融合成为一种历史的必然选择。一方面,随着网络技术、大数据、人工智能、5G 技术的发展进步,以及这些技术在广电、通信领域的全方位渗透与应用,传统媒介的界限逐渐模糊,新媒体形式层出不穷,媒介终端可实现功能逐渐强大;另一方面,社会经济及文化潮流的发展与进步引发社会阶层的"碎片化",并由此延伸到市场的"碎片化"和受众的"碎片化",大众时代向分众时代转化,媒介受众由以往的单向阅听人的角色转变为需要为其定制娱乐、资讯服务的用户。媒介与消费者的互动更加充分,传媒产业正以专业新闻和自媒体内容相结合的方式满足消费者的需求。在这样的背景下,"媒介融合"应运而生,它包括媒介互动、媒介整合、媒介大融合三个层次。

[①] 曹国伟:《新媒体生态的演进》,2018 年 11 月 8 日,https://www.sohu.com/a/274120317_505891。

(1) 媒体互动：提出"全媒体"概念

2000年9月《国家"十一五"时期文化发展规划纲要》和2007年《新闻出版业"十一五"发展规划》等文件中就确定了"国家数字出版系统工程"发展规划，工程中就包含了"全媒体资源服务""全媒体经验管理""全媒体应用整合平台"等项目，这是"全媒体"首次以官方文件的方式被提出。

(2) 媒介融合：推动传统媒体和新兴媒体融合发展

从2014年媒体融合元年开始，我国媒体行业进入了以先进技术为支撑、以内容建设为根本、内容渠道经营管理多点全方位创新的大转型、大融合、大发展的新阶段，正式跨入了融合3.0时代。2014年，习近平总书记在中央全面深化改革领导小组第四次会议上多次提到"融合"，他指出并强调"推动传统媒体和新兴媒体融合发展，要遵循新闻传播规律和新兴媒体发展规律，强化互联网思维，坚持传统媒体和新兴媒体优势互补、一体发展……"，将媒体融合提高到国家战略的高度。此后，"融合"成为主流媒体转型的新关键词。2015年，我国"十三五"规划建议提出，"推动传统媒体和新兴媒体融合发展"，加快媒体数字化建设，打造一批新型主流媒体。从此，在外部新媒体冲击与内部改革创新双重压力之下我国媒体行业开启了媒体融合与转型的发展之路。

2016年2月，习近平总书记明确提出，媒体融合要从"相加"到"相融"，打造新型主流媒体，巩固主流舆论阵地，对媒体融合发展提出了更新、和更高的要求。2016年7月，国家新闻出版广电总局发布的《关于进一步加快广播电视媒体与新兴媒体融合发展的意见》（以下简称《意见》）指出，要构建集采编、制作、存储、发布、安全管控、运营于一体的广播电视制播云平台，提出九项重点任务，分别为树立深度融合发展理念、加快融合型节目体系建设、加快融合型制播体系建设、加快融合型传播体系建设、加快融合型服务体系建设、加快融合型技术体系建设、加护融合型经营体系建设、加快融合型运行机制建设、加快融合型人才队伍建设。2018年，中央全面深化改革委员第五次会议审议并通过了《关于加强县级融媒体中心建设的意见》，指出组建县级融媒体中心，有利于整合县级媒体资源、巩固壮大主流思想舆论。2019年，中宣部和国家广电总局联合发布《县级融媒体中心建设规范》，明确了县级融媒体中心是"整合县级广播电视、报刊、新媒体等资源，开展媒体服务、党建服务、政务服务、公共服务、增值服务等业务的融合媒体平台"①。2014年至今，媒体融合经历了从中央媒体层面的媒体融合，再到省级媒体层面的媒体融合，近年又进入了县级媒体层面的媒体融合。

（3）媒介大融合：建设"全媒体传播体系"

2019年1月25日，习近平总书记在主持中共中央政治局第十二次集体学习时指出，推动媒体融合发展，要坚持一体化发展方向，通过流程优化、平台再造，实现各种媒介资源、生产要素有效整合，实现信息内容、技术应用、平台终端、管理手段共融互通，催化融合质变，放大一体效能，打造一批具有强大影响力、竞争力的新型主流媒体；要抓紧做好顶层设计，打造新型传播平台，建成新型主流媒体，扩大主流价值影响力版图。2019年10月，党的十九届四中全会审议通过的《中共中央关于坚持和完善中国特色社会主义制度 推进国家治理体系和治理能力现代化若干重大问题的决定》（以下简称《决定》）指出，建立以内容建设为根本、先进技术为支撑、创新管理为保障的全媒体传播体系。2020年中共中央办公厅、国务院办公厅印发了《关于加快推进媒体深度融合发展的意见》，指出要"推动传统媒体和新兴媒体在体制机制、政策措施、流程管理、人才技术等方面加快融合步伐，尽快建成一批具有强大影响力和竞争力的新型主流媒体，逐步构建网上网下一体、内宣外宣联动的主流舆论格局，建立以内容建设为根本、先进技术为支撑、创新管理为保障的全媒体传播体系"。这些都明确了我国全媒体传播体系建设的工作重心和未来发展目标，也为打造中国特色的国际一流新型主流媒体和构建全媒体传播体系提供了根本遵循原则，指明了正确方向。

在这样的背景下，媒介融合使得媒介变革体现在多个层面，从发展

---

① 《〈县级融媒体中心省级技术平台规范要求〉〈县级融媒体中心建设规范〉发布》，2019年1月15日，http://media.people.com.cn/n1/2019/0115/c14677-30541139.html。

历程来看，主要经历了四个阶段：首先是传播手段融合，即媒体利用新技术发展新媒体，改造传统媒体，通过不同传播手段在大传播平台上进行整合，实现媒介之间的内容相互推销和资源共享；其次是媒介形态融合，随着不断发展的新技术，所有的媒介信息会汇聚在一个平台之上，出现一个完全具有兼容性和包容性的新型媒介，集文字、音频、视频于一体，集报纸、广播、电视的特征于一体，这被称为"全媒体"，产生质变后就会产生一种新的媒介形态，这也是各种媒介深度融合的结果；再次是资本的融合，具有不同媒介的传媒集团可以在资本市场完成对其他媒介集团的收购或者兼并，从而实现价值链的整合，使不同的媒介直接获得接口，进而发生媒介融合；最后是组织的融合，随着上述融合的推进，在资本或者行政的推动下，不同的媒体结合成一个共同体，进而拥有了报纸、广播、电视、网络和手机等多种媒介形式，拥有了全媒体的价值链和产业链。

4. 媒体融合的成绩与不足

我国媒体融合在体制机制改革、平台建设、内容创新、技术创新等方面取得了一定成绩。

在体制融合上，我国传统媒体与新兴媒体融合发展过程中，传统媒体在组织模式、人才结构、考核机制、管理机制等方面不断进行改革，从互联网公司企业学习扁平化管理机制，不仅激发了采编工作者的创作活力，而且通过资源统筹的方式构筑了以新媒体为核心的传播生态，以此更加贴合时下新的传播格局。如2016年8月，广电行业媒体云技术产业联盟成立，联盟由中广联合会技术工作委员会与中国国际广播电台、中国广播电视网络有限公司、上海广播电视台、江苏省广播电视总台等单位共同发起。当前，我国媒体融合正逐渐从"相加"变成"相融"，从"自上而下融合"过渡到"深度融合"。自2014年媒体融合从报（台）网互动的网络融合1.0阶段，不断更迭升级至"两微一端""中央厨房"建设的移动融合2.0阶段，正走向"报（台）网端融合""省市县融合"的区域（市场）融合3.0阶段，逐步完成了媒体内部资源优化重组、业务流程再造等相关建设，更将媒体融合实践深入到城市的"神经末梢",实现以点带面的社区乡镇覆盖和联动。

在平台融合上,作为媒体融合的主流趋势之一,平台化已经成为当前媒体行业发展的重要战略选择。我国的网络平台,从最初的三大门户网站(新浪、搜狐、网易),发展到后来的社交平台(博客、微博、微信、QQ等),再到基于场景的应用平台(美团、滴滴等),此外,还有通过内容聚合与算法推荐相结合的方式打造的内容推送平台(今日头条、抖音、快手等),平台建设一直持续你方唱罢我登场的局面。在传统媒体和新媒体融合创新方面,《人民日报》"中央厨房"建设取得了较为突出的成果。首先,通过实行内部资源、平台整合,"中央厨房"使过去报网分离、部门独立运作、资源分散的现象得到改善;其次,"中央厨房"既是硬件基础和技术平台,也是大脑和神经中枢,具有集中指挥、统一调度、高效协作等功能,为资源的合理利用节约了人力成本,同时采编发一体化的流程再造大幅提升了新闻的生产与传播效率;最后,"中央厨房"为主流媒体平台,通过整合媒体、政府资源,借由"报网端微"四级媒体形成全媒体舆论传播阵地,特别是在弘扬主流重大议题、党的领导方针政策方面,让传统媒体与新媒体优势互补形成合力。在此基础上推出了"全国党媒公共平台",开启了平台化运作的步伐,联结《人民日报》系各类党媒端口,构建内容共享、渠道共享、技术共享、数据共享的公共平台,形成舆论引导合力。

在内容融合上,平台为内容到达用户提供了多元路径,也是聚合用户、产生用户黏度、实现用户间关联的最有效手段。同时,平台将内容生产者与内容使用者集聚于一体,催生二者间的相互转化。由于技术和平台优势,传播内容更加多元,更加丰富,更加能满足个性化需求。如"中央厨房"式全媒体融合、采编发为一体的中心的建立,为平台生产多样化内容产品、实现良性运作起到了积极作用。当今的自媒体平台,由于向移动端转移,既注重内容、形式、手段的创新,又考虑移动端适配性,生产出许多受到用户欢迎的产品;主流媒体平台以内容建设为抓手,结合传统媒体自身强大的内容生产能力,借力H5、全景视频、360度影像等新媒体技术手段打造了一批特色的融媒体产品。例如湖南红网新媒体集团搭建"云上系列",当提升对外传播影响力,打造了国内最大互联网评论基地"红辣椒评论"等;再比如上海报业集团整合集团力量推出"上海观察""澎湃""界面"等多个新媒体项目。

  在技术融合上,在新媒体时代,每一位用户都成为技术这个"虚拟大脑"的"思想投射端",二者的有效对接才构成了"新媒体"的完整内涵。技术是无形的,借助于产品、服务等有形载体得以实现,用户在使用产品与服务的同时,也通过各种形式的有效应答与反馈机制形成对于产品与服务的客观评价,并以此推动着技术的发展。例如,央级主流媒体凭借自身政策、技术、资源等压倒性优势,与业内互联网强势企业进行强强联手,抢占云平台建设高地。例如,2014年,光明网应用微软 Azure 云计算技术建立中国首个"媒体云"平台,帮助增强《光明日报》和光明网的传播力和影响力,同时顺利向新媒体领域过渡;2015年,新华社全媒体报道平台启动运行,这一举动被视为国家通讯社推进媒融合里程碑式的一步;2016年,《人民日报》与腾讯云联合发布我国首个媒体融合云服务平台——中国媒体融合云,一站式解决"策采编发"甚至是盈利分成的全流程瓶颈。随后各地根植自身土壤相继打造属于自己的媒体云,出现了一批独具特色的媒体云。最为典型的代表例如江苏省广电总台"荔枝云"、湖南广电"芒果云"、湖北广电"长江云"、贵州"7+N"朵云、天津津云新媒体"津云"、《江西日报》"赣鄱云"等。新华社近年来频频出招,通过推出"智能化编辑部"、"现场云"新闻直播、"媒体大脑"智能视频生产系统、AI 合成主播生产等,形成了多功能一体化的新媒体平台,为媒体业的新闻生产提供了强大的后台服务体系。2019年2月,新华社客户端 V6.0 正式上线,这标志着新闻生产平台与用户端直接接轨,一个全新的集新闻生产与传播于一体的平台架构正破土而出。

  尽管当前媒体融合势头发展良好,但从其整体发展情况来看仍停留在技术层面的初级阶段,尚未对原有的组织架构和业务流程进行全方位的改革,出现了"传媒倒融合现象"(即互联网企业掌握融合主动权收购兼并传统媒体，传统媒体面临着融合平台的内容"供应商"的危机)①。尽管目前形态各异的平台的迅速崛起，改变了以传统媒体为主导的内容生产和传播格局，媒体融合的范畴和边界发生了变化，但平台运营主体的多样化导致利益格局的动态裂变与分化，从而进一步增加了媒体融合的复杂性。尽管近年来随着国家投入力度的不断加大，各级各地公共文化服务平台建设持续推进，平台服务功能日臻完善。但无论从平台规模体量来看，还是从文化资源总量来看，都还较为缺乏，从平台辐射力与覆盖面来说，也还比较有限。这些都需要我们深入研究，寻求解决之策，以确保新媒体融合的健康发展。

二、湖北探索：湖北新媒体融合发展现状

自 2014 年"媒体融合"上升为国家战略以来，全国各大传统媒体纷纷构建新媒体平台，在外部新媒体平台创新冲击与内部文化体制改革双重压力之下，湖北省开启了媒体融合转型的发展之路。湖北省将建设有影响力的新媒体平台作为传统媒体的一项重大改革，坚持一体化思维，实施"移动优先"策略，形成省、市、县三级新媒体架构，打造了"长江云"和"极目新闻"两个省级新媒体品牌，市县级融媒体中心建设取得突破性进展，部分市级融媒体中心和县级融媒体中心在全国范围内形成先进经验，成绩斐然。总体而言，湖北省从政策环境、体制机制、内容生产、技术创新、人才培养等多方面进行了有益媒体转型的探索尝试，形成了一些领先经验，起到标杆作用，但也存在些许不足。

（一）湖北新媒体融合发展调研

2016 年 2 月 29 日，湖北省委常委会会议提出，建设全省统一的移动政务新媒体平台，是积极占领新媒体阵地、更好地履行意识形态主体责任、维护网络意识形态安全的重要手段，是推进媒体融合发展、壮大网上主流思想舆论的重要途径，是实现治理体系和治理能力现代化、密切

---

① 赵华：《媒体融合大势下的媒体云现状与思考》，《传媒观察》2017 年第 1 期，第 48—49 页。

党委政府和人民群众联系的有效工具。经过多年的努力，湖北省从创新融合产品到建设融合平台再到构建融合体系，实现从相加、相融到纵深融合，逐渐构建起"纵向到底、横向到边"的覆盖全省、辐射全国的融媒体网络。2020年初，突如其来的新冠肺炎疫情使人们对官方信息和公共服务的需求大大增加，湖北省各级融媒体平台在抗击新冠肺炎疫情的过程中实施创新举措，发挥了重要作用，同时，也加速了新媒体平台创新的步伐。

新媒时代的公共服务具有更为丰富的价值取向与内涵，一方面，围绕信息生产、加工、流通的信息传播是新媒体公共服务的核心职能和根本所在；另一方面，在用户需求导向下，新媒体公共服务向政务、经济、民生、公益等维度不断拓展。湖北省探索新媒体"通过网络走群众路线"，将省市县三级客户端后台与各地党政部门工作平台、服务后台联通，让老百姓通过手机全天候"一键问政"，从而形成"新闻+政务商务服务"有机融合，实现从媒体平台向基于媒体的信息服务生态的转型。

1. 省级媒体融合

在省级层面，湖北广播电视台和老牌纸媒《楚天都市报》都以打造全国一流新媒体平台为目标，进行了示范性新媒体融合尝试，分别创建了"长江云"和"极目新闻"媒体平台，其中"长江云"走平台化运营路径，"极目新闻"则选择了 IP 化运营路径。

（1）广电行业："长江云"

2010 年前后，湖北广播电视台开始进行融媒体建设。电视台在顶层设计的指导下，更新管理理念，健全系统化的领导和运行机制，并成立了专门的"融合发展委员会"，进行媒体融合过程中整体方案设计。2012 年，湖北广播电视台投入了大量资金修建融媒体新闻大楼，且聘用一批专业媒体人，组建了高质量的媒体队伍，这为湖北省广电事业的发展奠定了基础。此外，还添置了各类先进的新媒体工具，致力于打造湖北省的融合新闻中心，以此来推动媒体融合进程。2015 年 7 月 8 日，湖北广电在全国广电改革发展高层论坛上提出用"广电拥抱互联网+"的概念，推进转型升级，重构广电生态圈。2015 年 9 月，湖北广播电视台

"长江云"新媒体平台正式上线运行。2015年11月1日，湖北广播电视台成立了媒体融合的调度指挥中心——融媒体新闻中心。2016年湖北省两会，"长江云"客户端实现了两个全国第一：一是推出全国首个两会机器人记者云朵，先后被全国90多家网站报道，阅读量超过8000万；二是风靡全省两会的"神器"——VR拍摄应用到两会报道。湖北广电构筑新媒体矩阵，打造交互式平台，再造全媒体流程，创造了"广电+服务"新模式、与第一产业深度融合的垄上传媒"频道+渠道"新业态。湖北以"长江云"为核心的区域性生态级媒体融合平台被中宣部特别推广。

"长江云"最初是由湖北广电长江新媒体集团与国内知名互联网公司联合研发的新一代基于云计算、大数据的新媒体融合云平台，致力于为新型媒体提供高品质、安全、低成本的技术支撑，以联动共赢模式助力区域媒体融合发展，构建打造"采编融合、内容汇聚、多渠道传播、多终端一体化"的区域新媒体运营平台。作为湖北省移动政务新媒体平台第一端的"长江云"是一个开放性、综合性移动政务新媒体平台，集践行网络群众路线、便民服务、媒体引导三大功能于一体，是覆盖湖北全省300多个移动政务服务终端的总入口，具有较高的发展定位和多元的服务功能。"长江云"也是我国第一个综合了舆论引导、公众服务、信息披露等多项功能于一体的融媒体平台。它一方面能够以政府效力的发挥来实现网络舆论的控制和引导，从而确保网络环境的和谐性，另一方面又充分保障了民众自主表达权和参政议政的权利得以落实。经过多年来的建设，"长江云"平台初步形成了一套较为系统的运作体系，融合了媒体融合与舆论引导平台、政务信息公开与移动政务平台、网上群众路线与民生服务平台等三大平台，基本上实现对湖北省内各个地市州县的全面覆盖。"长江云"在融媒体平台建设方面具有以下创新：

1）体制机制

一是自上而下、协同共建的全省一盘棋格局。"长江云"平台作为湖北省级媒体融合发展战略，受到湖北省委、省政府的高度重视与积极支持，以正式文件形式向全省下发关于建设"长江云"平台的实施方案，并成立以主管部门领导为组长的"长江云"平台建设协调小组，统筹推进"长江云"平台在全省范围内的建设与实施。各地党政机关积极参与建设，成为"长江云"平台各级产品的共建者和运营者，有效缓解了各地党政机关过去独立建设新媒体平台的困境，实现全省一盘棋的新媒体平台建设和信息化建设。

二是互联互通、合作共享的融合发展平台。"长江云"平台为全省媒体统一搭建移动采编体系和"云稿库"，组建"云上联合报道团队"，按照"一体化策划，全平台共振，立体化传播"理念，形成"多元采集、多样编辑、多种产品、多端分发"的省、市、县三级媒体融合新闻生产运作流程和常态化的信息协作联动机制，构建了资源集约、结构合理、差异发展、协同高效的全媒体传播体系。在内容上，通过"云稿库"和"中央厨房"，实现对全省新闻信息的资源共享与集中处理，进驻"长江云"平台的不同机构可共享"云稿库"中的新闻素材与资源，也可通过"中央厨房"的集中加工处理实现新闻产品和信息的推送服务。在产品建设上，"长江云"平台为进驻机构提供了标准化平台和多套产品模板，各机构可根据自身情况做出个性化的产品选择与定制，并通过开放化的平台接口实现与"长江云"平台的连接，实现共性与个性、一体与多元的统一。

三是统一领导、分工合作的组织管理架构。在不同发展阶段，"长江云"不断进行着组织架构的调整。2015年11月，成立了媒体融合的调度指挥中心——"融媒体"新闻中心，即在中心代表人的领导下，将湖北综合、湖北经视等多个频道的管理人员以及新闻广播部、交通广播部等单位的代表人纳入整个体系而形成了全新的媒体队伍。2019年，根据湖北广电长江新媒体集团发展战略规划，结合事业部管理模式，建立"长江云"新闻中心、"长江云"大数据中心、"长江云"平台事业部、交互式网络电视（IPTV）事业部、政企事业部、内容运营事业部、云创融媒工作室、产品研发事业部、行政中心、投资财务部、技术运维中心11个部门，形成了统一领导、分工明确、职责清晰、相互协同的组织管理体系。

2) 管理制度创新

一是实施"赛马制"选才。从湖北广电长江新媒体集团战略发展及组织结构迭代需要出发，管理序列岗位均采取竞争上岗、"赛马"选才，坚持人才选拔公开、公平、公正。组织中层管理岗及基层管理岗的竞岗评选和民主推荐，调动了员工进取竞争的积极性，促进了人才内部合理流动，优化资源配置，做到人岗合理匹配，让合适的人、想干的人做合适的事、想干的事，充分提高集团整体运营的效率、效益。

二是实施"星级制"选优。坚持责任目标与德能勤绩廉并重，全面综合考虑员工个人素质、专业技能及业绩贡献，湖北广电长江新媒体集团通过星级员工评定，打造专业序列员工的职业发展通道。星级岗位共设置12个级次，按照年度评定，实行动态管理，十星级员工岗位薪酬甚至能与集团总经理相比。这一创新举措既帮助企业瞄准重点培养对象，也能帮助员工明确职业发展方向与目标，最终达到企业与员工双赢的局面。

三是实施动态化管理和"弹簧制"绩效管理。人员能上能下、能升能降，部门能增能减，保持与快速变化的市场需求相匹配，湖北广电长江新媒体集团已进行产品经理负责制、业务板块事业部制、客户资源匹配制等探索实践，充分保持发展活力。坚持以目标任务考核为准绳，周周公布、月月考核、年终总考核，强化结果导向。将绩效考评、薪酬待遇与任务目标紧密挂钩，让集团每位员工都投入集团的发展事业中。

四是加大教育培训管理力度。湖北广电长江新媒体集团将持续的人力资源开发作为实现人力资源增值目标的重要条件，在教育培训上做到始终围绕企业业务发展所需和员工技能提升所需。在集团内部建立积极有序的培训积分体系，组织各部门每月安排内训活动，如内容运营类课程、技术提升类课程、营销类课程、标准化工作流程类课程等，营造不断学习的氛围。在开展各类培训时，改变单纯的"授课式"培训，注重实战，推动培训成果的充分转化。打造学习型团队，培养员工自觉学习、自我提升的习惯。

3) 技术创新

媒体融合发展离不开技术力量的强力支撑。湖北广播电视台充分依托科技公司专业化技术与团队实现"长江云"平台核心技术的集成与构建,同时对内组建自有专业化技术团队,以承担"长江云"平台的日常运营与维护,通过内部培养与外部引进相结合的方式不断强化媒体融合发展的技术保障。

一是主动创新研发,强化技术自主能力建设。"长江云"平台自建立之初就充分认识到技术力量的建设对于整个新媒体平台的发展所具有的决定性作用,通过引进技术和自主开发,实施外包与自建团队兼顾的策略,初步掌握了技术方面的主动权,搭建了自主可控的平台。"长江云"平台通过搭建云架构,采取"公有云+私有云"的运作模式,实现对用户的数据保护、信息服务等功能。"公有云"主要为前端用户的使用提供技术支撑,"私有云"则为后端用户数据的安全、产品特色的支撑等保驾护航。长江云平台云架构的实现主要依托基础资源层(IaaS)、平台服务层(PaaS)和应用服务层(SaaS)的协同与支撑[①]。

二是借助媒体平台实现技术优势的扩散与共享。"长江云"平台的系统技术架构以数据资源为纽带,以 Hadoop 分布式体系为核心搭建而成,包括资源采集、"中央厨房"和应用三个层面。通过不断强化技术的标准化和开放性,为各级媒体、各地政府提供标准化的服务接口,借助平台将自身技术优势扩散、共享给各个地方和政府职能部门,在一定程度上解决了县级公共管理和服务部门在技术、人力和管理维护等方面力量薄弱的问题,使得过去无法开发和运行维护的问题得以解决,从而使其资源效益得到充分利用。

4)内容创新

一是实施稿件资源共享。通过创建全省统一共享的"云稿库"和全媒体"中央厨房",将省、市、县三级媒体机构提供的新闻素材和稿件统一上传汇聚到"云稿库",实现全省新闻信息的互联互通与资源共享。全媒体"中央厨房"针对不同媒体的属性和特点,对基础素材和稿件进行二次加工与处理,生成符合不同媒体需求的个性化产品,从而实现"一体策划、一次采集、多种生成、多元传播"。

---

① 王洪杰:《长江云平台架构分层简析》,《有线电视技术》2019 年第 4 期,第 37—39 页。

二是进行垂直频道的布局。2021年2月,"长江云"APP内容布局实现全新升级,通过整合湖北广电资源,打造了18个垂直频道,其中新闻类5个、非新闻类13个,旨在汇聚更专业、更有深度和更有价值的内容与服务,推荐各垂直类频道优质内容与热门活动,打造垂直类子栏目、子品牌的集萃。

三是搭建全效一体的融合型服务入口。为了突显融合服务功能,"长江云"客户端打造了一个"九宫格"的超媒入口,设立"听"(广播节目直播、回放入口)、"看"(电视节目直播、回放入口)、"读"(APP各垂直频道优质资讯入口)、"汇"(县融媒体特色内容入口)、"号"(湖北广电大号矩阵入口)、"政"(政务大厅入口)及每月运营排名前三的垂直类频道入口。通过这个"九宫格",用户不仅能看电视、听广播,还能一键直达所有垂直频道,全省各地市可随意切换,全台大号矩阵也将在此汇聚。

(2)报纸行业:"极目新闻"

"极目新闻"是由湖北省委宣传部指导,湖北日报传媒集团倾力打造的新型主流媒体品牌。作为一个全媒体新闻资讯服务平台,"极目新闻"秉承"全球眼、中国心、瞭望者、思想家"的理念,以原创新闻为主,专注推送全球热点资讯、焦点事件报道。

"极目新闻"的诞生是《楚天都市报》凭借长期的全媒体探索于特殊时期华丽转身的结果。在纸媒时代,《楚天都市报》作为一份面向市民的综合性日报在全省发行量长期位居榜首。由于较早认识到全媒体战略媒介市场发展是大势所趋,湖北日报传媒集团一直在探索全媒体融合转型之道,2010年开始开办网站,建设微信、微博群,完善楚天都市网,开发终端应用,尝试构建多种类型的数字媒体平台,成为纸媒进行新媒体转型探索的先行者。2015年2月《楚天都市报》官方微博粉丝数量已超过540万,高居华中地区首位。到2019年底,《楚天都市报》已经从单一纸媒扩展到纸媒+APP+社交+资讯+视频矩阵,新媒体平台数量从几个扩大到40个,其中过百万用户的平台就有5个,过千万的1个(官方微博粉丝量1719万)。2020年1月24日至4月7日因新冠肺炎疫情影响，离汉通道关闭，《楚天都市报》休刊75天。《楚天都市报》利用"看楚天"客户端、官方微信、官方微博、今日头条号、抖音号等新媒体平台，累计刊发（播）稿件（视频）17850条，总阅读量约136亿人次。其中，阅读量过亿的疫情报道产品有8件，阅读量过1000万的疫情报道产品有40余件，阅读量超过10万人次的报道有220余件①。《楚天都市报》的全媒体传播力、影响力没有因为纸媒的历史性休刊而有所衰弱，反而因新媒体的运用得到强化和彰显。《楚天都市报》通过内部优化、内外合作持续推进全媒体转型之路：一方面，借由新媒体拓宽传播渠道，多层次、多平台扩散内容和服务，吸引了部分流失读者，维护了品牌的市场影响力；另一方面，新媒体借由纸媒的品牌认可度与美誉度，快速积聚了人气，利用采编骨干打造优质信息内容，敲开了新媒体市场，在全媒体的内容生产、平台搭建、经营运作等方面都做出了良好的示范。

1）体制机制创新

"极目新闻"全媒体指挥集成中心下设新媒体工作部、新闻编辑中心、评论与集成创新部、出版部和由全媒体运营总监领衔的运营拓展组，共88人，旨在强化互联网思维，体现"移动优先、一体发展"理念，通过再造新闻生产流程，建立起适应融合传播的策编发网络和流程。借此顶层设计，推动整个采编管理架构从过去的以报纸版面为中心、纸媒新媒体脱节，切实转向报纸与新媒体齐头并进、深度融合。

工作机制方面，值班老总加强策划、调度和集成工作，通过每日上午的采前会、下午的编前会贯彻编委会意图。各部门主任按分工落实采集、生产、集成、分发、反馈和全媒体运营。内容生产方面，建立时效导向的稿件首发机制，改变传统纸媒以"天"计算的生产流程为实时生产，全天候推送发布，重要时政类、突发类新闻必须抢全网首发；设立爆款奖，激励记者生产有传播力、影响力的优质内容②。评价体系方面，

---

① 赵洪松、苏争：《倒逼转型 化危为机——楚天都市报战"疫"融合传播的行与思》，《新闻前哨》2020年第6期，第4—5、2页。

② 赵洪松、张剑：《端网速度 纸媒深度 全媒呈现》，《新闻战线》2019年第19期，第32—35页。

针对新媒体传播特点，每天早上，新媒体部将各平台前 24 小时原创稿件的传播数据、读者评价等汇总给值班总编辑，值班总编辑立足流量、点击量等客观数据，再结合写作采访难度和创新点增加主观评价稿分，形成书面的"每日工作评议"，并进行公示、讨论。考核制度方面，实行全媒体考核、全员考核、一体化考核，记者、编辑全员绩效考核面向新媒体移动端。激励机制方面，确定了新媒体稿件基准稿分制度，区别于见报稿分，激发记者优先在新媒体发稿的积极性。通过重构新媒体采编考核流程，"极目新闻"引导传统报纸记者转变内容生产观念，使其朝着符合用户需求、传播需求和社交需求的方向转型。

2）管理创新

为实现传统纸媒在保持内容优势的基础上无缝切换到全媒体平台、将影响力辐射全国的目标，一方面"极目新闻"向国内十个大城市派驻记者，基本覆盖成渝地区、长三角、珠三角、京津冀，坚持去地域化发展。另一方面，"极目新闻"进行内部管理更新，建立起适应融合传播的策编发网络和流程：实行指挥长协调会制，每周召开一次，由指挥长或中心主任主持，部署一周重要工作，会商重大报道选题，评点一周传播效果，协调采编对接联动。实行执行主任分工制，4 个部门由 4 名主任分别负责，既整体运作又各负其责。4 名执行主任向上均对中心主任负责。实行执行主任轮值制，除出版部主任外，其他三个执行主任轮值白班、夜班。白班轮值主任每日参加采前会，负责全媒体指挥中心独立或对接各相关部门的选题策划、报道组织、新媒体稿件编辑、平台分发、直播安排及海报预告；夜班轮值主任每日参加编前会，负责全媒体指挥中心的报纸版面安排、审定夜班版面、处理重点稿件及夜间新媒体稿件编发、客户端开机屏内容设计及制定。实行新闻编辑、出版校对轮值制，一部分编辑白天负责编辑各采访部门值班主任传来的稿件，及时分发到相应新媒体平台上；一部分编辑夜晚负责从新媒体平台上择优编发稿件到纸媒上。出版校对部的美术编辑、校对人员也轮值工作。实行"先网后报"制，新闻类稿件必须实时编发至各新媒体平台，晚间再择要编发至纸媒。实行集中办公制，全媒体指挥集成中心及下辖的 4 个部门、1

个组，集中到 18 楼大办公区间办公。新媒体各平台编辑与报纸编辑整合至同一办公区域办公，便于全天新闻编发的延续性①。这些管理制度的创新，加速新媒体矩阵跃升至平台级影响力。

3）技术创新

新媒体矩阵的运用。对开源信息的采集基本上摆脱了传统媒体的人工模式，汇聚了来自网站、社交网络、移动媒介的种类繁多的信息资源，尤其是凭借第三方信息发布平台以及自有平台"极目新闻"客户端等新媒体矩阵，借助其顺畅、快捷、高效的传播渠道和联动机制，推动信息采集的快速汇聚和发散，展现出"短、平、快"的机制优势。

大数据的利用。在信息采集过程中，来自公共事件本身所含的刺激性信息有可能形成突变。"极目新闻"通过热线数据、跟评数据、新闻数据、开源数据，找出涉及属地评价的内容，利用情感分析、典型意见挖掘等文本挖掘技术，细分出涉及舆论场的高频表述，并结合历史数据库的词频权重进行曝光程度评估，快速、有效地促成信息流交互，为采访策略的制定提供决策分析依据。

动态挖掘智能分析。随着数据融合呈现出动态数据流的新模态，摒弃了静态数据采集、存储、处理和分析的方式，实时采集、深度融合、动态挖掘、智能分析的技术架构呼之欲出。从挖掘深度来看，过去"极目新闻"相关工作的主要目的是为内容生产服务，现在及今后将逐渐转变为增强与受众的互动，通过接受信息、分享信息形成差异明显的多种主导性意见倾向，实施情感、行为和价值观干预，从而更加符合社会化媒体的发展趋势。

4）内容创新

"极目新闻"专注严肃的原创新闻内容，上线以来面向全国突发新闻、调查新闻、社会民生和新闻评论的内容报道，坚定不移地以导向为魂、内容为王，通过策划制作丰富多样的融媒体产品，突出"新手段、新语态、新表达"。"极目新闻"确立了充分满足受众高场景度需求的内

---

① 赵洪松、苏争：《用自我设问推进转型发展——楚天都市报的融合转型探索》，《新闻战线》2018 年第 3 期，第 69—72 页。

容标尺,从紧盯社会热点、抓住稀缺特点、适合可视化传播等维度,结合互联网思维和新媒体规律策划爆款内容产品,加速新媒体矩阵跃升至平台级影响力。一是创新社会热点重大主题的全息化立体化呈现形式,以较强针对性和高场景度凸显产品主题性和创意性,引发受众的需求性关注。如神舟十二号载人飞船发射成功,"极目新闻"制作了《极目九天图》动态海报,将新闻信息进行归纳、提炼和可视化加工,大大加强了宣传效果。二是抓住稀缺特点坚持差异化呈现,尤其注重让受众在对内容产生共鸣的情况下进而产生情绪共鸣。如父亲节推出的多图手绘产品《我不知何时再能与他相见》,用7个熟知的文字场景,形成画面语言的合力,体现感恩父爱主题,用真情实感激发受众的情感共振,作品在各平台发布后,受到众多网友的一致好评。三是强化品牌影响力,坚持公信力建设,打造媒体公信力建设的内生动力。如2020年初新冠肺炎疫情期间,面对网络空间大量信息真假难辨、泥沙俱下,公众惶惶不安的局面,"极目新闻"发挥党的"喉舌"作用,秉持新闻专业主义精神,推出辟谣求证、网络证伪等栏目,在众声喧哗中迅速占领舆论制高点,掌握话语权,更好地统一思想、凝聚人心。此外,"极目新闻"在加强传统新闻内容生产的同时,增加娱乐、体育、知识等信息吸引用户、增强用户黏性,在做强新闻属性的同时,探索增强平台社交、知识分享、专业分众等多重属性。

2. 地市县级媒体融合

在推动本地传统媒体向新媒体转型方面,地市州也交出了自己的答卷。武汉广播电视台、襄阳日报传媒集团、三峡日报社、荆州广播电视台、咸宁赤壁市融媒体中心和恩施州广播电视台等,或创新融合模式,或强化传播效率,或做好内容创新,或立足服务群众,纷纷建设了优秀的新媒体平台。

(1) 武汉广播电视台

近几年来,武汉广播电视台不断守正创新、深度融合,在移动化、视频化、智能化方面取得了突出成绩。"黄鹤云媒"智能化融合生产平台搭建城市信息云航母;CGTN与武汉台每日并机直播6小时,在全国城市台开创先例;"破壁、破题、破层、破圈、破阵",全方位改革构建媒体深度融合新模式;从 AI 主播到 VR 直播再到智能化,新技术开辟出发展新路径;扎实推进媒体深度融合,在重大主题宣传上不断出"新"出"彩"……一个个典型的案例,展示了近年来武汉广电围绕"打造区域领先、全国城市一流的新型媒体集团"的目标,不断进行改革创新。

(2) 襄阳日报传媒集团

襄阳日报传媒集团是入驻《人民日报》全国党媒信息公共平台的第一家地市级媒体,与《人民日报》"中央厨房"共建"汉江工作室"。《襄阳日报》新媒体除了自有的媒体平台外,还有"汉江创客"等 20 多个政务新媒体平台,初步构建起襄阳政务新媒体矩阵,覆盖粉丝 200 余万人。襄阳广播电视台形成"一网(广电网)+两端(视听襄阳、云上襄阳)+N 个两微号(13 个微信号,4 个微博)"的矩阵,在网络端打造了日播节目《果果直播》,推出"早安襄阳""漫说襄阳"等特色板块。

(3) 宜昌三峡日报传媒集团

在宜昌,三峡日报传媒集团走出一条技术引领、媒体自觉、党委政府推动的融合发展之路。《三峡日报》是湖北省乃至全国较有显示度的、实力较强的地市级报纸,早在 2008 年就开始了由传统媒体向新旧媒体融合的转型探索之路,建立了包括传统媒体、互联网、移动互联网、户外传播以及出版社在内的全媒体传播格局。特别是在报网融合、两微一端建设、政务信息捆绑、提高媒体与受众互动率等方面,《三峡日报》都排在全国地方城市党报的前列。在推进融合发展的过程中,《三峡日报》将自身定位为区域性信息服务商,把包括广告信息在内的全部信息纳入内容为王的要求范畴,与新闻生产一样,一同审核、一同考核;建立政府服务信息的用户评价机制,让用户通过互联网直接评价服务信息的优劣;探索新媒体内容生产模式,减少大一统,推行"1+N",确保信息内容生产更加个性化。

(4) 宜昌秭归融媒体中心

在探索"政务+服务"方面,秭归县融媒体中心(以下简称"秭归融媒")采用"平台+工具""内容+工具"的设计模式,建立以新闻生产为核心,云计算、大数据等技术为支撑,集统一策划、多元采集、全媒体传播、大数据反馈于一身的融媒体指挥报道平台。以"云上秭归"客户端为主体,秭归融媒秉持"党委政府推动工作的好帮手,人民群众幸福生活的好朋友"的工作原则,推出了66项融媒服务,其中自主开发的就有44个[①]。一部手机把公共服务与群众生产生活紧密相连,让农民"拿着手机去生产,跟着手机垄上行"。在人才梯队建设方面,秭归融媒构建了"四级多维"全员媒体队伍,实现了分众传播、精准推送,各平台优势互补、相得益彰,传播效率得到了几何倍数的增长。此外,秭归融媒以"宣传经营两分离、舆论产业两提升"为目标,培育融媒文化传播公司市场主体。2020年策划举办各类活动45场,通过线上直播带货+线下工会消费扶贫,利用新业态拓展新市场。2021年6月,在中共湖北省委宣传部、中共湖北省委网信办和湖北省广播电视局联合主办的"2021年湖北省媒体融合创新案例评选活动"中,秭归融媒荣获服务群众类优秀案例。

(5)荆州广播电视台

2019年3月,荆州广播电视台在市委宣传部支持下,着手建设市级融媒体中心平台,整体对接"长江云"平台,服务各区(县)级融媒体平台。从2019年5月开始,荆州广电克服资金短缺、工期紧张等实际困难,仅用不到5个月时间建成市级融媒体中心。专家检验后评价:花最少的钱,建成功能强大、国内地市台一流的"小而美"融媒体中心。2019年11月8日,荆州市融媒体中心指挥平台正式上线。荆州融媒体中心作为荆州市传播核心平台,发挥市级融媒体中心联动作用,连接11个区(县)及功能区级融媒机构,实现新闻信源互通有无、新闻采编力量共享、选题策划信息和成片资源共享等功能。在重大事件报道、灾害应急、城市形象活动等方面,平台与各区(县)融媒协同传播,构建城市内部强大的融媒体信息网。同时,荆州广电全面启动融媒体中心县市工作站建设,共创区域媒体融合新生态,推动区域媒体融合向纵深发展,

---

[①]《喜报!秭归融媒又获大奖!》,2021年6月15日,https://m.thepaper.cn/baijiahao_13151339。

逐步形成一体化立体传播效果。

(6) 鄂州市融媒体中心

自 2019 年 3 月揭牌以来，鄂州市融媒体中心积极探索媒体融合发展的新路径、新模式、新机制，在构建融为一体、合而为一的全媒体传播格局方面取得了初步成效。在体制机制方面，抓好改革顶层设计，形成了"1+3"方案，即《鄂州市融媒体中心组建工作方案》《鄂州市融媒体中心职能配置、内设机构和人员编制规定》《鄂州市融媒体中心中层正职竞争上岗方案》和《鄂州市融媒体中心薪酬管理制度》；深化机构编制改革，设置内设机构 19 个，核定事业编制 200 名；深化人事制度改革，建立以全员聘用为基础、以竞聘上岗为导向的用人制度，中层正职实行竞聘上岗，基层岗位实行双向选择，中层副职实行择优聘任，实现从身份管理向岗位管理转变，促进了人员跨媒体、跨部门交流与融合。在内容创新方面，积极推进内容生产供给侧结构性改革，扩大优质内容产能，对"云上鄂州"客户端、《鄂州日报》微信公众号等新媒体平台进行整合，对频道设置、内容发布、版式设计等进行更新，推出"大美鄂州"专刊和"时评"专刊，推出《追梦鄂州人》《现场直击》两档自办栏目，实现单向式传播向互动式、服务式、场景式转变，提升正面宣传影响力。在 2020 年抗疫期间，贵州援鄂医疗队完成使命离鄂返黔之时，市融媒体中心对欢送贵州支援鄂州医疗队活动进行全程直播及系列新闻报道，包括移动直播、电视直播、电视专题、报纸专版、新媒体及时推送，形成宣传强势。特别是鄂州新闻综合频道、"云上鄂州"、鄂州融媒微信公众号开辟滚动直播专题，对两场欢送仪式以及医疗队员返程中市民欢送等场景进行全程同步直播。各新媒体平台发布相关视频 300 余个，新闻视频在今日头条号上单条播放量最高达 90 多万次，单条微博浏览量最高超过 501 万人次。近 25 万网民在线观看了直播，近 2000 余人参与了点赞及评论。

(7) 恩施"云上恩施"

"云上恩施"被省委宣传部表彰为全省宣传思想文化工作创新项目，多次获得国家级、省级奖项。2015 年底，恩施州广播电视台率先建成全省市州第一家移动政务新媒体平台"云上恩施",并连续五年在湖北的市(州)云上系列名列榜首。2019年,"云上恩施"完成"1+8"融媒体平台建设;2020年,恩施州广播电视台入驻新大楼后,实现高标清同步播出,各平台改版升级,建成融媒体指挥中心。"云上恩施"平台成立5年多以来,恩施州广播电视台坚持在"改、融、守、变"四字上下功夫。一是立足问题,改出新动能。改革运行机制,改革人才机制,改革分配机制,改革经营机制;以"人尽其才、物尽其用"和"薪酬向一线倾斜、向人才倾斜"为方向,不断优化管理体系,不断完善运行机制。面向全国公开招考、择优录用各类专业人才,通过"请进来、走出去",多批次开展业务培训,团队综合素质全面提升。二是顺应大势,融出新格局。纵向融合,抱团发展;做强平台,集约建设;组建团队,公司运营。三是保持定力,守出新氛围。守牢主阵地,打好主动仗;挖掘先进典型,讲好恩施故事;非常时刻展现广电作为;对外宣传势头强劲。四是拓宽思路,变出新气象。坚持活动兴台,平均每年举办活动100多场。坚持多元发力,稳定电视基本盘,广播和新媒体两翼齐飞。坚持培育新产业,软件研发、互联网推广中心、MCN孵化器多点开花。目前"云上恩施"手机客户端下载量过200万,各平台总用户量超500万,年度流量过100亿[①]。

(8)咸宁赤壁"云上赤壁"

赤壁融媒体中心探索出"轻资产、重功能"模式,以用户和"爆款"思维形成接地气的民生媒体矩阵。2018年7月23日,赤壁市融媒体中心挂牌成立,建成"一中心、八平台"的传媒矩阵,由融媒体中心统一策划主题,统一组织采访,再由各传媒共享新闻资源,形成"一体策划、一次采集、多种生成、多元传播"的工作格局和"新媒体首发、全媒体跟进、融媒体传播"的传播格局。移动客户端"云上赤壁"已有46家单位入驻,包括27家市直部门和19家乡镇(办/场/区)单位,连接湖北省政务服务网的"网上办事"平台。融媒体中心立足于民生,关

---

① 贾继播:《地市级移动政务新媒体平台的融合创新——以"长江云·云上恩施"为例》,《电视研究》2019年第11期,第44—46页。

注百姓的需求，致力于解决百姓遇到的市场痛点，以"云上赤壁"为依托，通过"长江云"平台三级联动，举办承接各类大小型活动，如龙虾美食节、秀兰开工庆典、演讲比赛、农民丰收节、猕猴桃峰会晚会、技能演练等，最高点击量突破 50 万，形成"爆款"，并吸引中央电视台专程前来现场直播，形成了收视率和阅读量的共鸣与"大合唱"。

3. 县级媒体融合调研

在县级融媒体中心建设过程中，一般的做法是将县广播电视台、县党委和县政府开办的网站、内部报刊、客户端、微信微博等所有县域公共媒体资源整合起来进行融合发展。随着大数据、人工智能等技术的快速发展，各类信息服务的大融合已经是大势所趋。因此，在县级融媒体中心建设过程中，需要深入探索如何将新闻资讯服务与政府公共服务、政务数据公开、智慧城市建设等融合在一起，从新闻宣传向公共服务领域拓展，把县级融媒体中心建设成新闻分发平台、综合服务平台和社区信息枢纽。

（1）调研对象分布和特征

2020 年 7 月 28 日至 9 月 5 日，课题组采取网络问卷调查和访谈的方式，调研了湖北省 10 个地市州及下属的 12 个县（市、区）的融媒体中心发展情况，共收回 5136 份问卷，有效问卷为 5136 份，占 100%；访谈人数 273 人（详见表 1 及表 2）。

表 1 调研地区问卷发放和访谈人数情况表

调研地区	个人问卷(份)	访谈(人)
黄石市	347	31
十堰市	350	29
宜昌市	646	64
襄阳市	227	19
荆州市	1045	31
黄冈市	1029	20

续表

调研地区	个人问卷(份)	访谈(人)
咸宁市	542	29
随州市	118	24
恩施州	272	13
天门市	560	13
合计	5136	273

表2 调研对象特征统计表

类型	选项	比例(%)	类型	选项	比例(%)
性别	男	51.11	职业	农民	5.04
	女	48.89		工人	2.82
年龄	18岁及以下	0.29		个体户	1.4
	19~35岁	42.66		村(社区)干部	26.36
	36~60岁	56.11		公务员/事业单位人员	43.73
	60岁以上	0.94		教师	2.12
学历	初中及以下	7.85		医生	0.74
	高中(含中专)	22.39		学生	2.34
	大学(含专科)	66.51		其他	15.45
	研究生	3.25	政治面貌	中共党员	64.02
				共青团员	13.18
				民主党派人士	0.21
				无党派人士	2.65
				群众	19.94

（2）融媒体中心关注度

关于受访者对县级融媒体中心了解程度，88.98%的受访对象表示"听说过"所在县（市、区）在进行融媒体中心建设，仅11.02%的受访对象表示"没有听说"(见图1),这主要是由于他们中有71.02%的受访者表示"平时没有关注过有关媒介动态"(见图2)。调研显示,受访者平时接触信息的渠道前三名为微信、电视和新闻APP,分别占比81.87%、75.56%和57.87%。

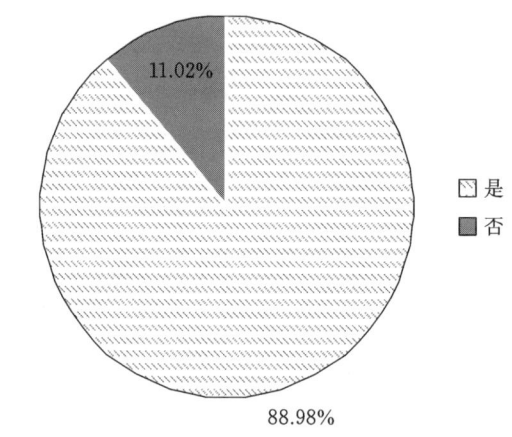

图1 受访者对县级融媒体中心了解程度

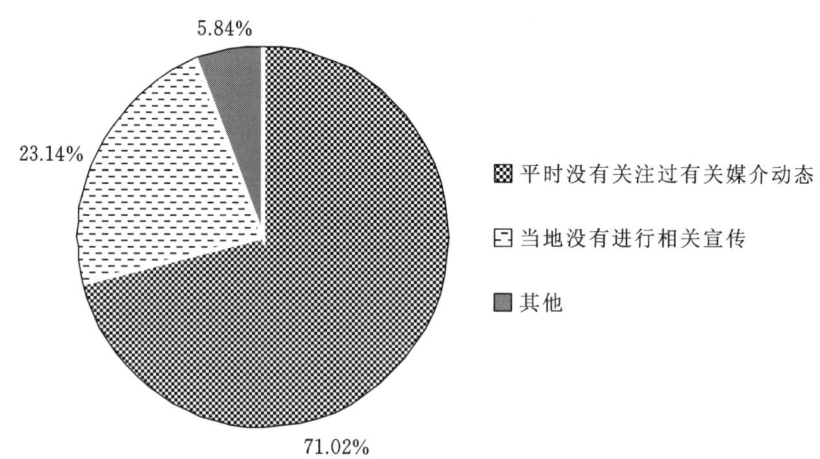

图2 受访者不了解县级融媒体中心的原因

(3) 受众信息接触渠道

微信和电视呈现双雄寡头的格局,从不同媒介用户的黏性可以看出,受访者花费在微信和电视这两种媒介上的时间明显多过在其他媒介上的时间。进一步与人口特征进行交叉分析后发现,不同受教育程度的受访者在接触信息渠道选择上存在差异：本科及以上学历的受访者更倾向使用微信，而高中及以下学历的受访者则将电视作为获取信息的主要渠道（见图3）。原因主要有两点：一是社交媒体迅速发展改变了传统用户媒介接触习惯；二是电视在县（市、区）由于信源权威可靠，成为受访者获取信息依赖的重要渠道。调研结果也反映了影响受众媒介渠道选择的三个重要原因，依次为"信息含量丰富，能够满足需求"，"时效性强，能够尽快获取信息"以及"发布方比较权威，提供的信息真实可信"，分别占比90.54%、90.15%和80.94%。

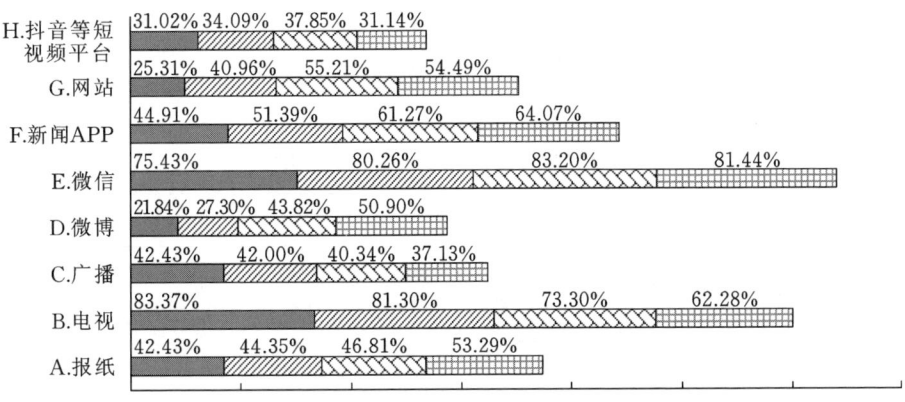

图3 受众信息接触渠道（交叉分析）

（4）新闻信息生产方式

调研数据表明县级融媒体中心新闻信息主要来自三个方面，依次为"融媒体系统（包括报纸、广播、电视台）提供""专题策划"和"转载文章"，分别占比96.44%、89.47%和79.09%（见图4）。从各新闻信息生产方式细分地域排位来看，保康县"融媒体系统"供稿占比100%，排第一，说明当地以聚合类信息为主；竹山县"专题策划"供稿占比97.71%，排第一，反映当地主题策划内容能力较强，凸显当地特色；黄州区"转载文章"占比84%，排第一，直接反映了当地原创新闻内容不足的问题；随县"特派记者"采写占比80.70%，排第一，说明当地新闻信息采集侧重记者采写重要新闻和独家新闻，注重内容深度挖掘（详见表3）。

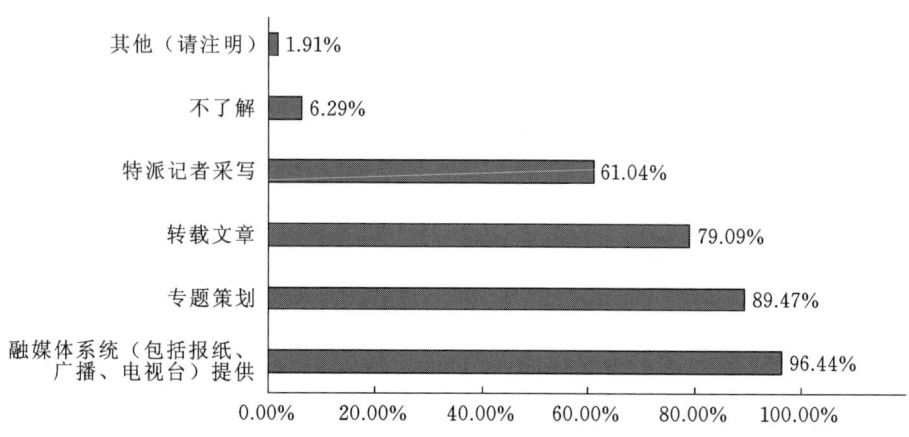

图 4　县级融媒体中心新闻信息生产方式

表 3　新闻信息生产方式（细分地区）

试点地区	新闻信息生产方式					
	A.融媒体系统（包括报纸、广播、电视台）提供	B.专题策划	C.转载文章	D.特派记者采写	E.不了解	F.其他
大冶市	98.36%	93.44%	77.87%	76.23%	4.10%	3.28%
竹山县	99.24%	97.71%	71.76%	80.15%	2.29%	1.53%
房县	98.57%	89.05%	75.24%	60.48%	4.76%	0.48%
宜都市	95.94%	90.63%	79.69%	51.88%	6.88%	1.56%
秭归县	97.30%	91.89%	79.28%	72.97%	1.80%	0.90%
保康县	100.00%	93.46%	71.96%	71.96%	0.00%	0.00%
松滋市	97.31%	90.01%	80.31%	62.63%	6.15%	1.63%
黄州区	94.93%	85.29%	84.00%	47.12%	10.14%	2.98%
赤壁市	97.00%	91.74%	74.67%	65.10%	4.88%	2.25%
随县	99.12%	88.60%	80.70%	80.70%	1.75%	1.75%
鹤峰县	96.68%	87.82%	74.17%	69.37%	2.95%	1.11%

(5) 融媒体作用的发挥

受访者表示,"传达政府信息""服务民众生活"和"引导社会舆论"是县级融媒体中心应当发挥的三大作用,分别占比95.23%,95.02%和78.49%。

(6) 媒体功能实现状况

第一,综合服务方面。整体来看,综合服务方面,党建、民生、政务是各地县级融媒体中心重点实现的三大功能,分别占比90.19%、85.99%和82.36%(见图5)。从细分领域来看,秭归县在党建、政务、文化、教育、增值服务方面均表现突出,分别占比97.30%、94.59%、89.19%、75.68%和54.05%;另外,大冶市在民生方面表现突出,占比96%(见图6)。

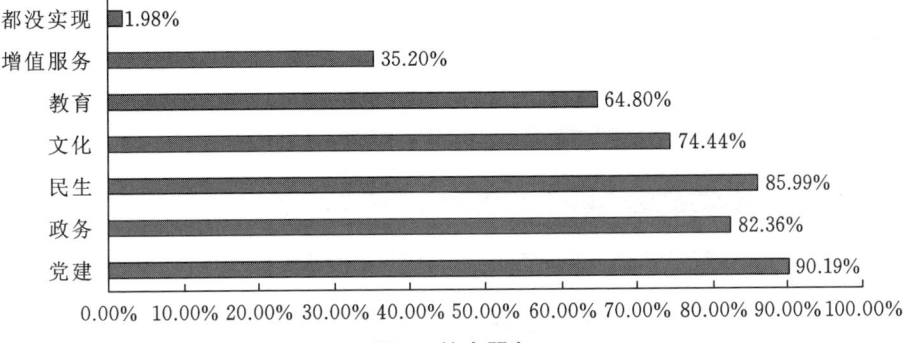

图5 综合服务

第二,采集和汇编方面。整体来看,采集和汇编方面,记者外采、远程回传、互动数据是各地县级融媒体中心重点实现的三大功能,分别占比67.44%、64.14%和63.81%(见图7)。从细分领域来看,保康县在远程回传、信号收录、用户数据、互联网内容和应急广播方面均表现突出,分别占比87.72%、77.19%、71.93%、75.44%和77.19%;另外,大冶市和赤壁市分别在记者外采和互动数据方面表现突出,分别占90%和80.27%(见图8)。

第三,策划指挥方面。整体来看,策划指挥方面,线索汇聚、选题策划和信息呈现是各地县级融媒体中心重点实现的三大功能,分别占比

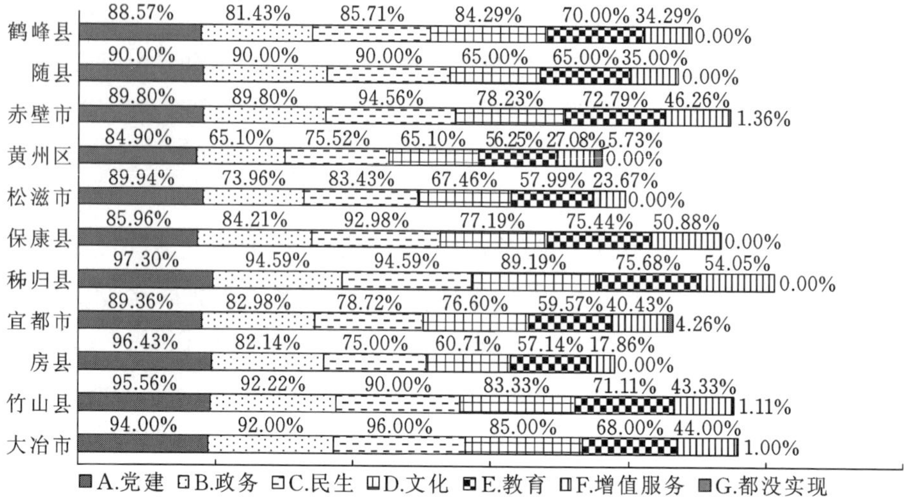

图6 综合服务(细分地区)

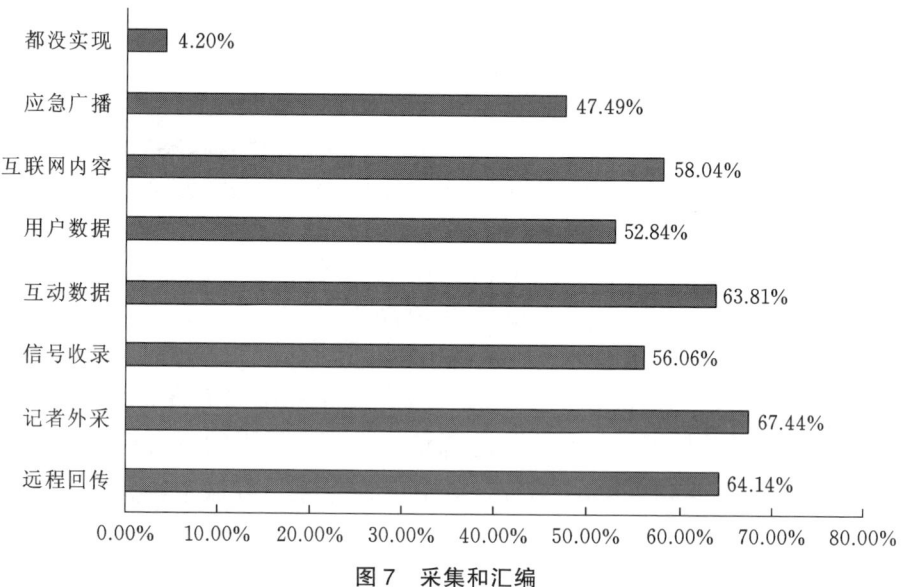

图7 采集和汇编

79.06%、74.36%和71.81%（见图9）。从细分领域来看，保康县在线索汇聚、选题策划和通联写作方面均表现突出，分别占比91.23%、89.47%和85.96%；竹山县在信息呈现方面表现较好，占81.11%；值得注意的是，黄州区仍有12.50%的受访者表示当地县级融媒体中心的策划指挥功

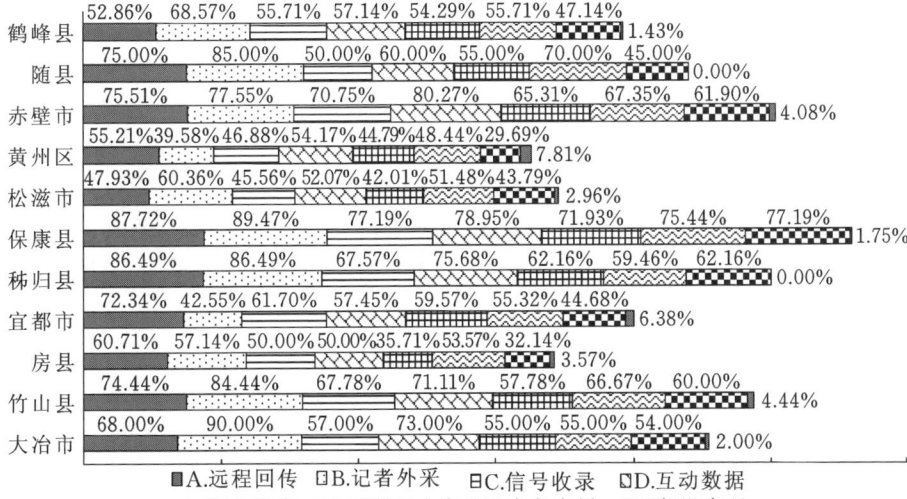

图 8 采集和汇编（细分地区）

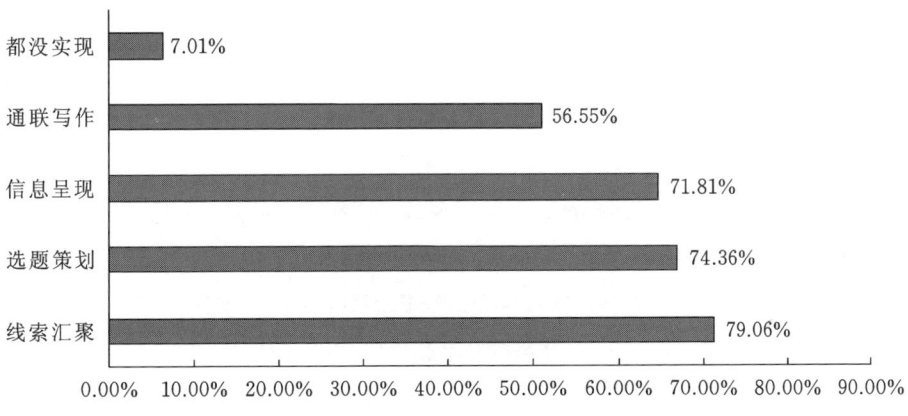

图 9 策划指挥

能各方面目前都没有得到实现（见图10）。

第四，内容生产方面。整体来看，内容生产方面，新闻制作、新闻演播室和新媒体生产是各地县级融媒体中心重点实现的三大功能，分别占比79.88%、78.73%和76.09%，但在生产协同方面均表现较弱（见图11）。从细分领域来看，保康县在新媒体生产、报刊编排、内容管理、生产协同、广播电视综合制作功能上均表现突出，分别占比92.98%、

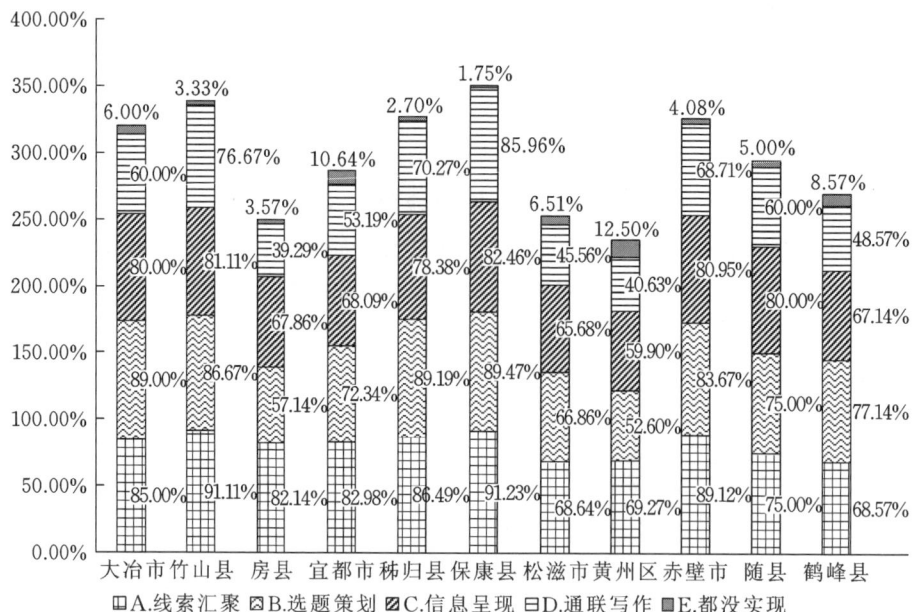

图10 策划指挥（细分地区）

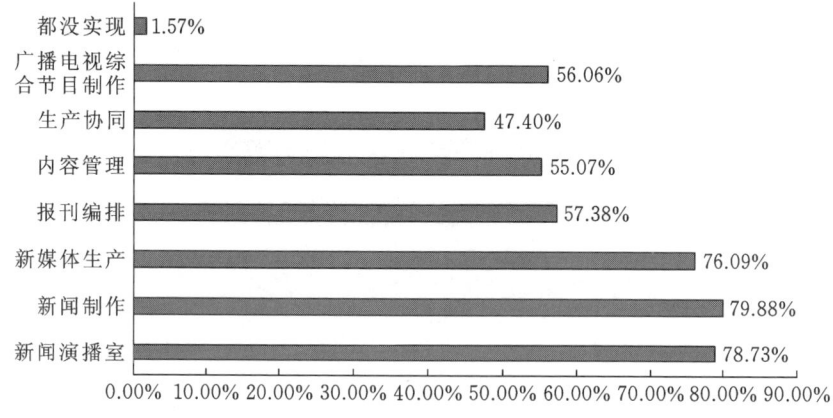

图11 内容生产（细分功能）

84.21%、73.68%、70.18%和78.95%；竹山县新闻演播室功能实现最好，占93.33%；秭归县在新闻制作功能上表现较好，占91.89%，但在报刊编排上存在明显短板弱势，仅占比29.73%（见图12）。

第五，融合发布方面。整体来看，融合发布方面，客户端，报刊、广播、电视、大喇叭和网站是各地县级融媒体中心实现功能的重要工具，

对标国内知名新媒体平台，打造湖北具有全国强大影响力的新媒体品牌

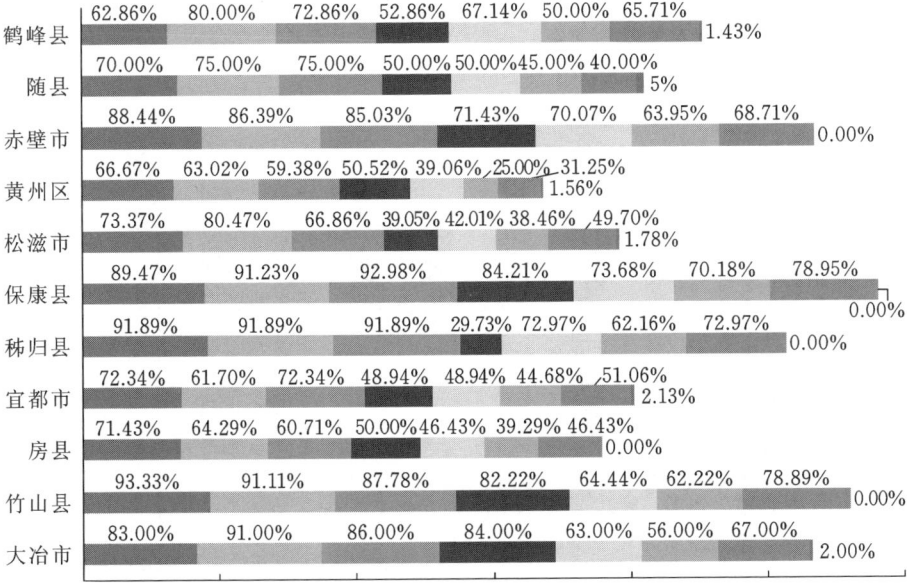

图12 内容生产（细分地区）

分别占比79.31%、74.03%和73.29%（见图13）。从细分领域来看，随县在利用客户端实现功能上做得最好，实现率为95%；保康县在利用网站、报刊、广播、电视、大喇叭和其他（手机报、手机台、电子阅报栏、户外大屏等）实现功能上做得最好，实现率分别为89.47%、91.23%和75.44%，说明保康县侧重利用传统媒介渠道进行融合发布；与之形成对比的是秭归县，在利用微博、微信、抖音等新媒体实现功能上做得最好，

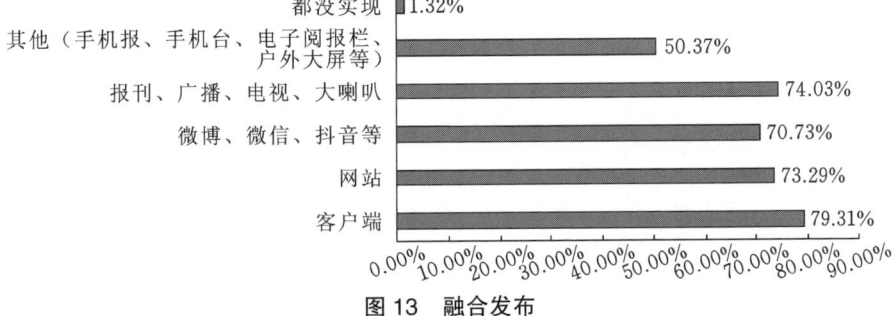

图13 融合发布

这说明，秭归县勇于尝试社交媒体和视听媒介渠道，在增加融合发布的形式和渠道方面有一定创新（见图14）。

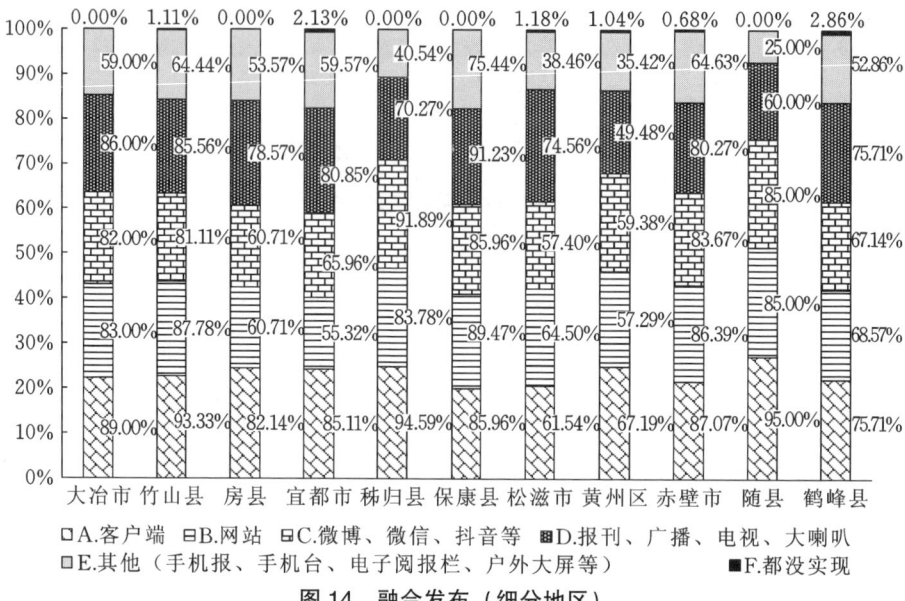

图14 融合发布（细分地区）

第六，数据分析方面。整体来看，数据分析方面，舆情热点、传播分析和用户分析是各地县级融媒体中心重点实现的三大功能（见图15）。从细分领域来看，保康县在舆情热点和用户分析功能上实现最好，分别占98.25%和68.42%；随县在传播分析功能上实现最好，占90.00%。综上所述，各地县级融媒体中心都比较重视舆情热点和传播分析功能，但在用户分析功能方面，各地明显存在短板，尤其是松滋市和黄州区，分别占44.97%和45.31%，亟待加强（见图16）。

（7）建设满意度的评价

本次调研从定位和方向明确、在当地有品牌效应、有较好的内容质量、有稳定的受众群体、经营方式和盈利模式的稳定性、有良好的媒体融合经验、在当地舆论引导中发挥的重要作用、对当地少数民族文化传播起到的推动作用和为促进民族团结发挥的不可替代作用等9个维度请受访者对县级融媒体中心建设进行了评价。调研表明，受访者对以上9个方面评价指标均表示满意（包括很满意），且每一项都有近六成的受

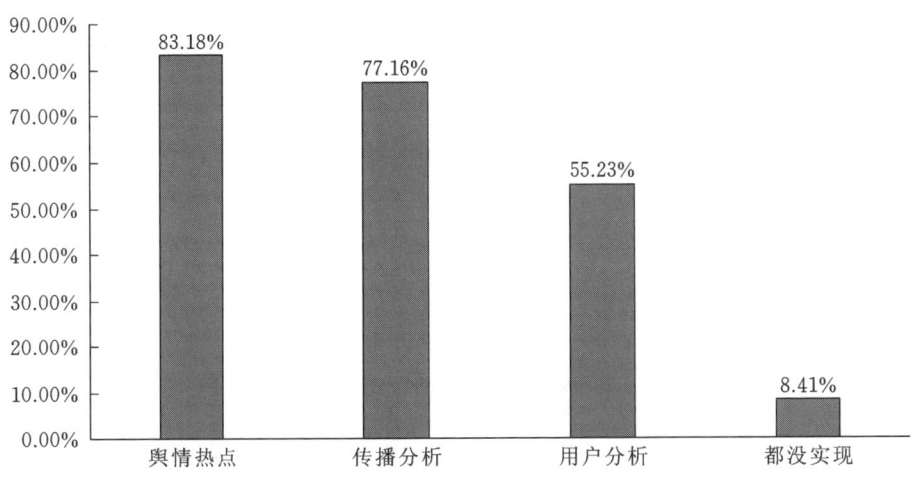

图 15 数据分析（细分功能）

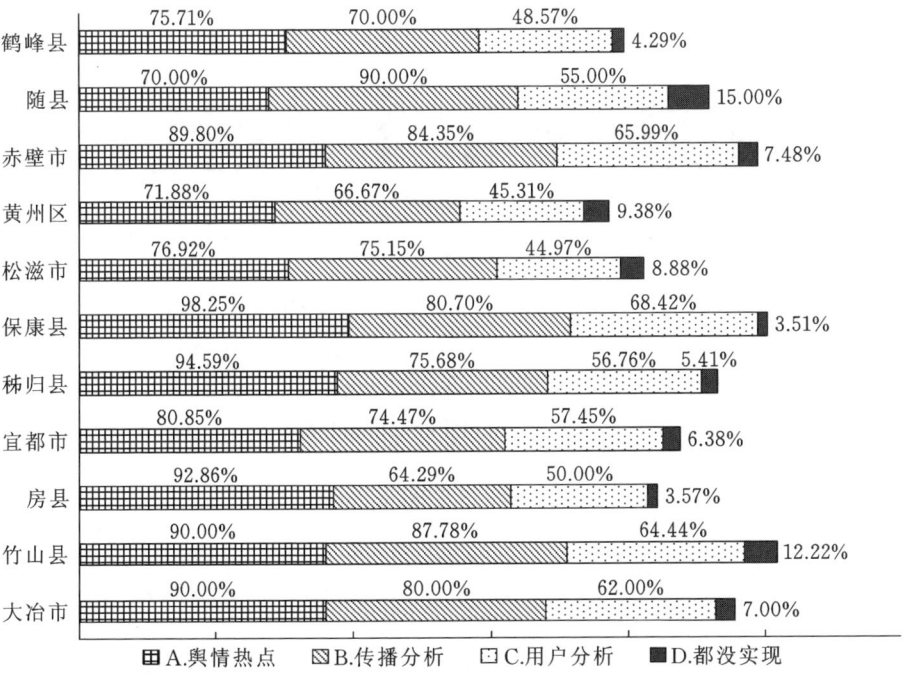

图 16 数据分析（细分地域）

访者评价为"很满意"（见图 17）。以满分为 5 分进行打分，其中最受好评的是"在当地舆论引导中发挥的重要作用"，平均分为 4.44；第二为

"定位和方向明确",平均分为4.43;第三为"在当地有品牌效应",平均分为4.4(见表4)。如保康县,实施"书记工程"整合投入资金1500万元,大力推进"一中心、十平台"建设,推出"云上保康"APP、保康融媒体微信公众号等形式在当地发挥舆论引导作用,同时建立新闻指挥官制度,实施"头条工程",设置线上线下文明实践"互动空间",设置融媒志愿服务岗,并探索广电+电商等广告产业。

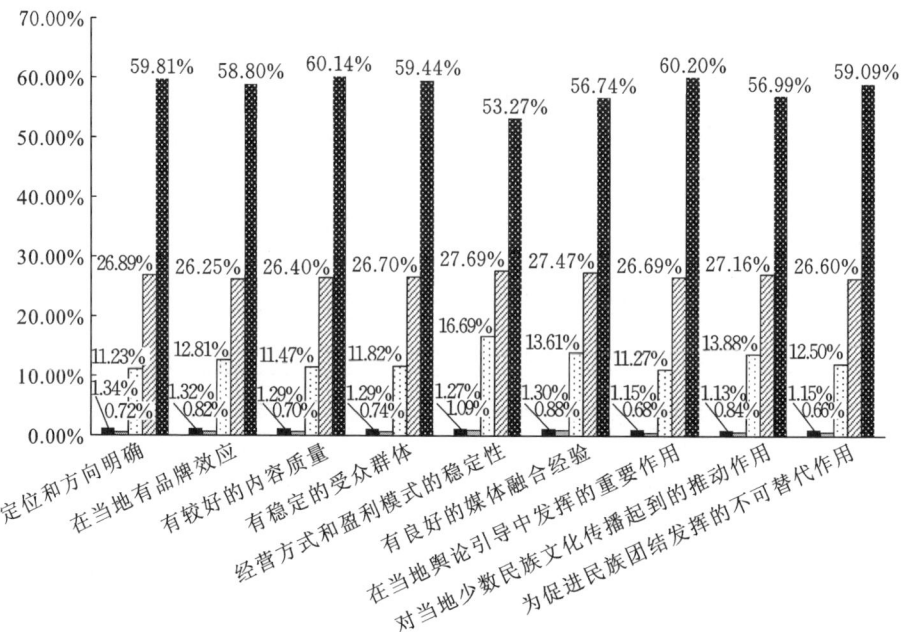

图17 县级融媒体中心建设满意度评价

表4 县级融媒体中心建设评价分值

	定位和方向明确(5分)	在当地有品牌效应(5分)	有较好的内容质量(5分)	有稳定的受众群体(5分)	经营方式和盈利模式的稳定性(5分)	有良好的媒体融合经验(5分)	在当地舆论引导中发挥的重要作用(5分)	对当地少数民族文化传播起到的推动作用(5分)	为促进民族团结发挥的不可替代作用(5分)
平均分	4.43	4.4	4.43	4.42	4.31	4.37	4.44	4.38	4.42

以上情况表明，本次调研的10个地市州下辖的11个县（市、区）（除天门市）的县级融媒体中心在舆论引导、经营模式、品牌效应、定位方向、文化传播和媒体融合等方面建设成效显著，且随着县级融媒体中心建设的全面铺开和升级，在舆论引导、定位方向和品牌效应等功能实现方面获得好评。

当前县级融媒体中心在新闻宣传方面存在"媒体与受众单向联系，缺乏互动"、"新闻信息内容的选取与群众需求不贴合"以及"转载多、原创少"的问题。从细分地区来看，松滋市在新闻宣传上主要存在"雷同重复"问题，占比54.76%；竹山县"媒体与受众单向联系，缺乏互动"和"从业人员专业化程度低致媒体质量低下"问题突出，分别占比90.84%和40.46%；黄州区在新闻宣传上有"虚假空洞"和"转载多、原创少"的问题，分别占比25.94%和64.41%；随县"新闻信息内容选取与群众需求不贴合"的问题凸显，占比81.58%（见图18）。

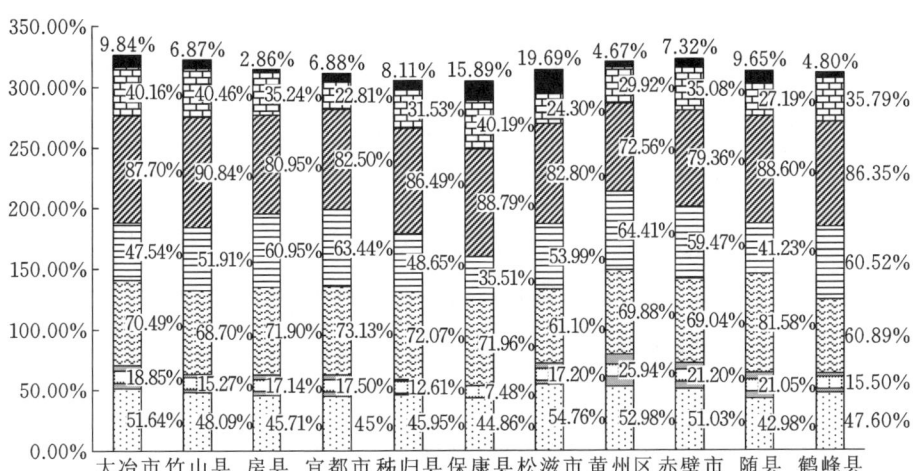

图18 本地县级融媒体新闻宣传的主要问题（细分地区）

（8）建设的难点与问题

在中心建设难点方面，整体来看，"人才储备有限"和"财政能力有限"是制约中心发展的两大主要难点，分别占比82.48%和78.13%

(见图19)。从细分地区来看,秭归县融媒体中心建设中"财政能力有限"是目前最大难点,占比89.19%;竹山县存在"人才储备有限""重视程度不足"两个方面的困难,分别占比90.84%和53.44%;房县面临较大的"机构融合困难",占比52.86%(见图20)。

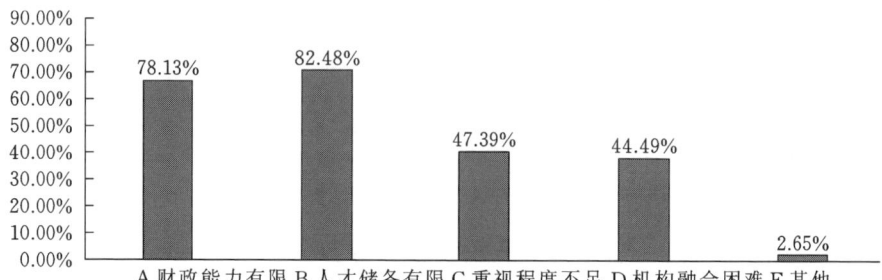

图19 本地县级融媒体建设难点

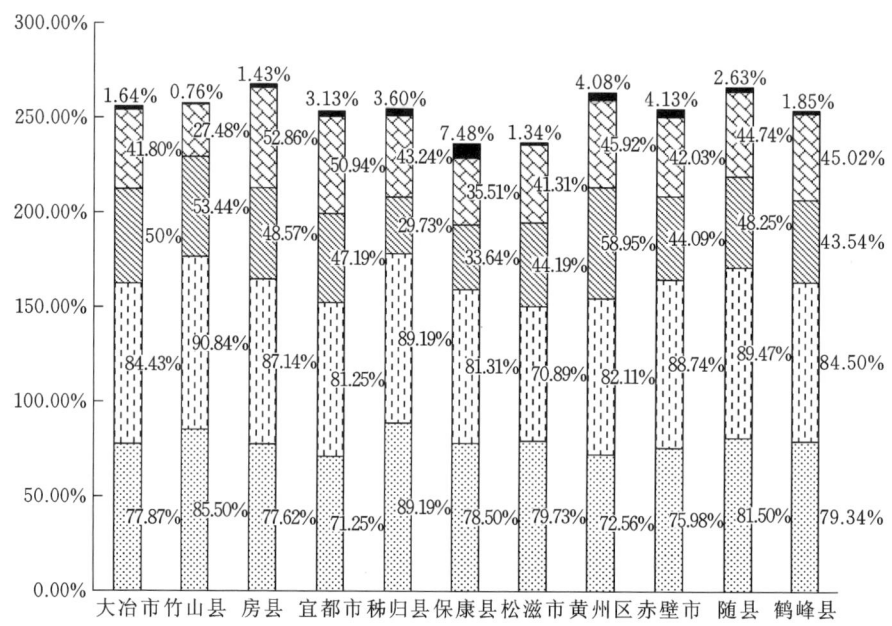

图20 本地县级融媒体建设难点(细分地区)

关于中心存在的主要问题,调研显示,"产品创新和运营薄弱","政策落实和配套不到位"以及"未达到统一的技术标准"是当前县级融媒体中心存在的三大主要问题,分别占比70.44%、56.68%和56.39%

（见图21）。从细分地区来看，黄州区侧重在政策方面，存在"政策落实和配套不到位"的问题，占比66.10%；大冶市侧重在技术和运营方面，存在"未达到统一的技术标准"和"产品创新和运营薄弱"的问题，分别占比62.30%和76.23%；竹山县侧重在资金方面，存在"经费投入得不到有效保障"的问题，占比56.49%；宜都市侧重于建设方向的问题，存在"媒体形态之间有利益冲突"和"缺乏清晰的建设方向和思路"，分别占比29.06%和39.69%；保康县侧重于人才专业性的问题，存在"从业人员根深蒂固的习惯"问题，占比42.06%；鹤峰县侧重在建设发展上存在问题，主要是"建设缓慢发展不平衡"，占比56.09%（见图22）。

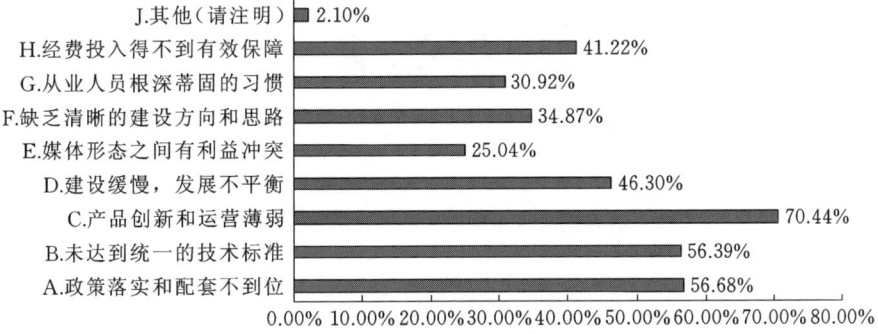

图21 本地县级融媒体中心存在的主要问题

（9）未来的发展和期望

当被问到当前推进县级融媒体融合的原因时，92.21%的受访者表示是因为"技术革新的需要"；第二是"政策部署的需要"，占比91.22%；第三是"受众转移的需要"，占比83.76%。对未来发展前景的态度方面，近九成受访者表示看好县级融媒体未来发展，其中56.78%表示"非常看好"（见图23）。未来对当地县级融媒体中心信息内容和形式上的期待方面，整体来看，受访者对"更多高质量的时政评论内容"和"更加多样化的表现形式"这两个方面充满期待，分别占比84.85%和84%（见图24）。另外，将11个县（市、区）作为自变量，将"受访者期望县级融媒体中心未来提供的信息方式和内容"作为因变量，进行交叉分析得出，赤壁市当地受访者对"更多高质量的时政评论内容"期待最高，占

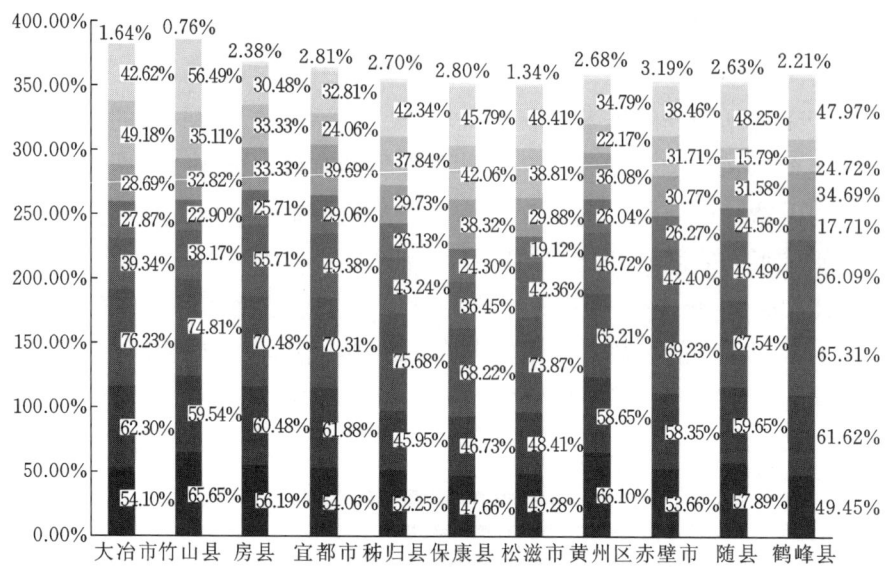

图22 本地县级融媒体中心存在的主要问题（细分地区）

比89.49%；保康县对"更加多样化的表现形式"期待最高，占比88.79%；竹山县对"根据个人喜好定制发布自己感兴趣的新闻"最为期待，占比54.96%；鹤峰县则对"更加关注身边发生的新闻"给予期望，占比70.11%（见图25）。

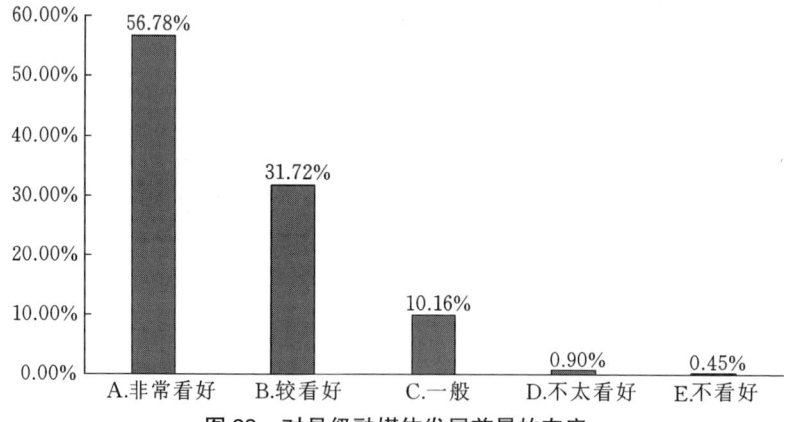

图23 对县级融媒体发展前景的态度

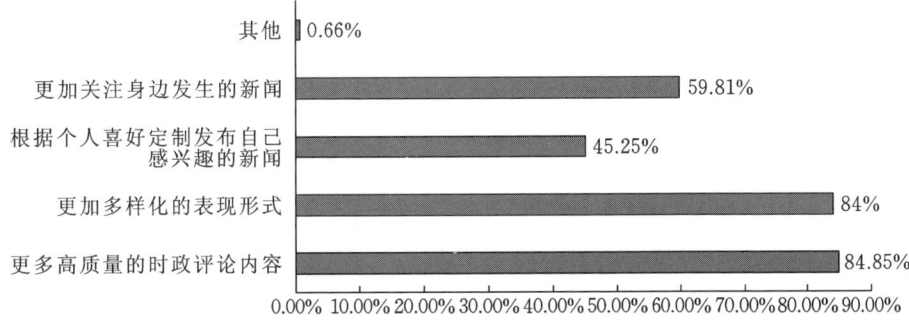

图24 对县级融媒体中心信息形式和内容的期待

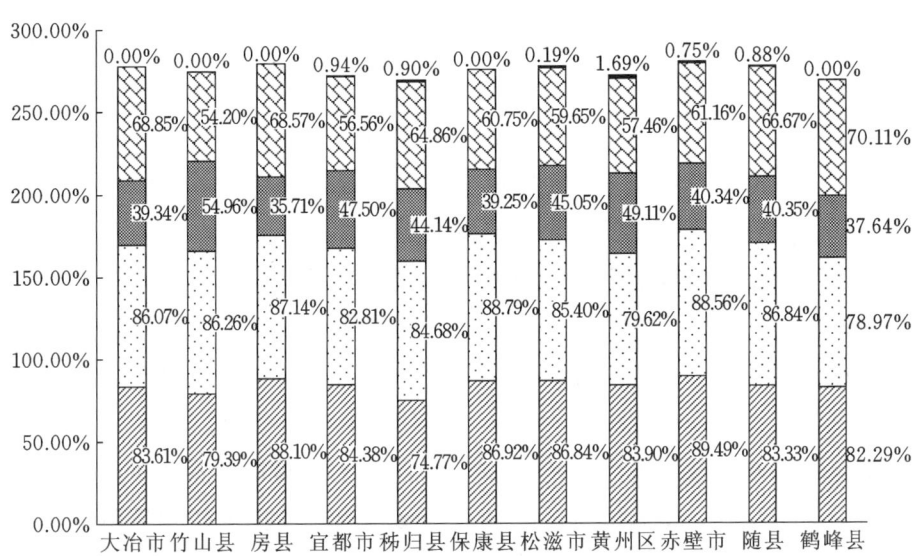

图25 对县级融媒体中心信息形式和内容的期待（地区细分）

通过上述分析可以看出，各地受访者对当地县级融媒体未来发展都持有乐观的态度，并根据当地发展特点表达了对内容形式、内容类型的期望，这些期望将成为未来县级融媒体中心发展的重点。

（二）湖北新媒体融合发展的成绩

湖北省通过打造"长江云"，在平台化融合生产、联动传播、合作运营方向上,开展了区域媒体融合平台化传播生态构建实践探索,基本实现了资源的整合化、功能的多元化、服务的在地化,在建设区域性、生态级、智能化媒体融合平台方面实现了创新发展。

1. 开创省级区域媒体融合"湖北模式"

通过构建"长江云",湖北省突破了媒体融合初级阶段"内容+渠道"的简单融合模式,致力于构建媒体融合发展平台,打造媒体融合发展生态,创造了媒体融合的"湖北模式",即在一个区域性、生态级、智能化的媒体融合平台上,通过"云稿库"和"中央厨房"两大中枢神经,对不同媒体产品进行统一管理,打通了全省各家媒体间的内容、用户和运营数据等资源,实现了跨行业、跨地域的全省媒体共享和联动。纵向上,实现了以一个平台为核心,贯通省、市、县三级的区域媒体融合发展;横向上,实现了不同媒体机构及党政部门在同一媒体平台上的聚合,从而将全省各级各类媒体资源有效整合在一起,有效推动了媒体产品资源共享、多屏呈现,实现了传统媒体与新兴媒体的深度融合与一体化发展。"湖北模式"的诞生为我国媒体融合贡献了成功范例,在国家广播电视总局科技司和全国广播电影电视标准化技术委员会于北京组织召开的广播电视行业标准《县级融媒体中心建设规范》和《支撑县级融媒体中心省级技术平台规范要求》审查会上,湖北广播电视台成为审查委员会中唯一一位以地方电视台身份参与审查的副主任委员单位,为助力全国融媒体建设作出了贡献。

2. 整合全省媒体资源实现互通互联

在建设"长江云"平台之前,湖北全省只有3个市(州)主流媒体建有新闻客户端,县级一片空白。按照"一地一端"的布局,湖北广播电视台用了8个月的时间,在2016年8月底建成并上线了覆盖全省三级121个以"云上+地名"方式命名的客户端。截至目前,"长江云"平台汇聚了全省17个地市(州)及所辖县(市)、省直厅局119个官方客户端、8112个新媒体产品,平台综合用户8192万。基本构建起以市县融媒体中心为基础,以各级党政部门为支撑的省、市、县三级共享的区域性生态级融媒体平台,初步实现了互相连通、一体化发展,党的声音全覆盖、信息传播全媒体、新闻政务全汇聚、网络舆情全管控的一体化格局。全覆盖的方式客观上促进了全省县级融媒体中心硬件、软件的快速提升。地方传统媒体在接入"长江云"的过程中高标准完成了省级技术平台建设,全面贯彻落实了中央和湖北省委关于加快县级融媒体中心建设的要求,基本实现了流程再造、业务融合,为全省的县级融媒体中心在内容汇聚、数据分析、门户服务、宣传管理和媒体协作等方面提供强有力的平台支撑,满足信息汇聚、融媒体生产、多端口发布的融合业务发展需求。

3. 构建"新闻+政务服务商务"功能格局

利用"长江云"打造以"新闻+政务服务商务"为核心的媒体融合服务平台是湖北推动媒体融合创新发展的特色举措,其核心是围绕主业,精耕新闻,紧贴市场,制定合理的运行机制,创新服务,建立相对完整的产业链。目前"长江云"已成为聚合各种社会资源、提供多样社会服务、参与政务与治理、运营相关商务活动的综合平台。

政务方面,"长江云"平台打造移动端"政务大厅",汇聚全省政务力量,对政府数据和社会数据进行关联分析、融合利用,打通信息孤岛,实现移动端信息共享,为提升政府公共服务和社会治理能力提供平台支撑。设置"云上问政"窗口,使群众可以通过手机"一键问政"。"长江云"后台与各地党委政府和公用事业单位联通,需由地市州政府解决的诉求,能转办至对应的地市州"云上"平台问政板块进行办理。这些大数据也成为研判舆情、考核党政机关工作作风和效率的重要依据。省、市、县三级已有2220个政务部门入驻"云上"系列客户端的移动政务大厅,向老百姓及时公开政务信息,大大提升了政务信息公开的移动化水平。

商务方面,"长江云"积极探索"媒体+政务信息化"深度合作,开启了媒体产业的多元化发展。在省直方面,已覆盖35个厅局;在地市方面,"云上十堰"承接了当地所有的旅游宣传推介业务,"云上恩施""云上宜昌"组建了自己的研发团队,对接当地的信息化建设。"长江云"还切入"智慧湖北"建设，目前已承建了政法为民服务项目、纪委监委综合学习平台、全省舆情应急管理平台等9个大型信息化项目。探索以"直播+商务"为突破口的新盈利模式，不断拓宽传统媒体的发展空间，进一步提升主流媒体的影响力和自我造血能力。

民生服务方面，通过对接全省各类民生服务资源，"长江云"省级平台已与湖北省政务服务平台"鄂汇办"打通，将652项政务民生服务一键部署至全省121个"云上"系列移动政务客户端，打造湖北特色"县融中心+政务服务"，成为网民口袋里的"办事窗口"。2020年，"长江云"为省内近50个市县提供文明实践平台服务，并与湖北广电网络合作开展"'两个中心'进万家"业务，为湖北省"两个中心"深度融合提供全力支持。

4. 发挥主流媒体新闻宣传舆论引导作用

主流媒体平台的本质属性是媒体，核心业务是新闻生产传播。"长江云"承载湖北省属各级融媒体中心的宣传管控能力，拥有自主监测、实时抓取、舆情分析、危机预警、事件追踪、舆情报告等核心功能，通过全省热点新闻监测数据、全省各个媒体端口热词数据发现舆情，实现全面准确、稳定高效、深度挖掘的全天候、全方位、全数据的舆情监测，将舆论引导与意识形态管理、政务信息公开、社会治理和智慧民生服务融为一体，有效提升了主流媒体的公信力和影响力。突出融媒体新闻宣传功能，着力丰富信息含量、创新报道呈现、增强互动联系、改进用户体验，高度重视到达率、接受度。既聚焦重大主题，也关注本地活动、特色亮点和身边事，制作接地气、有温度、好传播的新闻产品，实现产品从可读到可视、从静态到动态、从一维到多维的升级转化，做到"新媒体首发、全媒体跟进、融媒体传播"。

疫情期间，湖北省依托"长江云"平台第一时间建立起全国性、战略性的联动平台——战"疫"集结号，全国30个省（自治区、直辖市）的67家媒体机构的254个端口迅速响应，首创性地完成了抗疫媒体矩阵的集结，为全国各省（自治区、直辖市）媒体在湖北、在武汉落地提供帮助，如帮助他们找到他们的医疗队，提供他们需要的各种现场素材等。

设置移动端战"疫"专题,开设驰援湖北、疫情动态、战"疫"日记vlog、爱心集结等专栏。专题在各地的媒体端口同步推出,整合"战'疫'联盟"里的重点稿件进行联动发布、集中推送,并对优质稿件进行推荐。战"疫"集结号平台让全国媒体集体策划、联动推出大量报道。据平台统计,共有重大策划15个,重大主题报道22个,仅"长江云"平台就发布战"疫"报道265739条,其中被央媒采用4930条,被商业平台转载3万余条[①]。在重大主题报道上,"长江云"内部机动灵活的项目制横向打通了集团内部的资源,使得各个中心、平台间形成联动,实现了内部全媒体建设,提升了重大主题报道的传播效果。

5. 初步实现省内媒体平台资源共享

互联网发展至"下半场",在市场"人口红利"消化殆尽的情况下,传媒业态面临着媒介形态的平台化、发展重心的垂直化等新趋势和新变化。"长江云"以移动政务新媒体平台为定位,统一开发、建设、维护覆盖湖北省、市、县三级的121个"云上系列"移动政务客户端。依托"长江云"的"云稿库"和"中央厨房",省、市、县三级政务新媒体平台得以在新闻素材、采编力量上实现资源共享。同时按照用户所属区域,借助"互联网+人工智能"的手段,对用户市场进行地域性的整合,从而打造出一个从技术资源、内容资源到用户资源互联互通互享的平台型媒体。"长江云"平台一体化的采编运作流程不仅为各级媒体机构打造了内容汇聚、编辑、分发的高效平台,有效地保障了新闻内容的生产与传播,也为地方各级媒体机构提供了新的广告渠道和赢利方式,减少地方媒体的同质化建设和跟风式布局,降低区域内同类媒体恶性竞争的可能性,从而带动平台上各级媒体机构资源共享、发展共赢。

6. 助力乡村振兴,社会治理效益良好

湖北省级主流媒体将社会效益放在第一位,发挥媒体资源优势,助力脱贫攻坚、乡村振兴,积极参与社会治理,践行媒体的责任与担当。2018年底至2019年初,湖北广播电视台联合湖北省农业厅和湖北省扶

---

① 邓秀松:《疫情下的长江云平台化传播》,《传媒》2021年第3期,第9—11页。

贫办共同主办"百天千万扶贫行动",以"长江云"为主平台,聚合央视矩阵号、新华社现场云、"长江云"121个云上客户端、斗鱼直播、京东公益、腾讯视频进行同步直播,用100天时间直播10场,把湖北广播和电视各频道知名主持人、贫困县所在市级广电台当家花旦、网红主播等作为流量ID,创新推出新媒体"爆品",直播累计点击量超8200万,给贫困地区农特产品带来逾千万销量,"直播+电商"模式的创新主题宣传,有效化解了全省贫困县农产品销售难题,为脱贫攻坚办好事办实事。"长江云"发挥平台优势,率先开启了"主题宣传+新闻故事+扶贫代言+互动直播+大型活动+电商销售"的新模式,构建一个集渠道、人脉、品牌、传播、宣传、客户关系为一体的全链条农村经济提振路径。

"长江云"平台积极有效参与社会治理,成为国家治理体系和治理能力现代化的重要"抓手"。一是强化互联网思维,对舆情信息进行分析反馈,把全媒体的传播优势转化为社会治理效能,推动进行社会治理模式和治理手段的创新。二是强化技术赋能,打造自主可控的新型主流媒体传播平台,持续完善互联网的问政功能、畅通信息渠道,使多元化的信息和民意得以充分表达,使公众呼声能够通过公共传播系统对事件的发展产生作用,督促社会治理方式和手段不断改进与完善。三是强化数据赋能,以大数据助力统一指挥、多元实施、精准处置、快速反应,通过公共传播平台的高效运行,推动基层治理体系和治理手段的现代化。

三、国内经验:国内知名新媒体平台融合发展经验

自2014年起,国家相继颁布"推动传统媒体与新兴媒体融合发展"的政策和意见,各级媒体深入贯彻习近平总书记重要讲话精神,加快推动媒体融合发展,积极建设全媒体,取得了一批阶段性成果,形成了一批独具地方特色的新媒体集团,特别是地方媒体,在推进媒体融合纵深发展、构建新媒体平台方面进行了很多有益探索,为湖北省进一步打造具有全国影响力的新媒体品牌相关工作积累了宝贵经验。本部分从体制

机制创新、管理创新、技术创新、内容创新四个方面，遴选了在全国新媒体平台建设表现突出的传媒集团，分别是《人民日报》"中央厨房"、湖南"红网"、江苏广电"荔枝云"、澎湃新闻、封面新闻、红星新闻、央视频、南方报业、湖南"芒果云"以及上海（区级）融媒体中心，总结上述地方报纸、广电端媒体融合实践的特色、亮点和经验，为湖北省的新媒体平台的品牌建设提供有益参考。

（一）体制机制创新

1.《人民日报》"中央厨房"：紧抓融合发展，革新体制机制

推动传统媒体与新兴媒体融合发展，不仅是时代赋予媒体行业的崭新课题，更是主流媒体的使命和职责所在。2014年，习近平总书记主持中央深化体制改革领导小组会议，部署推进传统媒体与新兴媒体融合发展。《人民日报》作为主流媒体旗舰，积极响应中央号召，迅速启动"中央厨房"相关建设。2017年，时任中央政治局委员、中央宣传部部长刘奇葆在推进媒体深度融合工作座谈会期间考察了新媒体中心、人民网以及人民日报社"中央厨房"建设情况，发表了《推进媒体深度融合 打造新型主流媒体》的文章。站在"风口"上的《人民日报》顺势建立"中央厨房"，率先为媒体行业探索出一条融合发展路径，为媒体行业树立了标杆，具有里程碑意义。"中央厨房"依托全媒采编平台、新闻客户端、数据中心等重点项目，加快建设全媒体"中央厨房"，实现体制机制创新、采编发网络重构和采编发网络再造，不断解放新闻生产力，推出了一大批"现象级"的融媒体产品，形成了一批有影响力的新媒体品牌，培养了大量适应新形势的全媒体人才[①]。

《人民日报》"中央厨房"作为媒体融合实践的样本和"龙头工程"，不仅在理念上进行革新，更在流程机制上进行了再造。人民日报社的组织架构最初是基于纸质媒体搭建而成，目前已形成以人民日报社

---

① 胡怀福：《中央厨房是标配 共享机制省资源》，2017年2月21日，http://www.xinhuanet.com//zgjx/2017-02/21/c_136073005.htm。

为大本营，涵盖人民网、《人民日报》APP、微信公众号等数十种类别、数百个终端载体的媒体集团，其工作方式和生产节奏各有千秋，传统的组织结构已无法适应不同媒介的特性，也不利于整个媒介集团新闻资源的整合与利用。"中央厨房"运行机制成为扭转不利局面的有力武器，搭建全媒体新闻平台，依托"两微一端"的移动传播新布局，设置统筹推广、内容定制、可视化3个工作团队，打破了新旧媒体之间的藩篱，建构适应传播环境的组织架构。依托"中央厨房"，人民日报社就此实现报纸业务的编采分开。地方部、经社部、政文部、体育部改为完全的采访部门，原有的版面编辑任务移交总编室负责。同时，采访力量实现统筹管理、打通使用。在机制上，保持"报网端微"记者的身份不变、待遇不变，基本工资在原单位发放，绩效工资由使用单位考核评定，对"独家、原创、首发、深度"稿件实行优稿优酬[①]。

2. 湖南"红网"：改制事业单位，探索市场化运营

抓紧时代机遇，彰显自身深厚底蕴。在湖南省委和省政府的推动下，"红网"于2017年6月16日正式挂牌成立，并由湖南出版集团、中南出版传媒集团注入资金1亿元筹建红网新媒体集团，旗下设有"网报端微视屏"六位一体媒体矩阵，以及湖南红网传媒有限公司、湖南红网文化传播有限公司、湖南红网新媒科技发展有限公司三家全资子公司。与此同时，红网新媒体集团启动新媒体"中央厨房"，"时刻新闻"客户端和湖南新闻LED联播网同步上线，伴随着多年实践发展，红网新媒体集团已构形成了全国特色的"双网四级四屏树型传播体系"[②]。

20年来，作为湖南省主流媒体，湖南"红网"紧抓体制机制创新的"牛鼻子"，通过战略整合、融资上市、与国有企业合作等方式积极探索市场化经营道路。在积极推动传统媒体与新媒体融合发展的道路上大胆实践，走出了潇湘特色，走出来一条符合中国国情的新媒体、平台发展

---

① 黄灿灿：《人民日报社"中央厨房"解读》，《新闻论坛》2016年第1期，第15—17页。
② 红网时刻：《社长总编谈媒体融合 | 湖南红网新媒体集团：构建"双网四级四屏"树型传播体系》，2020年10月20日，http://moment.rednet.cn/pc/content/2020/10/20/8532575.html。

道路，不仅形成了一系列现象级的传播效应，更彰显了主流媒体的社会责任与担当。究其原因，主要得益于"红网"顺应时代发展潮流，不断调整体制建构。

首先，与国有企业强强联合，增强运营资本实力。"红网"在创办之初并没有因为资金、技术、人员等资源支撑不足而限制自身发展，而是按照现代企业制度经营，不断进行体制和机制创新，为"红网"在组织架构、战略制定、运转运营、人才吸纳等方面奠定了良好的基础，其改革发展思路和创新经营模式值得国内其他各省学习和借鉴。"红网"作为政府与企业共建的地方性新闻网站，是湖南省委、省政府重点新闻网站和综合网站，最初建立时开办经费仅有465万元，为了谋求长远发展必须增加运营资本实力，在这一背景下"红网"向实力雄厚的湖南华菱钢铁集团积极寻求合作，从而获得了大型国有企业强大的资金支持，成为国内首个与国企合作的新闻网站[①]。

其次，与《潇湘晨报》战略整合，实现资源优势互补。为积极应对传媒发展趋势，"红网"与同为中南出版集团旗下的《潇湘晨报》进行战略整合，将资产整体移交给《潇湘晨报》。结合《潇湘晨报》发行量大、覆盖面广、影响力大、新闻资源丰富和"红网"自主研发技术和网络平台等各自优势，双方进行了广泛的资源整合，直接提升了"红网"新闻的可读性和权威性，"红网"的新闻信息量也大幅度提升。在遵循市场经济的前提下，双方通过合作共赢、资源共享、优势互补的方式，实现了"新闻互动、品牌互推"，产生了"1+1大于2"的效果[②]。

最后，改制事业单位为市场化运作，促进发展，全面推进融资上市。为了更好地实现市场经营，拉动经济增长，"红网"主动注销了事业单位牌子，完全推行企业现代化市场化运作。作为湖南出版控股集团上市

[①] 陈泽坤：《地方新闻网站的创新与突围——以湖南红网为例》，《传媒》2020年第14期，第65—67页。

[②] 舒斌：《以体制机制创新激活网络媒体——红网的发展与启示》，《中国记者》2009年第10期，第38—39页。

的一个重要组成部分,"红网"被打包进中南传媒,目的是让后者"多介质、全流程"的概念更加完整,形成了集齐图书、报纸、期刊、音像、电子、网络、动漫、手机报、数字报、框架媒体等多种媒介,拥有出版、印刷、发行、印刷物资供应等一套完整的出版产业链。通过战略整改、融资上市的方式,A 股于 2010 年 10 月 28 日迎来了第一家全产业链上市的出版传媒类公司——中南传媒(601098.SH)在上海证券交易所成功上市,供给发行 3.98 亿股,发行价 10.66 元,对应市盈率 41.22 倍,募资总额超过 42 亿元[①]。2019 年,湖南红网新媒体集团与湖南 58 农服信息技术有限公司签订战略合作协议,立足县级融媒体中心展开长期合作,为打通服务人民群众"最后一公里",建设"红益站",结合双方优势资源,建立本地特色品牌的同时也带动了本地经济发展。

3. 天津"津云":统一部署建设,共建生态媒体矩阵

与国内大多数地区的"中央厨房"项目由地方传统媒体集团内部投入建设不同,"津云中央厨房"是由天津市委统一部署,天津市委宣传部与市委网信办牵头,依托北方网技术与运营经验建立运行,打造以报业、广电、网端、移动端以及自媒体为共有生态的媒体矩阵。

改革部门设置,优化业务流程。一方面,推行扁平化管理和跨专业的协同合作。"津云中央厨房"积极发挥互联网精神,按照互联网公司扁平化管理方式,按照兴趣、特征、专业等方面进行自由组队实现协同合作,每队成员 3~5 名,即 1 名资深媒体人作为召集人,招募志趣相投、能力相符的同事参与进来,让不同媒体之间产生意想不到的"化学融合",实现了专业能力增加和跨专业合作的协同能力。另一方面,优化业务了流程,配套新闻生产机制。"津云中央厨房"的建设打破了传统新闻生产部门各自分割的管理方式,积极整合人财物资源、加强沟通部门间合作、实行统一调度、深耕内容精细化生产,建立起了全媒体新闻协同生产的全新机制。除此之外,在"中央厨房"的运营下,传统记

---

① 张东萍:《中南传媒上市 传媒旗舰开启新航程》,2010 年 10 月 28 日,https://news.qq.com/a/20101028/000380.htm。

者的角色和功能也发生了极大的转变。例如,"津云中央厨房"每周都有总编辑调会、值班总编辑会议制度,会后来自不同端口的记者可以协同采写报道。记者只负责信息和稿件的编写,在采访过程中也可借助津云记者客户端联系其他记者联合报道,第一时间回传"津云中央厨房"。新闻产品包装后交给后方编辑校对,制作完成后即可第一时间进行对外发布和传播。

(二) 管理创新

1. 《人民日报》"中央厨房":组建融媒体工作室,促进差异化管理

首先,"融媒体工作室"模式,提升新闻报道质量。面对新媒体发展,市场分众化、个性化日趋明显,为适应不同受众的需求,2016年《人民日报》"中央厨房"启动了"融媒体工作室"计划,实行"四跨"+"五支持"机制:"四跨"即允许记者编辑跨部门、跨媒体、跨地域和跨专业组织成为小规模的战斗突击队;"五支持"是"中央厨房"作为孵化器,负责提供资金、技术、推广、运营、经营等五方面支持。以专业化、垂直类分类原则,根据新闻内容时政要闻、财经动态、社会民生等形成个性化品牌。截至2021年10月14日,《人民日报》"中央厨房"融媒体工作室已有麻辣财经、学习大国、新地平线、半亩方塘、2050、言之有理、煮酒话媒、碰碰词儿、南方南、侠客岛、有数青年、能言善道、一手好牌等54家工作室,自2016年10月以来,来自15个部门(单位)的编辑记者发挥各自所长,综合运用文字、信息图(infographic)、音视频、HTML5、MV、少儿绘本、公益手游等产出了一批高质量的融媒体作品,获得了超千万点击量,转载媒体超百家。

例如麻辣财经工作室以财经类深度新闻为主产出,工作室的"五朵金花"全部来自人民报社经济社会部,每一位记者既能独当一面也能形成合力优势,在重大政策解读、重大事件报道、独家观点解析、针砭时弊四个方面产生了600多篇报道,值得一提的是,其中三分之一的稿件都出现在了《人民日报》的版面,真正实现了传统媒体与新媒体的融合,代表性作品如针对房产税误读澄清,第一时间发表了《房地产税要

来了？按评估值征收可行吗》，起到了正视听、提建议的积极作用；针对中国标准动车组"复兴号"命名仪式，麻辣财经与《人民日报》客户端组成团队，联合推出视频直播超176.6万，超高质量、超高转载、超高点击成为麻辣财经融媒体工作室的亮眼标签，也说明了工作室在新闻报道上的专业性；碰碰词儿工作室为庆祝新中国成立70年，与腾讯合作推出了"家国梦"系列融媒体产品，其核心公益手游《家国梦》也是《人民日报》参与开发的第一款游戏APP[①]。通过贴合年轻群体的内容消费习惯，将轻松、休闲、建造、经营、收集等多种游戏元素与国家发展融为一体，更好地展现了70年来新中国翻天覆地的变化。

其次，"一室一策"考核机制，促进人员差异化管理。《人民日报》创立的融媒体工作室"一室一策"的工作考核机制首开先河，为其他新媒体集团如天津"津云"的管理和人员考核创新提供了参考学习模式。融媒体工作室的建立是基于"跨部门"的组织方式进行的，由《人民日报》新闻协调部和人民日报媒体技术股份有限公司牵头，在不影响原有部门设置的前提下，依据个人兴趣、业务专长、资源等自由进行内容主创团队组建。工作室评审委员会每个季度会针对作品完成的数量、质量、效果进行考核，基于自由组队的采编人员的结构、内容、形态等差异化明显，"一室一策"考核机制的出现让每个工作室能够根据实际运营情况确立自身的考核方式和考核指标。除却基本的劳务酬金发放以外，"中央厨房"会进行月度、季度、年度工作室作品评选，例如麻辣财经工作室产出的作品由于经常被转载、产生广泛的传播效果就会在各季度评选上拔得头筹。

2. 湖南"红网"：设置"红课堂"培训，助力传统媒体人转型

首先，主流媒体舆论引导，健全工作网络部署。2011年，"红网"推出的《问政湖南》栏目是湖南第一个官民互动的网络问政平台，拥有"纵向到底、横向到边"，"上下成线、左右成网"的网络问政工作网络

[①] 刘静、宋婧：《庆祝新中国成立70周年！人民日报融媒体工作室"上新"！》，2019年9月30日，http://www.mzyfz.com/index.php/cms/item-view-id-1406753。

(囊括近80个单位)①。整体来看,栏目有以下三个突出特点:一是网络问政制度化。得益于互联网传播的优势,栏目以网民留言"认领"的工作方式建起了全省各级职能部门主要负责人与群众之间沟通的桥梁,帮助群众诉求直达领导案头,做到了将媒体的引导、服务、监督功能与党的群众工作有机结合。2017年,"红网"对现有的体制机制予以革新,创立了全国第一个"网上群众工作部",提高了对网上群众工作的领导级别。二是沟通联系机制增强。针对过去与党政部门沟通困难、网络舆情不重视、网络意识不强等问题,推动湖北省民政厅、省交通厅、省司法厅等十多个省直局领导和地市州县各级领导主要负责人主动"认领"留言板任务,在纵向和横向层面积极推动领导了解民意、解决民生困难等工作。三是栏目影响深入人心。一件件小事汇聚成社会民生大事,阻碍了官民之间的正常交流,《问政湖南》的出现,不仅是省委领导的督办下和工作绩效考核下需要完成的工作任务,更是帮助政府拉近了与群众之间的距离,维护了党和政府亲民爱民的良好形象,栏目以接地气、暖人心的方式让群众重拾信心,积累了大量的信任,充分发挥了网络媒体的舆论引导作用。

其次,实施"红课堂"培训,提升全员专业技术水平。"红网"定期以"红课堂"培训的形式邀请公司内部专业技术人才或行业顶尖人才授课,特别是针对全员视频化转型。通过一场场培训和实践,一些员工逐渐从不会用视频软件的小白到熟练掌握多种软件剪辑视频,所参与的作品也获得了湖南省新闻奖短视频新闻奖,例如,何青迅速成长为"能拍、能写、能剪"的新"红人"。在"红课堂"上,无论是分站到总站的跟班学习还是总站到分站的挂职锻炼,"红网"在培养高素质人才队伍上逐渐探索出一条常态化、制度化的发展道路。

最后,实行职业技术阶梯竞聘,打造高素质人才队伍。"红网"实行采编人员职业技术阶梯竞聘,做到人才优胜劣汰,提升人才综合素质,

---

① 《[红网]问政湖南》,2017年5月19日,http://media.people.com.cn/n1/2017/0519/c412037-29287637.html。

以此激励采编人员进行精细化内容创作，打造内容精品。与此同时，"红网"与本地大学如湖南大学、中南大学、湖南师范大学等建立起良好的"产学研"合作，一方面实现了高校与企业之间人才培养方向的对接，另一方面建立实习基地，高校能够为"红网"输送高素质人才。

3. 四川"封面新闻"：以新媒体为中心，推动团队全面转型

坚持团队再造，推动全员、全程、全媒、全面转型。推动《华西都市报》团队整体迁入封面传媒公司，华西都市报社不再有人员编制，只保留平台，报纸所有内容全权交由封面传媒公司生产。在管理层面，不再单设新媒体专职领导，而是将责权分散至各个成员，淡化层级观念，将成员配置到各个职能部门进行管理；在绩效考核方面，不再以传统稿件进行打分，而是以新媒体传播数据为标准对"封面新闻"的稿件计酬。上述转型的做法，在人员、流程、管理等方面实现了"催化融合质变，放大一体效能"的目标。

建设独立自主、水平过硬的技术人才队伍。当前"封面新闻"技术员工共计80余人，其中接近半数来自百度、阿里、华为、微软等头部互联网科技公司，其中技术总监、数据总监、产品总监等骨干技术人才通过猎头招募产生，"85后""90后"占比高达90%，是"封面新闻"的技术主力军；与此同时，"封面直播网红"的打造极大地推动了记者、编辑开展新闻直播业务。

大力推进绩效考核改革，向业绩突出者倾斜。"封面新闻"以"多劳多得、按劳分配、按贡献分配"为导向，修改绩效考核办法，强化目标任务引领作用，淡化行政管理级别，将岗位薪酬与所在部门任务、工作成效、竞争水平、管理难度等因素进行挂钩，让考核更清晰和直观，刺激员工生产优质内容。

4. "南方模式"：以"+服务"提升社会服务能力

南方报业集团的"南方+"客户端从2015年开始探索搭建，产品维度不断丰富，积极发挥自身职能，拓宽业务边界，丰富自身业务模式，提升抗风险能力，并打造、构建社会服务能力。目前，平台已陆续覆盖

教育服务、招考招聘服务、在线看展服务、以文创及扶贫助农为主体的自有电商服务等板块，彰显了"南方+"客户端作为新型主流媒体的社会价值。"南方模式"在社会服务功能拓展中的成功经验在于不断强化三个能力：一是权威内容力。平台建设实践中不断强化"全省第一权威移动发布平台"的职责定位，坚守主流价值，打造权威内容生产与传播平台。二是社会民生服务力。关注国计民生，通过线上线下相结合的政务服务、版权保护服务、"在+"系列服务、教育服务等提供民生服务，联合地方媒体，大力发挥社会服务职能。三是资源整合力。整合南方报业旗下丰富的优质媒体内容，采用"采编策划发动、矩阵联合供稿、'南方+'统筹传播"的内容开放生产模式，同时调动媒体、医疗、教育、科技资源，积极利用自身资源发挥政务新媒体的整合力。"南方模式"以用户为中心，重点布局用户运营，多维利用资源，差异化打造品牌形象，在"新闻+政务服务商务"探索中走出了独特的平台型媒体建设模式，值得借鉴。

（三）技术创新

1. 江苏"荔枝云"：搭建混合云平台，实现多平台联动

结合自身媒体融合，形成云架构服务生态。"荔枝云"平台是以江苏省广电总台为主导，按照媒体融合的创新理念，举台治理，通过台内新闻部门、新媒体部门、电视频道、广播频率、技术部门等多个部门联合探讨调研业务需求，分析总结广播电视和新媒体业务规律，研究最先进技术发展，历经5年多规划建设，适应融合媒体多种类型业务发展的平台。"荔枝云"平台是《电视台融合媒体平台建设技术白皮书》理论指导下的具体实践；采用"技术平台化、业务产品化、服务生态化"的建设路线和"租用公有云+自建私有云"的混合云架构的媒体云平台模式。"荔枝云"全面支持融合媒体新闻业务，整合新闻资源，面向广播、电视、报刊、新媒体融合业务，提供"多来源内容汇聚、多媒体制作生产、多渠道内容发布"的全新生产模式，拥有海量的内容资源汇聚、智

能化内容处理、丰富的融合生产、高效的互动发布、便捷的移动业务。2018年10月15日,经中国广播电影电视社会组织联合会技术委员会对"荔枝云"平台进行鉴定,一致认为"荔枝云"平台已经达到国际领先水平。可以说"荔枝云"的成功为媒体融合发展、迎接智慧全媒时代提供了"江苏样板"。

在技术创新方面,江苏"荔枝云"平台积极运用智能媒体技术,率先布局云平台。具体体现在:

其一,借力前沿技术,打造智慧媒体。在2014年9月提出"云·组团·多终端"的新型传播体系行动计划,将人工智能、大数据、云计算等技术引入媒体融合建设,在国内率先采用"租用公有云+自建私有云"的混合云架构进行融合媒体云平台建设。2015年11月"荔枝云"正式上线,为江苏广电总台的新闻生产提供了"多来源内容汇聚、多媒体制作生产、多渠道内容发布"的全新生产模式,完成了从全台网技术架构向融合媒体发展的云平台技术架构整体升级①。依托"荔枝云"平台,江苏广电总台通过"省级平台+63家县级融媒体节点"的模式完成了覆盖江苏全省县级融媒体中心的技术体系建设,开发了模块化APP生产发布平台,帮助40家县级融媒体中心的APP客户端快速上线,支撑全省县级融媒体中心成为"媒体+政务+服务+商务"的多元化信息服务综合体。

具体而言,"荔枝云"平台是江苏广电总台在承担广电总局"融合媒体平台建设技术白皮书"课题研究基础上面向融合媒体转型的重要举措,是江苏总台按照五年规划,分三个阶段依次完成了总台融合新闻生产、节目内容生产云化、辐射其他省内媒体并提供云服务的相关布局。整体上来看,江苏广电采用了多租户、容器化的服务部署模式,制定了详细的适应媒体应用服务的标准体系和接口规范,整合异构系统。在业务部署上共有云和私有云业务划分明确,即共有云平台面向融合新闻与新媒体业务,私有云平台面向传统生产业务。伴随着各个阶段的顺利推

---

① 吴昊、毛敏明、葛家刚:《荔枝云在全国"两会"新闻报道中的应用与服务》,《视听界(广播电视技术)》,2016年第2期,第4—12页。

进,"荔枝云"于2018年顺利通过中国广播电视社会组织联合技术委员技术鉴定,被认定已达"国际领先水平"①。未来"荔枝云"平台还将不断持续技术迭代,不断开发和引入新的服务和应用,加强"5G+超高清""5G+VR/AR""沉浸互动式视频"等新兴媒体形态的制作和分发,为媒体融合和智慧广电提供强有力的技术支撑。

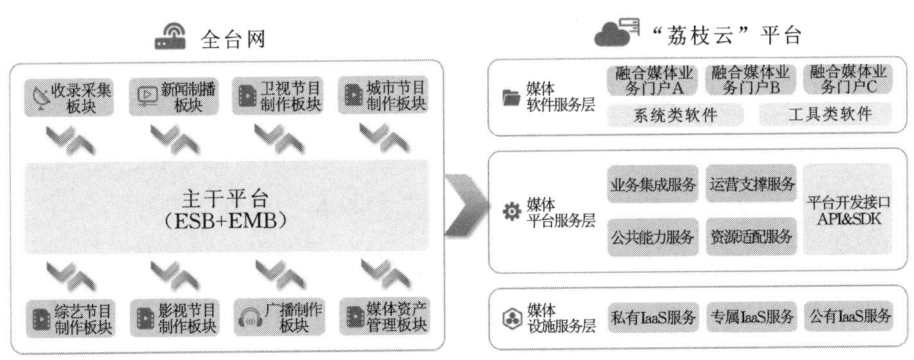

图26 "荔枝云"技术平台化转型架构

其二,采用"公私合用"方式,发挥各自专长。如前文所述,"荔枝云"借用大数据、云计算技术实现平台搭建,江苏"荔枝云"平台按照媒体设施服务层（IaaS）、媒体平台服务层（PaaS）及媒体软件服务层（SaaS）的架构进行设计与部署。基于"荔枝云"将承载江苏广电总台新闻、综艺、专题、动漫、影视、教育等各方面新闻业务的特殊性以及云计算的特点,在体系规划上既要考虑调用共有云高效、灵活的资源优势,又要考虑广播电视媒体的可控可管舆论宣传属性,因此"荔枝云"的建设采用了"公私合用"的方式发挥各自专长。

在共有云建设方面,共有云平台以租用第三方的云服务器、云存储、云数据库等安全保障服务为主,如2015年围绕总台融媒体新闻生产研发了"融合新闻""新闻云媒资""现场新闻生产"等共有云应用;2016年又根据相关部分的业务需求相继开发了"移动云报道""内容云""广

---

① 国家新闻出版署:《江苏广电总台"荔枝云"平台项目通过鉴定》,2018年10月18日,http://www.nppa.gov.cn/nppa/contents/280/6682.shtml。

告云"等应用。在私有云建设方面,私有云的基础平台搭建和部分基础服务部署在2017年就已完成,其间还首创了相互独立且互补的双PaaS平台架构,既保障了对台内节目全高清生产制作送播业务的支撑能力,又实现了跨共有云和私有云的协同生产。随着私有云的建设,总台内容生产和送播业务,实现了公共新闻、城市、综艺、影视四个频道业务云化,城市频道全链路制播云化已完成。

其三,发挥自主产权优势,形成核心竞争力。江苏广电总台坚持集成创新和自主研发相结合,开发具有自主知识产权的融媒技术产品,目前已拥有12项发明专利(2项已获授权)、2项使用新型专利、4项软件著作权。《江苏省广播电视和网络视听"十四五"发展规划》肯定了当前媒体融合方面的成绩。江苏广电"荔枝云"成为县级融媒体中心建设中唯一省级技术支撑平台。广电技术创新应用取得重要成果,有线无线双向网覆盖率超过85%。推动协同发展,牵头创办长三角高新视听博览会,签署长三角战略合作协议,荣获全省宣传思想文化工作创新奖。在广电总局智慧广电示范案例、媒体融合案例、广播电视科技奖项评选中,获奖数量和质量均居全国前列[①]。此外,在"荔枝云"新闻类云支撑服务中涌现了针对采编播发、直播、数据分析等APP专属应用,例如云报道APP辅助前线记者实现摄采编发一体化,发挥移动优先策略,帮助记者利用移动终端与台内新闻生产系统的业务进行协同操作;荔直播系统则借助多家厂商优势技术,注重用户融合互动,有力地扩大了传统媒体在"三微一端"等新媒体平台的传播力;"荔枝云"互动平台媒体数据分析服务自平台搭建之初就采用了国际领先大数据分析引擎,帮助完成每日海量数据整理分析工作,完成广电分析模型,辅助新闻制作中新闻时间的深度挖掘、数据分析支撑[②]。

---

① 江苏省广播电视局:《省发展和改革委员会 省广播电视局关于印发江苏省广播电视和网络视听"十四五"发展规划的通知》,2021年8月23日,http://jsgd.jiangsu.gov.cn/art/2021/8/23/art_69983_9983888.html。
② 郝天韵:《江苏广播电视总台(集团)融合创新实践》,《中国传媒科技》2017年第9期,第23—27页。

2. 天津"津云":融合创新一体化,自主创新是根本

做好顶层设计,布局全媒体矩阵。为了进一步推动传统媒体与新兴媒体融合发展,天津市委积极响应中央号召,部署媒体融合的重点工程,整合全市新媒体资源,打造国内一流并在全球有影响力的新型主流媒体品牌。依托北方网新媒体集团的技术优势和网络新媒体运营经验,建立了"津云中央厨房",成为全国首家实现全媒体融合的省级"中央厨房"。在融合的过程中,集团先后撤并新闻117、前沿、问津三个客户端资源,组建"津云"APP(客户端),与微信、微博、头条号、抖音等新媒体账号形成一体运营,实现了全市"一朵云",形成了集北方网、天津网、今晚网、天津网络广播电视台(IPTV)等为一体的多元传播矩阵。与此同时,本着"移动优先"的原则,"津云"客户端坚持"以人民为中心"的发展理念,定位于"新闻+政务+服务+互动"的智能化新媒体平台,既有天津日报、天津广播电视台、今晚报等主流媒体的优势资源,同时又兼顾注入新鲜血液。尤其是"云上系列"聚合了政企校医等200家单位,与41家海外华文媒体建立合作,建构一个包容并蓄的媒体矩阵。具体来看,津云的核心竞争力主要体现在技术研发和应用落地两个方面。

首先,深耕技术创新,优化平台生产效率。"津云"自成立之初就保持着对新技术的敏感性,其平台建构、内容发布、应用软件均实现了自主研发。目前平台已涵盖内容管理系统、媒体融合决策指挥平台、媒体融合业务管理平台、"津云记者"APP、e采编系统(移动采编)、e创平台(APP生产与手机网页版制作)、云采集服务(新闻抓取)、广告管理系统、政务管理系统等一系列配套系统,形成了一套专业性极强的媒体融合解决方案[①]。自主平台的建立有效地规避了第三方平台的一些局限性,解放了内容生产力,基于北方网技术研发团队18年的技术积淀,坚持运用人工智能、大数据、云计算等智能化技术成果研发了"津

---

① 齐怀文:《内容技术同向同行 报网声屏开放共享——津云新媒体融合实践》,2019年5月17日,http://media.people.com.cn/n1/2019/0517/c426843-31091213.html。

云中央厨房决策指挥平台"和"津云中央厨房业务管理平台",技术自主率达到90%,不仅满足了"中央厨房"80余个功能模块的策、采、编、发及日常管理的需求,也为新闻生产过程的各个环节要素提供了强有力的数据和技术支撑。相关数据显示,2018年技术输出为"津云"带来的创收突破5000万元①。如图27所示,"津云"自主研发的"融媒体中心建设平台"涉及六大区域,分别是核心指挥区、采编联动区、技术支持区、用户互动区、直播报道区、自由办公区。各区域因职责分配不同,彼此相互配合、相互联动,实现指挥调度、舆情监控、选题策划、传播效果分析、民生热点分析、交通路况等13个可视化场景,形成了新闻生产的专业化流程。截至2019年,津云新媒体集团已拥有60余项软件著作权和技术专利,并为74家省级新闻门户网站、政府门户网站、网络电视台提供技术服务。

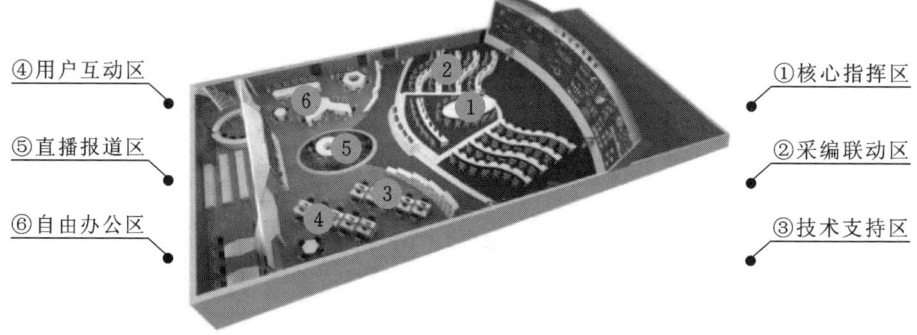

图27 "津云中央厨房"区域职能划分②

为激发广电行业人工智能科技创新和应用创新,国家广播电视总局于2021年5月27日举办了首届广播电视台和网络视听人工智能应用创新大赛,津云新媒体集团分别在"智能内容审核类""智能效果评估类""智能推荐类"项目中摘得三项桂冠。其中"津云智媒体内容审核平台"

---

① 人民日报社:《融合体系——中国媒体融合发展年度报告(2018—2019)》,北京:人民日报出版社2020年版,第189页。
② 《津云中央厨房构建全媒体融合工作台》,2021年9月17日,http://enterprise.enorth.com.cn/p3.html。

荣膺二等奖，"津云移动内容管理系统"和"新闻智能推荐系统"荣膺三等奖①。在本次比赛中"津云"在算法和技术创新方面表现突出。在算法方面，一方面，"津云"优化了各类算法，例如在图像分类和模式识别中加速主干特征网络、加入早退机制，并使用各种创新的数据增强算法，在自然语言处理中优化词嵌入方式等；另一方面，团队依托分布式云计算能力，将现有的人工智能辅助审核领域及相关领域的单点功能点进行有机结合，优化数据交换策略，避免功能简单串联降低功能效率，极大地满足了广电媒体高清视频的实时审核要求。在技术方面，审核平台以非侵入方式融入现有生产流程，在接入过程中提供满足相关生产平台要求的输入输出接口，减少对现有生产平台的改造要求，采用 sidecar 模式提供平台能力输出，为现有生产平台赋能。

其次，加强应用落地，搭建智能化平台。人工智能与音视频技术的不断融合衍生了丰富的应用场景，基于不同场景的音视频内容生产和内容消费为媒体未来发展开拓了新的疆域、打开了新的流量入口。在智能化技术支撑下，传媒产业价值链上的各个环节又催生出新的业态，不仅重塑了整个业务流程，还将为传媒产业的发展带来新的规则和生态。据悉，在 2021 年 8 月"津云"将智媒体中台推向市场，为 70 余家省市级媒体客户的智能化生产赋能②。

3. "封面新闻"：以 AI 为技术引领，拓展媒体融合空间

四川日报报业集团以川报全媒体集群、华西传媒集群、专业媒体集群和文化产业集群为四大支撑。华西传媒集群围绕"打造一流新型主流媒体，构建多元生态传媒集群"为转型目标，利用深耕西部多年的老牌《华西都市报》和近年来主打年轻化、智能化的新闻客户端"封面新闻"着力打造"双品牌""双引擎"，驱动集群全面转型，目前"封面新闻"已迭代到 5.0 版本，通过引入图像识别、机器人写作、推荐算法等先进

---

① 董立景：《广电总局"人工智能应用创新大赛"，天津津云新媒体"连下三城"！》，2021 年 6 月 1 日，https://m.thepaper.cn/baijiahao_12928339。

② 董立景：《广电总局"人工智能应用创新大赛"，天津津云新媒体"连下三城"！》，2021 年 6 月 1 日，https://m.thepaper.cn/baijiahao_12928339。

技术，为用户提供了全方位、一体化的沉浸体验。"封面新闻"紧盯前沿技术，在"AI+媒体"领域不断探索和拓展新的空间。首先，在采访、写作、互动、效果、营销环节积极尝试与 AI 结合，让智能媒体成为"人的延伸"；其次，"封面新闻"充分发挥智慧指导作用，为技术引擎注入正确的价值观；最后，善用各方数据为网络舆情、智慧报道、数据分析提供智力支持。具体来看体现在内容产品创新和内容生产流程再造两个方面。一方面，以 AI 赋能产品。如通过开发封面云、商业智能（BI）系统、小封写稿机器人、自动语音合成报道、虚拟主播等方式赋能多元场景，为用户带去视、听、读的智能化体验。此外，在持续创新封面新闻 APP 的同时，还要不断做强封面号、封面舆情、封面电商、封面数据、封面视频等系列产品，着力构建符合移动化、智能化、生态化的产品矩阵；另一方面，以 AI 重构生产。在推进媒体融合发展流程再造上，"封面新闻"充分发挥人工智能的技术优势，改变了新闻生产的全流程。如"封面新闻"自主研发的"封巢智媒体"系统，涵盖"智能技术平台+智慧内容平台+智识管理平台"三大平台，不仅促进了"AI+媒体"的应用探索，同时也驱动了内容生产的流程再造，如热点监控、全网采集、融合驱动型直播应用等。此外，在数据驱动的作用下，"封面新闻"还能对其传播效果进行智能化监测、版权追溯，进一步推动了技术和用户之间的交互融合。

4. "央视频"：先进技术架构，落地多元场景应用

2019 年 11 月，中央广播电视总台以"央视频"正式上线为契机，着力打造自主可控、具有强大影响力的新媒体平台，同时也为短视频内容注入了更多引领性的内容和形式。"央视频"作为基于"5G+4K/8K+AI"等新技术的综合性视听新媒体期间，为广电行业的媒体融合探索迈出了关键的一步。

"央视频"在技术架构上采用先进的"大中台+小前台"设计，通过云服务打通传统媒体生产环境和物理空间，彻底在技术和流程上实现了内容数据到用户数据的互联互通。AI 中台作为技术核心拥有智能标签、视频理解、智能剪辑、安全审核、质量检测、画质提升等能力，贯穿了

5G新媒体内容生产全过程,为"央视频"精细化、智能化内容生产和传播提供重要技术支撑。具体来看,"央视频"中台主要在内容理解、内容安全、基础能力、转码增强这四个场景增强了应用落地。在内容理解场景上,如通过对视频内容的理解自动匹配封面图、自动化智能剪辑视频、进行视频自动拆条等,大幅提高了"央视频"对海量视频数据处理的效率;在内容安全场景上,通过不断学习进一步优化了内容安全防控能力,如对图像、标题、语音、广告等进行较为准确的识别,对暴力、色情、脏话粗话、恶意广告、敏感人物等第一时间实现内容过滤;在基础能力场景上,能够智能识别视频字幕、自动将语音转换成文字、进行个性化推荐等;在转码增强场景上,AI中台针对总台和"央视频"业务需求进行了短视频转码增强的专项技术研发,如提升短视频分辨率,为用户带去高清投屏体验等[①]。

(四) 内容创新

1."红星新闻":内容深度引导,专注独家精品报道

成都传媒集团有新闻媒体方阵、多元产业集群两个主要板块。"红星新闻"聚焦新闻"深度""锐度""温度"主打"深度调查新闻+时政评论",经过四年多的发展凭借一系列独家精品报道引起了业界广泛关注,成为业内具有影响力的新闻平台[②]。

在内容深度挖掘方面,"红星新闻"利用自身优势,由调查记者推出原创独家报道,以抽丝剥茧、层层深入的方式挖掘热门事件背后深层次的原因,以平和详实的叙事优质内容牢牢抓住用户眼球,获得业界一致好评,荣获中国报业协会授予"报业微信订阅号全国十强"、腾讯传媒赏2017"年度内容创业""年度国际报道奖",长期入选今日头条媒体榜新媒体Top10、腾讯芒种计划Top10等榜单。此外,为打破区域和地域限制,增强自身在全国乃至国际上的影响力,"红星新闻"组建"京津

---

① 本书课题组:《智能时代:媒体重塑》,北京:新华出版社2020年版,第114—115页。
② 胡彦迪:《传统报业发展新媒体的实践与探索——以"红星新闻"为例》,《传媒》2018年第11期,第28—29页。

冀首都经济圈""粤港澳大湾区""长江三角洲城市群""长江中游城市群"四大内容中心,同时计划在东南亚、东亚、欧洲、非洲等地进行内容中心建设和布局。

在内容深度引导方面,通过"调查+评论"的方式对社会热点事件进行报道,积极发挥新闻媒体的舆论监督与引导功能。如2017年杭州保姆纵火案、鸿茅药酒事件、川航3U8644航班英雄机长刘传健专访等独家报道引起了社会广泛热议。与此同时,红星新闻设有"及时评""红星深度""红星锐评"等评论栏目,参与众多热点事件的评论和报道,评论尖锐、有深度、有温度,正向引导社会舆论,承担起了主流媒体的使命和责任。

2. "澎湃新闻":设置问答互动,增强用户黏性

2003年创立的《东方早报》旨在为上海和长三角的经济发展提供决策和参考。伴随着纸媒向智媒的转变,《东方早报》传达资讯、参考、网络舆论等功能逐渐被新媒体"澎湃新闻"所替代。"澎湃新闻"一直以"原创""深度"吸引了大量用户的关注,在内容定位上主要聚焦时政类新闻和文化类新闻。一方面,可以继续发扬《东方早报》以严肃时政类报道见长的优势;另一方面,面对新闻同质化、娱乐化的现象,"澎湃新闻"原创、高质的时政和深度解读满足了用户对新闻新鲜性、时效性、高质量的要求。与此同时,"澎湃新闻"将时政新闻进行垂直细分,例如"中国政库"是以领导人报道为主;"人事风向"以政府部门人事信息为主,贴合了当前受众分众化阅读习惯[①]。

值得一提的是,"澎湃新闻"最为亮眼的特色是采取了问答式新闻的方式,收到了很好的效果:其一,满足了UGC用户生产内容的逻辑;其二,保证了内容多样性;其三,增强了新闻把关人的作用。这种方式不仅保证了"澎湃新闻"用户的社交属性,也极大地增强了用户黏性,保障了问答内容的质量。运用新闻传播学中卡兹的使用与满足理论对此可以解释,媒介可以满足人们结群结伴的需求。在"澎湃新闻"网页和

---

① 陈曼琼:《从"澎湃新闻"看纸媒的新媒体转型》,《传媒观察》2014年第11期,第11—13页。

客户端上,用户登录账户,通过提问、跟踪、收藏、分享四个按钮,转发自己看到的内容和见解,或进行提问,实现"二次传播"甚至是"N次传播"。此外"澎湃新闻"借助第三方互联网平台如微信,为用户提供"澎友圈"线上交流平台,针对精品新闻报道的观点、内容组织线上活动,进行再次讨论,实现了社群、圈层传播。

3. 天津"津云":创新内容形式,引领正向舆论导向

创新内容形式,引领正向舆论导向。津云新媒体集团始终坚持以习近平新时代中国特色社会主义思想为指导,充分利用新媒体技术创新时政报道形式,传递党和国家的政策方针,发挥主流媒体主力军作用,做好正向舆论引导工作。

首先,产品形态上紧密结合智能化技术。如2017年5月,"津云"推出全国首档虚拟现实(VR)新闻节目《VR津云》,制作了《深入"幕后"看天津地铁建设》《360度带您看看城市新颜值》等多期节目,借助虚拟现实技术给用户带去沉浸式感官体验[①]。《今夜解放桥开的光影里,多少刻骨铭心的天津记忆》作品综合运用航飞、老照片还原、艺术化分层、3D建模等新媒体制作技术,以短视频的方式叙述天津70年来的峥嵘岁月,唤醒广大网友的共振共鸣[②]。

其次,专题策划上激发原创精神产出特色产品。面对短视频"风口","津云"实现了平台技术和内容技术"两手抓":一方面,积极推动"津抖云"自主研发融媒产品上线"津云中央厨房",吸引一批本地知名大V如谦祥益相声茶馆、"泥人张世家"张宇、"津味儿杂谈"等竞相入驻;另一方面,组建"微视创作专班",强化自身的内容原创能力,聚焦中央政策方针、社会民生热点、天津市委中心工作等方面,产出了一批主题鲜明、短小精悍的代表性短视频作品。例如,2018年的《臊子书记》讲述了80后青年教师宋鹏响应国家号召,奔

---

① 梅宁华、支庭荣:《中国媒体融合发展报告(2019)》,北京:社会科学文献出版社2019年版,第126—127页。
② 北方网:《津云新媒体集团社会责任报告(2019年度)》,2020年7月13日,https://www.qlwb.com.cn/detail/12598264.html。

赴甘肃陇南的大寨村担任第一书记，利用"互联网+扶贫"带领全村打造全链条式电商产业的故事，一经上线被30多家中央新闻网站、省级网站、商业网站以及共青团中央、教育部等多个机构的微博账号、公众号相继转发，累计收获点击量上亿次[①]。此外，在重大主题宣传上加强议题设置，形成联动效应。在"第三届世界智能大会""京津冀协同发展五周年""天津解放70周年""2019全国两会"等重大主题上，综合运用图文、微视频、微访谈、移动直播、H5、全息媒体等多种表现方式在重大主题期间进行集中展示、重点宣传，涌现出了一批现象级的高质量新媒体产品，真正实现重大活动报道长时效、广范围、多角度的立体化传播效果。

最后，渠道建设上积极对接海外，扩大影响范围。"津云·云上海外"平台凝聚海外华文媒体力量，积极搭建传播桥梁，如云上中东、云上今日美国、云上英国侨报、云上欧洲华语广播等，将国内重大活动、重大主题报道传递到世界各地，一方面加强海内外华人群体的主流意识形态建设，另一方面携手海外华人媒体提升中华优秀传统文化跨时空、跨地域传播。

4. 湖南"红网"：推进在地内容，打造融合看点

内容方面，湖南红网新媒体集团借助《潇湘晨报》进行资源整合，在本地内容、产品转型、传播效果上积极探索。一方面，围绕党中央和政府相关政策，做大做好重大主题宣传报道；另一方面，"红网"在深入挖掘湖南省深厚的红色文化方面有着明显的地域优势。

其一，推进在地内容，打造融合看点。在响应中央政策、重大主题宣传方面，"红网"围绕中央"脱贫攻坚"的重大主题，推出《湖南十四市州脱贫攻坚纪实长卷》系列报道，被誉为"脱贫攻坚经典报道中的精品"，《咱这一家子》《书记的乡间午餐》《走出绝壁》等重磅策划记录了湖南省脱贫攻坚进步史上靓丽的风景，展现了"红网"积极落实习近平总书记重要指示的使命与担当，凝聚了强大的舆论共识，

[①] 人民日报社：《融合体系——中国媒体融合发展年度报告（2018—2019）》，北京：人民日报出版社2020年版，第189—190页。

真正担负了主流媒体责任。在深挖湖南红色文化资源方面，围绕讲好"深红、新红、泛红"故事，聚焦精品工程建设，例如在抖音举办话题为#中国红有我·大好河山一起打卡#的短视频大赛，征集作品达4.2万多条，播放量超20亿，形成了年轻网友尤其是95后群体积极参与的现象；"红网"为庆祝中国共产党成立99周年推出的红色纪录片《红色印记》，相继被百余家主流媒体、商业网站转载，引发了社会舆论的广泛关注。"红网"借助新媒体技术和平台，创造了接地气、故事化的报道手法，拉近了与受众的距离，真正让红色文化和红色基因入脑入心。

打造本土化评论品牌，扩大网络舆论引导阵地。借助"红网"遍布14个市州、122个县市区，扎根湖湘大地这一优势，"红网"颇具创新性地聚焦受众表达和需求，建设了国内最大的互联网原创评论基地——红辣椒评论，旨在以"广泛收集与反映民众声音"为己任，为公众发表言论和表达诉求提供了一个更为广阔的空间。平台拥有超过1000人的评论队伍，其成员遍布各行各业，既有专家学者、专业媒体从业者，更有掌握话语权的政府官员、普通老百姓等，其草根性、多元性的表达特点让时事评论更加接地气、更加多元化、更为深刻。从另一个角度来看，红辣椒评论可以从受众的角度帮助网站树立权威，科学合理引导网络舆论。除了资讯新闻以外，"红网"充分发挥"红极潇湘、网络天下"的传播影响力，成为湖南旅游形象的宣传者、精品路线的推广者、旅游扶贫的促进者、文明旅游的引导者，为湖南省建设全域旅游基地贡献了媒体力量。

其二，内容视听化转型，促进内容转型升级。2020年第三十届中国新闻奖评选结果揭晓，由湖南红网新媒体集团报送的作品《视频｜火遍中国的这张A4纸，背后有更多的感动》（参见图28）是"红网"积极践行新媒体时代"中央厨房"融合创新报道路径的生动体现。作品综合运用实景拍摄、动漫手绘等手段，以写满军民情谊的"A4纸"为载体，讲述了2019年湖南强降雨期间，衡阳市衡山县抗洪武警官兵和当地小学老师之间发生的一个体现浓浓"军民鱼水情"的感人故事。

伴随着智能技术的发展,虚拟演播室、AI 短视频、微视频、动漫、gif 动图、vlog、plog、手绘、快闪、H5 等新技术新手段纷纷涌现,实现了新闻作品在多元化、多视角、多样化方面的融合创新,贴合了当下年轻群体的阅读习惯和偏好,增强了内容的传播力和到达力,有效地提升了传播效果。"红网"综合运用智能化技术,推出了一批优质的现象级作品。例如获得了第二十九届中国新闻奖媒体融合奖"新媒体报道界面"一等奖的作品《H5 | 改革开放 40 年·长沙有多"长"》就结合无人机、H5、AR、720 度全景等方式进行了巧妙的解读。由此可以发现,主流媒体要做好优质内容不仅要"耐得住寂寞",打磨好创意、内容、技术,更要厚积薄发,让作品接地气、通人心,打通线上线下传播,让作品充满热气,让热议互动充满朝气,更好地满足各层次用户的阅读需求①。

图 28　《视频 | 火遍中国的这张 A4 纸,背后有更多的感动》作品截图

---

① 《做活"融合"文章　推动全媒体时代湖南新媒体发展迈向纵深》,2020 年 11 月 15 日,http://k.sina.com.cn/article_3363163410_c875cd1202000xbb7.html。

5. 湖南"芒果云":坚持创新自制,满足个性需求

2014年,湖南广电紧抓媒体融合发展的重大历史机遇,积极响应中央部署,出台《湖南广播电视台建设新型主流媒体若干意见》,在内容创新上以"独播""自制"为特点,建设了互联网媒体平台"芒果TV",为潇湘传统电视媒体向新媒体融合转型迈出了重要的一步,至此,"芒果TV"与湖南卫视形成"一云多屏、两翼齐飞"的融合传播格局。2020年,新冠肺炎疫情席卷全球,"宅经济""云交往"等方式刺激"芒果TV"在综艺节目和影视剧集板块发挥优质内容资源优势,在TV会员、广告、运营商三个方面实现高速增长。据2020年度业绩快报显示,公司营业总收入140.02亿元,同比增长12.01%。

图29 芒果超媒生态体系

启动"独播战略",满足受众个性化需求。"芒果TV"上线一个月后就对外宣布了不再与其他新媒体合作、互联网版权不分销、芒果TV自有播放的"独播战略"。"独播战略"的底气来自湖南卫视强大的内容班底和丰富的节目资源。基于对年轻用户偏好的精准分析,湖南卫视相继制作播出《花儿与少年》《我是歌手》《爸爸去哪儿》《声临其境》《向往的生活》等大众耳熟能详、口碑与流量并存的优质王牌节目,满足了当下受众对内容个性化的需求。

发挥原创 IP 创造力，构建网大内容新生态。2018 年推出"超芒计划"，在网生内容领域加速创新发展、实现"开疆拓宇"的布局，旨在面向网络电影生产者提供包含内容、平台、资源等在内的一站式服务，构建网生内容发展的立体式生态。

在网剧方面，一方面，"芒果 TV"构建了口碑与收视双赢的自制生态，《以家人之名》《下一站是幸福》《隐秘而伟大》均实现收视、口碑双丰收，《向阳而生》首播收视率居省级卫视全网第一；另一方面，"芒果 TV"还推出了垂直类小圈层精品自制剧。"芒果 TV"先后上线《你好，对方辩友 2》《不可思议的爱情》《玲珑狼心》等剧集，为"芒果 TV"影视剧迎来了 2021 年开门红。在网络综艺方面，"芒果 TV"不断探索和创新，在综艺类型和创新上取得了众多突破。最为典型的有夫妻情感观察治愈节目《妻子的浪漫旅行》以及国内首个大型明星角色扮演推理节目《明星大侦探》等。在网络大电影方面，"芒果 TV"实行"自制+投资"两条腿走路的方式，不仅针对年轻人喜爱网剧元素的特点，制作如《甜蜜暴击》《路从今夜白》《我们都要好好的》等头部内容，更建立起了外部的优质资源库。此外，"超芒计划"也吸引了大量一线影视公司、专业团队以及知名电影人入局，如著名导演、编剧、监制陈嘉上首次触电网络大电影，监制悬疑动作片《艋舺偷天换日》；网络大电影版本《法医秦明》也重现经典 IP；武侠作品《方世玉之侠隐飞花》网大版开创全新风格。

组建内容制作团队，创造多款爆款产品。在内容上，"芒果 TV"与湖南卫视从新闻采编、节目策划、内容创作、影视采购到定制生产，实现了平台的双向打通。结合两者优势，分别将"芒果 TV"的 16 个综艺制作团队和 15 个"自有+外部影视工作室"与湖南卫视 27 个顶级内容制作团队进行组建，内容制作人员超 5000 人。内容制作团队从内容创意、用户需求、传播语态、呈现视角到产品输出及用户体验均实现新媒体和传统媒体之间深度融合，生产了许多不同于传统媒体时代的特色产品。本着"聚焦青少年群体、宣扬年轻态度、坚持创新自制"的理念，2018 年"芒果 TV"推出了亲子节目带、悬疑智力节目带、芒果系综艺带、新型情感节目带、广告定制节目带以及"酷文化"节目带共六大黄金综艺带,基于多视角、多板块的设置逐渐形成了芒果自制综艺生态圈,实现了内容差异化和特色化发展。

此外,积极开拓多条新赛道,寻找新的经济增长点。例如,为迎合互联网"原住民"①"二次元"的偏好,上线"小芒潮玩"电商,推动视频内容与电商深度融合。平台拥有阴阳师、海贼王、蜡笔小新等260个IP,日销售量突破12000单,创下潮玩销售排行第一;为增强互动体验,"芒果TV"上线聊天室社交功能,开创"长视频+社交模式",进一步增加了《乘风破浪的姐姐2》综艺节目的用户黏性。

6. 上海(区级)融媒体中心:因地制宜,促进区级联动

2017年,上海颁布《关于加快本市文化创意产业创新发展的若干意见》,提出"进行媒体产业关键技术的研发、产业融合的探索和商业模式的创新,积极培育网络文化龙头企业,建设2~3家具有强大实力和传播力、公信力、影响力的新型主流媒体集团"②,在顶层设计上为新媒体平台建设提供了制度保障。上海市是一个拥有16个市辖区、107个街道、106个镇、2个乡的超大城市,各区经济发展程度不一样,基层治理水平也存在较大差异,可以借助这种差异将"精细化"治理从市级媒体深入到城市的"神经末梢",贯通"市—区—街镇—居村"四级链条,帮助其更好地开展数据治理、数据共享、数据服务,满足各区基本生活需求。

内容方面,上海(区级)融媒体中心呈现出两个明显特点:其一,重大宣传活动下区级之间联动效应。上海市区级融媒体中心与其他县级融媒体中心不同的是,16个区时而分散发挥各自特色传播,时而形成高效联动,共同助力重大宣传活动和城市治理。这与上海市这座城市的地理范围、"两级政府、三级管理"的行政格局相关,也离不开东方网统

---

① 互联网"原住民"(Z时代)指在1995—2009年间出生的人,他们是数字原住民(digital native),即从一出生就接触互联网、即时通信、智能手机和平板电脑等科技产品,并伴随一起成长的人。

② 《关于加快本市文化创意产业创新发展的若干意见》,《解放日报》2017年12月15日。

一技术平台的支持。最为典型的例子当属中华人民共和国成立70周年与上海解放70周年联动报道。自2019年4月开始,上海市委宣传部、市委网信办、市政府新闻办主办,上海广播电视台、上海报业集团、东方网承办的各区《我和我的祖国》快闪MV、航拍形象篇展播活动上,16个区级融媒体中心几乎在同一时间进行活动推广,通过自制快闪MV、航拍形象短片等方式相继在东方卫视、东方明珠移动电视等荧屏进行展播。此外,上海人民广播电视台联合全市16个区的融媒体中心共同推出9小时大联播"我的祖国我的家——上海16区庆祝国庆70周年全媒体接力盛典"特别直播节目[①]。由此可以看出,在重大主题宣传活动中,由市级层面统筹策划、提供播出平台,由各区级融媒体中心联动相关部门,组织本地群众积极参与,不仅首次实现了业务联动,更发挥了各级媒体优势,做到了媒体纵深链条的贯通和媒体资源的集约化,其产生的联动效应极大地提升了主流舆论声音。

其二,各区围绕在地民生探索个性化公共服务。各区级融媒体中心除了共性的市级政务服务之外,还积极开拓了个性化公共服务。一是和各区政务部门合作开发针对本地的民生服务小程序或端口。如杨浦区融媒体中心在APP接入"小邻通社区服务",主要提供房屋维修、家政清洁、搬家服务等近百项社区服务预约,覆盖了社会民生的方方面面。值得注意的是,入驻商家都需经过政府审核方可提供服务,这一举措为用户在价格和服务质量上提供了极大的保障;二是运用"积分商城"激活公共服务。各区级融媒体中心通过融媒体客户端推出积分商城,用户可以通过签到、浏览资讯、分享链接的方式赚取积分进而兑换相应的礼品,各区围绕"礼品"特色展开了多种尝试。例如静安区上线了诸多扶贫产品;金山区可兑换口罩、免洗洗手液、家具消毒液等抗疫物资;普陀区则计划与区委办局如体育局、文化和旅游局进行合作,兑换公共场馆时段使用权限、文艺演出门票等。

---

① 石力月:《上海区级融媒体中心建设发展调研报告(2019—2020)》,上海:上海社会科学院出版社2020年版,第11页。

四、对标对表：构建湖北全媒体传播体系，打造具有全国影响力的主流新媒体品牌

尽管湖北省在推进媒体融合发展、构建新媒体平台方面进行了很多有益的探索和创新，也取得了较为突出的成绩，但与上述全国知名的新媒体品牌相比，还存在着较大的差距和许多不足，对标对表兄弟省市的先进做法和宝贵经验，湖北省在打造具有全国影响力的新媒体品牌方面还有大量工作要做，任重道远。

（一）问题：湖北新媒体发展存在的不足

目前，对标兄弟省市的先进做法，湖北省在打造新媒体平台、促进媒体融合发展方面仍面临以下主要问题与难点。

1. 体制机制改革还不彻底

湖北省的传统媒体在进行新媒体转型时都历经了组建"新媒体中心"的步骤，即通过整合内部组织、重构组织架构，由该中心专门负责全媒体转型的运作。从宏观上来看，这是媒体转型融合的必由之路，组织架构清晰，部门各司其职，才能最大限度地提高全媒体转型的速率。但深入分析会发现，组建的"新媒体中心""全媒体中心"或"数字媒体中心"，无论是在外部还是内部都存在着一些问题。从外部来看，多头管理。"新媒体中心"受到很多上级部门的管制。"婆婆众多"造成的最严重后果就是"没事大家乐，有事都不管"，如果全媒体转型实践成效显著，那么其所属的省级单位自然将其作为自己对外宣传的一块"金字招牌"；但如果全媒体发展遇到了瓶颈，需要资金、技术等方面的支持，那么上级各部门之间就会互相推卸责任，谁也不肯伸出援助之手。这样的外部组织架构对全媒体转型的推进是不利的。从内部来看，融合不够，形式上的融合大于流程、内容、平台上的融合，没有考虑到互动

性和长远发展，因此新媒体布局较为混乱，难以实现信息畅通流动，并导致信息分散与资源浪费。

2. 整合不够因而品牌效应不强

湖北省致力于打造有全国强大影响力的新媒体品牌，必须将打造新媒体品牌全国性的传播力、影响力作为第一目标，并建立获取竞争优势所必需的组织构架与运行机制，着眼湖北发展大局，强化战略谋划。而当前湖北省级媒体仍然面临媒体融合顶层设计、建设机制不健全的问题，这导致过去的管理模式和现在的发展状况不匹配。如何定位省级几大媒体关系的战略布局仍然不够成熟，这种状况将阻碍进一步探索"共建共享"的建设机制，极大地限制了建设有全国辐射力的新媒体平台的可行性。目前，湖北省运营时间较长且具有区域影响力的新媒体存量品牌有"长江云"、"极目新闻"、"九派新闻"、《湖北日报》等等，这些大大小小的新媒体品牌各自为战，都想在融媒体时代展现自身优势，然分散的力量难免导致品牌效应的钝化，加上这些传统媒体本身存在向全媒体转型的困难，如新媒体意识不够、转型思维不突出等，兼之各家实力不同、发展目标不一、发展重点有异，如果不切实加以整合，将新媒体平台做得足够大，则难以将新媒体品牌做强。就湖北目前的情况看，将一个个本土传统媒体品牌擦亮的难度远远大于另起炉灶创建新的媒体品牌。在5G加速商用的背景下，融合发展不是一家或几家媒体的事，也不仅仅是媒体行业的事，而是需要以政府的力量去推动，形成合力，在高站位上进行媒体资源统筹，营造媒体融合发展的生态，如此方能在新的起点谋划全新品牌。

3. 分级运营难成集束效应

与国内顶尖的互联网商业新媒体平台一端走全国相比，湖北主流新媒体采取了多地多APP的分级运营模式，虽然实现了新媒体矩阵平台全覆盖，但是出于地方拥有自己新媒体阵地的需要，这些"云上系列"APP实行属地管理，运营主体由当地党委、政府选择决定，在日常的运营和维护方面大都各自为政，不可避免地导致矩阵平台的影响力分散。有些地区整体实力较弱，即使意识到新媒体平台运营的潜力和价值，却没有精力和资源去做深度的运营维护。而且自上而下推行的平台相加难以充分调动各自的积极性。新媒体矩阵各客户端的用户资源零散、割裂，政务和服务资源缺乏统一组合，没有在全省范围内被打通利用。"融不起""融不通"等问题的存在，导致当前省内主流新媒体在用户价值的深度挖掘、信息传播力和宣传影响力上不能形成集束效应，不利于媒体融合向纵深发展。

4. 缺乏用户思维以致难显特色

在注意力经济时代，受众的注意力是稀缺资源，传统媒体与新媒体对用户的争夺更加激烈。缺乏互动性、在地性、近民性，缺乏用户思维是目前湖北主流新媒体宣传中存在的一大问题。尽管搭建了新媒体平台，但选题策划、报道组织仍以传统传播思维为主，没有按照新媒体传播规律对内容进行生产、加工、传播，依旧沿用传统媒体的"稿件思维"而不是"产品思维"。对新媒体平台的报道理念、报道规律理解和把握不够，对受众新的需求了解不深，特别是在大而全的报道思路主导下，新闻信息来稿冗余且大都来自传统媒体渠道，标题设置缺乏吸引力，缺乏特色的产品体系，无法与新媒体抗衡。平台冗杂式的新闻信息填充、全景场域的服务供应、过量的政府部门入驻都过多地消耗了平台用户有限的注意力资源。此外，由传统媒体转化而成的新媒体平台虽将"内容为王"的传播观念置于首位，但却在版面与色彩等形式设计和展现方面未能跟上用户的要求。随着媒体融合深入发展，受众对制作水平的心理要求越来越高，湖北主要新媒体平台若不注重内容与形式的互动性机制，不能在重视内容的基础上以更好的形式去吸引用户，那只会逐步失去新媒体用户群体的关注。

5. 经营模式较为传统单一

同大型网络科技公司相比，区域性主流媒体常常面临缺少用户基础的问题。政府强推和优质活动宣传虽然能带来一定的用户，但总体上用户黏性和忠诚度不足，且生长空间较小，将直接导致传统媒体自我造血能力不足。且随着互联网新媒体的崛起，传统媒体维持运营的主要盈利来源广告收入减少。根据国家工商总局的数据显示，2015年，四大传统媒体的广告收入之和为1844.2亿元，而互联网广告收入则为2096.6亿元，这意味着传统媒体需要开创新的盈利模式，媒体融合需要产业运营做支撑。在朝平台型媒体发展的进程中，"长江云"的商业模式尚待完善，市场竞争力亟须提升。"长江云"在建设初期，得到省委、省政府在资金、资源配置方面的大力支持，后续发展中，也得到省内各级党政单位的配合与支持。然而湖北广电集团及"长江云"平台不能仅依靠行政资源支持，平台型媒体要向纵深发展，只有建构起完善可行的商业模式，占领用户市场，才能在互联网时代新媒体的激烈竞争中立于不败之地。

6. 智能化技术支撑能力弱

技术方面最大的问题是更新迭代缓慢与外源性技术的不稳定。尽管相继搭建了"两微一端"，在信息生产与传播的流程中添加了直播、H5、AR、VR等技术元素，但湖北省在媒体融合进程中面临着以下两个方面的困难：一是缺乏必要的新技术支撑，精准分发的能力不足。如"长江云"平台由于缺乏足够的技术能力支持，至今无法形成信息精准分发的能力，进而也无法向入驻"长江云"平台上的各地方媒体机构提供信息分发方面的支持。入驻的媒体机构不断为"长江云"平台带来用户和内容，却得不到相应的技术回报，久而久之，一些入驻媒体就产生了抵触心理，不再愿意向平台提供内容。同时，精准分发的算法与用户个性化信息需求也存在一定的偏差，无法满足用户的个性化需求，导致用户黏性较差。二是由于媒体依靠的技术来源的外源性，一些媒体面临着技术的不稳定与安全性问题。如"长江云"的技术来源是外源性的，并非由湖北广电自身的技术团队承担研发及维护，而是主要外包给了思拓、亚信，靠外面的公司做技术架构和整体的支撑服务。与技术公司进行合作，固然有利于传统媒体在技术层面得到迅速提升，加速媒体融合进程，但过度依赖购买的技术服务，不仅价格高昂，还面临着技术来源不稳定的风险，且在进行"云上系列"建设时，有的地方经常反应跟不上一线技术。媒体融合要向纵深发展，媒体必须发展自身的技术力量，将核心技术掌握在自己手里，充分将技术和内容生产融合于一体，才有可能为政务平台的建设提供技术支撑，为未来做大平台、充分挖掘数据价值和保障数据安全奠定基础。

7. 高端复合优质人才缺乏

在湖北，能打造大型媒体平台高赋能和高价值、能带动资源、能给平台带来革命性升级和转变的人才极为稀缺。传统媒体在与新媒体融合的过程中，其新媒体工作人员主要来源于传统媒体的岗位，呈现高度同质化的特征，复合型人才特别稀缺。从目前发展来看，融合发展面临着人才匮乏的困境。一方面，优秀媒体人才在不断流失；另一方面，新媒体人才尤其是技术、运营人才处于引进、培养期，一定程度上阻碍了媒体的转型发展；长期从事传统媒体工作的内部人员难以转换工作方式，外招的人员又难以符合团队要求。此外，传统媒体的人才激励机制还不完善，不利于优质人才的集聚。比如，尽管创新了考核机制，强调新媒体及时发稿的重要性，但其一味求快，对深度报道、调查报道等稿件在计分考核、奖励措施上"一视同仁"，极有可能削弱记者进行深度、优质内容生产的积极性。另外，在推动区域性平台建设和发展过程中，领导的个人素质对融媒体中心的发展至关重要，既懂技术又懂业务还懂领导的高端复合型人才资源更是可遇不可求。

（二）对标：构建湖北全媒体传播体系的建议

为贯彻习近平新时代中国特色社会主义思想，充分发挥科技对新媒体的引领、驱动和支撑作用，2021年7月湖北省广播电视局发布了《关于推进全省智慧广电发展的实施意见》，计划在未来3~5年时间内形成布局可控、竞争有序、特色鲜明、可观可控、可持续发展的智慧广电新发展格局；同年9月《湖北省广播电视和网络视听"十四五"科技发展规划》明确了"十四五"期间湖北广电科技发展七大任务，其中提到要"加快媒体深度融合，建设打造全媒体一体化新平台"，旨在推动建立"一体化资源配置、多媒体内容汇聚、共平台内容生产、多渠道内容分发、多终端精准服务、全流程职能协同"的智慧内容生产体系。对标全国知名新媒体平台，借鉴其经验，提出以下构建湖北全媒体传播体系的建议。

1. 坚持以人民为中心导向，拓展媒体平台服务功能

走好全媒体时代群众路线，以人民为中心、用户为导向，坚持贴近群众、服务群众，创新实践党的群众路线，全面彰显全媒体传播体系建设以人民为中心的价值取向。

其一，顺应移动化发展趋势，把党的优良传统和新技术新手段结合起来，强化媒体与群众的联结，把融媒体平台建设成为连民心、接地气的信息枢纽，吸引广大群众参与信息生产和传播，生产群众更喜爱的内容，构建群众离不开的渠道，有效提升全媒体服务群众的能力。

其二，充分运用好主流媒体的独特资源和权威对基层公众形成的较强吸引力，通过多种方式将平台粉丝导向自有客户端或用户数据库。比如，通过平台媒体上的直播活动或线下活动推广积累用户，利用平台媒体的内容传播实现客户端的用户导流等。

其三，加强与各种新传播形式"结盟"。具备多重垂直服务功能的综合性平台往往具有更强更广泛的用户吸附能力，主流媒体要主动跨界破圈，与短视频、vlog、直播、游戏等多种形式相结合，满足群众多元化、个性化服务需求。

其四，拓展信息服务功能，打造"新闻+党建+政务+服务"的多元化信息服务模式，通过大数据、云计算、人工智能等技术对用户进行精准画像，基于用户需求提供精准服务，更好地帮群众之所需，解群众之所难，实现媒体平台公众利益最大化。

2. 推动主力军挺进主战场，主流媒体引导主流舆论

在我国，主流媒体肩负传播党和政府声音、满足人民群众信息需求的历史使命，是党和政府进行舆论引导、思想引领、文化传承和服务人民的重要渠道。当前，移动互联网已经成为网民获取信息的主要渠道，网络日渐成为舆论主阵地。

其一，推动主力军挺进主战场，让主流舆论占领新兴传播阵地。主流媒体要提高站位、明确定位，做好舆论引导，以互联网思维优化资源

配置，将更多优质内容、先进技术、专业人才、项目资金向互联网主阵地汇集、向移动端倾斜，让分散在网下的力量尽快进军网上、深入网上，做大做强网络平台，占领新兴传播阵地。主流媒体要旗帜鲜明唱响主旋律，坚决与不良社会思潮做斗争，营造良好的舆论氛围，切实维护国家政治安全、文化安全、意识形态安全，使互联网这个最大变量变成事业发展的最大增量。

其二，加快新兴主流媒体建设，建设自主可控的主流全媒体。要构建以内容建设为根本、先进技术为支撑、创新管理为保障的全媒体传播体系，建成具有强大影响力和竞争力的新型主流媒体，构建网上网下一体、内宣外宣联动的主流舆论格局，实现自身的传播力、影响力、公信力和舆论引导力的提升。学习人民日报社融合旗舰报纸、人民网、"两微一端"以及户外电子屏等多种媒体形态，打造新媒体传播矩阵，不断扩大主流价值影响力版图，激发创造活力。

其三，强化主流媒体内容生产主导作用，掌握互联网话语权。加强传统媒体与新媒体的融合，坚持将传统媒体作为内容生产机构的思路，将传统媒体作为优势采编力量整合到新型采编发网络中，以增加优质内容的生产，提高内容生产的及时性与准确性，通过"三微一端"和"中央厨房"将自身的专业力量整合到自办新媒体上，或充分利用平台媒体开办自己的端口，真正掌握互联网时代的话语权。

其四，确立全媒体专业把关人定位，再造专业媒体人权威。传统媒体把关人才储备充足，采编团队大多接受过专业教育，拥有丰富的媒体实战经验，因此能够胜任全媒体专业把关人的角色。学习人民网为今日头条、梨视频等提供第三方内容审核服务的经验，对平台媒体进行内容审核外包有助于重塑传统媒体的主流地位，再造传统媒体人的职业权威，提高新媒体舆论引导力。

3. 深化体制机制体系改革，推动媒体融合纵深发展

要通过对主流媒体顶层设计、组织重构、流程优化、平台聚合和资源共享等层面体制机制的深度调整与改革，真正推动媒体融合向纵深发展。

一是加强顶层设计。要按照资源集约、结构合理、差异发展、协同高效的原则,完善省级媒体、市级媒体和县级融媒体中心三级融合发展布局,自上而下构建从省级到地方、覆盖全省市县的全媒体传播矩阵。省级媒体重点建设主流媒体"航母"和技术平台,市级媒体要因地制宜打造融媒体中心,县级融媒体中心要建设"面向基层的主流舆论阵地、综合服务平台和社区信息枢纽",在纵深方向上构建金字塔式高效协作的传播体系,实现主流媒体全覆盖。

二是深化管理体制改革。在战略上,突破过去按照层级、部门或行业进行划分的陈旧、割裂的结构体系,通过搭建有影响力的新型全媒体综合平台和全媒体垂直平台,实现从省媒到基层媒体自上而下的垂直融合。在资本利用上,要加快经营性业务的转企改制,在资本市场主流媒体充分利用控股、参股和并购等商业手段,从产业链上下游协同整合商业媒体,布局自身内容的多平台分发及传播,最终实现自身产业结构的迭代转型。

三是加快业务体系升级。主流媒体要建立适应全媒体生产传播的一体化组织架构,构建新型采编流程,形成集约高效的内容生产体系和传播链条。内部组织设置要打破传统媒体固有的科层建制,由中心制、频道制转向项目部制或者产品事业部制,最大限度地提升资源利用效率。

四是实行业务流程再造。在新闻业务上,打破各部门间的壁垒,基于"中央厨房"类系统,打通并整合"策、采、编、评、发"等环节,将其再造为一次采集、多次发布、多层级生产、全平台传播的全媒体业务流程。非新闻类产品与服务,打通上游与下游、网上与网下,实现内容与运营融合。《人民日报》、新华社、中央广播电视总台等国家级媒体利用自身的资源优势,积极打造融媒体报道平台,统筹采编发等新闻流程,实现一次采集、多元传播,不仅提高了新闻生产和分发效率,也生产出了更多形式多样、内容鲜活的新闻产品,其经验值得学习借鉴。

五是管理体系优化。理顺内部经营和管理体系,构建一个扁平化的、以用户需求为核心驱动、以各类服务（含政务、商务等）为运营方向、人财物资源统一管理并合理配置、评估和监督一体化的内部管理体系，并通过建立强大的数据中台为内部管理体系提供支撑赋能系统，确保深度融合工作的高效性、安全性。

4. 以先进技术为引领驱动，打造自主可控媒体平台

科学技术已经成为媒体形态变革的"孵化器"，为媒介发展提供了硬件支持和深度融合驱动力。

其一，以先进技术引领驱动融合发展。顺应技术发展大势，用好5G、大数据、云计算、物联网、区块链、人工智能等信息技术革命成果，加强新技术在新媒体领域的前瞻性研究和应用，推动关键核心技术自主创新。率先布局，把握先机，探索5G和人工智能在媒体融合中的应用，布局5G产业和人工智能产业，抓住直播、短视频等发展风口，积极与互联网企业展开跨界合作。比如，在庆祝新中国成立70周年重大主题报道中，新华社使用全球首台5G+8K超高清转播车进行实况直播；全国两会期间，中央广播电视总台利用5G技术现场直播，在国际上首次实现持续传输4K超高清信号。

其二，搭建以先进技术为支撑的全媒体平台。在5G、物联网、区块链、人工智能等信息技术的赋能下，媒体传播的全方位覆盖、全天候延伸和多领域拓展得以实现。要加快打造以先进技术为支撑的新型主流媒体平台，这个平台必须是技术上基于互联网及新一代信息技术，内容上汇集新闻、政务、服务、商务于一体，运行管理上既有公益服务又有经营造血机能的自主可控的平台。国内以中央广播电视总台、湖南广电为代表的主流媒体，凡是致力于打造自主可控平台的机构媒体，都基本能够在媒体融合变革实践中快人一步，并取得较为显著的成效。

其三，实现技术、平台、资源共享。传统媒体的特点是事业化的运营体制、公益化的职能定位、专业化的生产文化，多数基层主流媒体很难借助风险投资和技术创新驱动来构建出具有强大影响力的媒体平台。要在省、市、县级媒体建设中提供技术的统一支持，统一技术端口规范，

更要根据各地媒体资源增设特色端口和资源,形成既能分散运作又能整合发力的传播格局。比如,县级融媒体中心一方面可以共享省级媒体平台提供的平台空间、内容资源和用户群体,另一方面也可以通过本地化的接入增强用户黏性,向更大平台引入用户数据和流量,保障大平台和小端口之间的长期平衡,促进发展。

5. 深耕荆楚文化特色内容,凸显报道在地化原创性

要转变办媒体思路,强化创新创意,作为地方性媒体,在内容上要突出地方特色,在服务对象上要重视本地民众。

一是文化内容凸显荆楚特色。深耕细作文化内容与内涵,凸显荆楚大地深厚的楚文化、少数民族特色文化、近代革命红色文化、三国文化、三峡文化等等,实现地域性、民族性、差异性传播特色。

二是新闻性报道重视在地性。要善于利用本地媒体巨大的地缘优势和天然优势,凸显媒体在地内容报道的核心竞争力,特别是时事新闻报道策划的立足点必须要突出地方特色,围绕本地特殊事件、特殊群体形成独家、深度报道,针对背后隐含的社会现象、民生问题等进行深度挖掘,直面痛点。

三是主题性报道重视导向性。主流媒体要密切配合党中央和政府的相关宣传工作,抓准党和政府关注与群众关心的结合点,贴近人们生产生活的实际,开展具有较强的针对性、时效性和吸引力的主题性报道,发挥主流媒体在重大主题宣传方面的舆论引领作用。要学习湖南"红网"针对党中央重大决策部署和习近平重要讲话,及时推出解读评论、反响报道、新媒体作品、专栏专题等新闻报道宣传方式。

四是专题性策划重视原创性。专题策划上要激发原创精神,产出特色产品,建立"新媒体创作专班",强化自身的内容原创能力,聚焦中央政策方针、社会民生热点、湖北省委工作等产出一批主题鲜明、短小精悍的代表性新媒体作品;发挥信息图、短视频、纪录片、直播等新型报道方式的优势,切入独特视角将数据图表化、视频化、互动化,拉近与受众之间的距离。

6. 发挥主流媒体比较优势，开拓新领域经济增长点

主流新媒体平台要充分发挥自身的政治优势、宣传优势、品牌优势，找准契合点，切入具有良好发展前景、商业模式清晰的相关产业，优化产业结构，寻找更多经济支撑点，获取融合优势，将自身资源变现，构筑具有市场竞争力和盈利能力的新业务模式。

其一，整合内部资源，探索跨界多元融合。主流媒体在提供纯粹公益事业服务的基础上，要发挥市场机制作用，进行必要的市场运营，增强市场竞争意识和能力。要对所属区域内的社会、民生、产业等资源进行积极整合，探索跨界多元融合，探索构建"内容+服务"的全链条、全方位的全媒体新业态，带动传媒经营模式创新变革。学习"封面新闻"把越来越多的政务机构媒体"装进来"，"打造引领人工智能时代的泛内容生态平台"的经验，有效聚合地方区域经济、社会等各方面资源，打造一个兼顾政务、服务、商务的便民平台，增强自我造血机能。

其二，依托自身比较优势，重构商业盈利模式。一方面，主流媒体发挥自身在开发和运用政务资源、公共数据等资源方面的独特优势，形成"资讯+服务"的产品、平台，再辅之以技术、资本和文化等层面的持续创新，用鲜明特色、高质量服务和个性化体验吸引黏住更多用户，产生更大的经济效益；另一方面，主流媒体凭借自身在原创报道领域拥有采编权，在内容供应环节始终占据主导的优势，通过与社交媒体合作，成为各大互联网平台上头部内容的主要供应商，在发挥社会效益的同时，获得更多经济收益。

其三，对接国家发展战略，拓展服务新领域。首先，依托自有 IP 资源加速乡村旅游变现，培育优质项目落地。学习湖南广电"芒果超媒"模式，充分发挥和利用自有 IP 资源，快速培育新的利润增长点。湖北广电可结合自身乡村旅游、夜间文旅优势资源，贴合年轻受众群体，积极打造本地文旅沉浸式综艺节目，向全国推介湖北夜间文旅消费集聚区，加速文旅变现。其次，充分利用自身品牌影响力，推动与文化创意产业融合。"长江云"和"极目新闻"应学习和借鉴湖南

"芒果云"充分发挥湖南广电新媒体整合优势,以"视频+内容+电商"的思路在垂直领域进行深度产业融合的新商业模式,推动品牌破圈,探索多元变现路径。

7. 打造有国际影响力的媒体,提升我国对外话语权

主流媒体要在以网络空间为主体的国际舆论场中发挥重要作用,讲好中国故事,提升国际话语权。

一是打造具有国际影响力的媒体集群。要统筹对内传播和对外传播资源,充分了解国际国内舆论环境,加强国际传播的理论研究,掌握国际传播的规律,按照网络传播的特点,提高传播艺术,打造具有国际影响力的媒体集群,构建多主体、立体式的大外宣格局。

二是要把握国际传播领域移动化、社交化、可视化的趋势,在构建对外传播话语体系上下功夫,在乐于接受和易于理解上下功夫,让更多国外受众听得懂、听得进、听得明白,不断提升对外传播效果。

三是提升中国全球公共产品的生产力和服务力。以平台思维打造同时具备媒体属性和"中介"功能的新型传播平台,在提高涉华信息供给量、动员全球公众共讲中国故事的同时,提升全球公共产品的生产力和服务力,推动构建互联互通、平等有序的世界信息与传播新秩序,缩小不断加剧的全球数字鸿沟。

8. 加强媒体人才队伍建设,弥补人才"结构性"短缺

人才是主流媒体占领舆论阵地、强化传播力、提升影响力的核心力量,加快全媒体人才培养是媒体融合和全媒体建设的根本。

首先,正确认识全媒体时代媒体人才的标准。第一,应该具备较高的政治觉悟,守得住底线,能牢牢把握正确的舆论导向;第二,应具有互联网思维,具备全媒体创意、生产、传播、运营、管理等相关能力;第三,具有市场观念、用户意识和创新精神,能敏锐捕捉市场变化,及时了解群众需求,创新性地利用各种媒介生产和推出适应市场变化和满足用户个性化需求的产品与服务。

其次,完善全媒体人才培育、引进、评价体系。进一步提升人才培育能力,弥补全媒体人才的"结构性"短缺。既要鼓励传统媒体人才积

极转型，又要不断引进具有互联网思维、能够胜任全媒体流程与平台建设、符合全媒体业态与生态发展要求的专门人才。探索行之有效的培养模式与路径，通过在职培训、项目制运营以及寻求与高校、企业等第三方机构合作进行全媒体人才培养。实行更加积极、开放、有效的人才引进政策，重点引进知文化、懂技术的新媒体技术人才和各类复合型文化人才。建立和完善新旧媒体人转岗制度和考核激励制度，充分释放人才活力，提升人才"续航"能力。

再次，加强新媒体人才队伍建设。学习央媒建设国际一流新型主流媒体的经验，着力造就一批名记者、名编辑、名主持人、名制片人，一批懂历史知文化、会讲湖北故事的传播人才，一批精通互联网制作、传播、运营、技术的全媒体人才，一批有责任有担当、懂管理善经营的复合型人才，做到精心育才、广泛聚才、人尽其才，不断夯实人才储备基础，打造一支既能"守正"又善"创新"的人才队伍。

9. 构建坚强有力的保障体系，大力支持全媒体体系建设

其一，加强党的领导。党和政府主办的媒体是党和政府的宣传阵地，必须姓党。必须坚持党管媒体原则，坚持团结稳定鼓劲、正面宣传为主，把正确导向贯穿于媒体融合发展各环节、全过程，不断巩固壮大主流思想舆论阵地。各级党委和政府要从政策、资金、人才等方面加大对媒体融合发展的支持力度。各级宣传管理部门要改革创新管理机制，落实配套政策措施，推动媒体融合朝着正确方向发展。各级领导干部要增强同媒体打交道的能力，不断提高治国理政能力和水平。

其二，实施简政放权。主管部门要履行好监管责任，依法加强新兴媒体管理，使网络空间更加清朗。按照政企分开、政事分开的原则，推动有关部门与所属媒体企事业单位进一步理顺关系，赋予企事业单位更多的法人自主权。继续推进政府职能转变，优化服务流程，深化适应新业态、新模式、新产业发展的商事制度改革，减少对企业生产经营和投资活动的干预，发挥好各级政务服务中心的作用。

其三，加大财政支持力度。加大对新媒体建设和融合发展的支持力度，发挥各级宣传、文化专项资金的引导和杠杆作用，引导社会资本加

大对新媒体文化产业发展的投入,对龙头企业、重大项目和新型业态进行重点扶持,对重大招商引资落地项目、企业上市、"个转企"和"小进规"等按规定给予奖励。全面实施财政资金预算绩效管理,提高资金使用效益。

其四,落实税收优惠政策。落实国家关于经营性文化事业单位转企改制、文化企业改制重组、文化产品出口和小微文化企业发展等税收优惠政策。媒体企业发生的符合条件的广告费和业务宣传费支出,按规定在计算应纳税所得额时予以扣除。对经认定为高新技术媒体企业、技术先进型服务企业的媒体企业,按照规定减征企业所得税。媒体企业发生的符合条件的研发费用,享受国家规定的有关政策。

(三)对表:打造湖北具有全国影响力主流新媒体品牌的建议

根据湖北省目前新媒体平台建设的特点,依据台报不同媒体功能划分,按照既有的基础和优势,湖北要在重点打造"长江云"和"极目新闻"两大新媒体品牌上下功夫。"长江云"和"极目新闻"两大媒体之间,依据媒体功能划分,结合自身优势和战略定位,进行差异化分类构建,即"长江云"走平台化发展道路,"极目新闻"走 IP 化发展的道路。这两大主流媒体品牌要学习借鉴兄弟省市新媒体建设的经验,创造性开展工作,以先进的服务平台、优质的内容服务,打响品牌在全国媒体阵营的知名度,提升影响力。

1. "长江云":走平台化发展之路

"长江云"作为湖北省新媒体平台,自上而下布局省市县三级媒体平台建设,尤其是在传递党中央和湖北省委、省政府相关政策和重大主题宣传方面,依托"长江云"平台资源优势使党的声音直达"城市末端",服务于社区、服务于街道、服务于人民。

(1)省市县三级联动的媒体融合模式

目前基于不同媒体运营的情况,不同的媒体集团构建了不同的"云",这无疑增加了系统操作的复杂性和高昂的管理运营成本。湖北在布局全省新媒体矩阵的过程中,同样采取了打造"云上系列"的方式。

如"长江云"作为湖北新媒体平台在自上而下进行平台布局的过程中也存在"多云"问题。因此,"长江云"要成为湖北地区自主可控的主流新媒体"新闻+政务商务服务"平台,必须真正意义上建立以省级为主导的省市县三级联动的媒体融合模式,做到平台统一、资源统一、技术统一,打造以省级为中枢、市级为节点、县级为网点的媒体融合生态圈。在纵向上贯通内容生产、分发、渠道拓展、技术开发和平台建设的流程,将内容优势、平台优势、人才优势、品牌优势等与全省市县融媒体中心相融互通;在横向上实现跨云应用管理的共融互通,要在相关专家的统筹规划下,进行统一的云平台战略规划,统一云平台建设基础架构,通过具有一致性的管理运营方式、安全性自动化编排工具,消除运营孤岛,降低运营成本,合力打造省市县融媒合作新样板。

(2)统筹平台资源实现"多云"融合管理

在媒体融合发展中,云平台的建设尤为重要,省级云平台纵深推进的过程中,要避免简单地将当地媒体资源进行"相加",而是要走入"相融"。聚合优质资源,弥合各地区间新闻、技术、人才、资金等资源存在的显著差异,联动多元力量多线开工,确保各类资源得到有效利用,整体上提高生产专业度、协调性,整合高效融媒体产品生产。推动平台化建设重心从"共享资源建设"向"共享机制建设"转变。此外,数据和内容作为媒体集团运营的核心资产需要得到重点关注,尤其是在平台资源统筹中的数据共享与数据安全方面,对于专业权威内容数据、用户体验相关数据、受众和使用分析数据以及广告效益、投放结果等数据,实现媒体业务、平台上的共融互通,一方面可以减少众多业务访问产生冗余数据,另一方面也可实现数据自由移动和统一管理,满足媒体超高清制作、海量数据存储和归档、媒体报道智能场景建构等各方面需求。"长江云"要发挥传统媒体统筹连通各类资源的强大能力,形成"媒体云—政务云—商务云—产业云—区域云"的生态链。

(3)理顺体制机制释放自主创新潜能

在新媒体时代下,随着各种媒体服务平台建构进程的不断加快,媒体平台间跨地域、跨行业、跨部门的融合是必然趋势。但"长江云"在平台建设架构上仍然深受传统思维的影响与制约，带有很强的行政层级与区域划分建构属性，重视省、区、市、县划分治理，这虽然在一定程度上有助于均等化的实现，但也造成了一定程度上的资源重复建设，更是忽视了互联网的无边界属性，对新媒体传播的多元性原生动力的重要组成——社会化媒体、自媒体形成了屏蔽效应。面对这一现象，首先要积极学习天津"津云"大刀阔斧改革部门设置、优化业务流程的模式。他们积极吸取互联网公司扁平化管理的优势，依据个人专业和兴趣自由组队的方式既实现了跨区域、跨部门的协同合作，又激发了跨专业、跨团队的协同能力，真正做到了分散时每个团队成员自成一队，聚集时每个团队成员发挥合力的积极作用。在生产机制上，充分给予不同端口记者调动各类资源的权限，实施第一现场"采编校分发"的流程，极大地提高了重大新闻报道生产效率。因此，"长江云"作为湖北新媒体平台对外推广的品牌，不仅需要充分利用行政资源优势铺设端口、建构平台、拓展用户，在构筑起从内容生产到新闻编发的闭环生态圈的同时，更需要以打散频道制、突破块状分割，转向中心制、扁平化为突破口，打破以往的闭环服务结构，以及"自上而下"的由政府包揽需求与包办点单的服务模式，实现从单个媒体集团的内容和业务融合向行业的组织和机构深度融合的跨越。

（4）紧抓智能技术打造平台聚集效应

随着 AI 技术的突飞猛进，智能推荐、智能写作、智能分发、智能识别等媒体功能的实现不断重塑生产端、传播端、用户端的各自面貌，同时也为"三端"间的精准对接与实时响应提供更为智能化的实现图景。进入智能媒体时代，大数据、云计算、人工智能、区块链、传感器、无人机等新技术迭代更新，每个人通过智能移动终端实现交往在"云端"，个体基于不同的兴趣和属性也进一步分裂成差异化更大的社群，整个社会正从麦克卢汉所描述的"地球村"阶段走向了"重新部落化"的新阶段。传媒行业在此背景下实现了技术整合向产业整合升级转型。"长江云"想要在智媒时代站稳脚跟，既要与时俱进地引入先进的传播技术为我所用，积极引入 AR、VR、XR 等智能传播技术丰富报道形式，更要利用大数据、云计算、人工智能算法精准推送分发，提升传播效率，为"中央厨房"的工作机制提供相应的技术基础。要重视技术的力量，强化自身技术创新实力，引进和培养一批高端技术人才，自建技术研发团队和自主知识产权的移动新媒体团队，完善平台在硬件和软件配置上的不足；打开战略布局思路，积极与四大 5G 持照运营商（中国移动、中国联通、中国电信、中国广电）、华为、腾讯、阿里等公司进行战略合作，与高校人工智能学部、大数据实验室展开产学研合作，尤其是在光场技术、智能影像视觉、全息影像等与广电行业紧密联系的核心技术方面展开深度合作，通过共享技术、共建平台、共同创新的方式对平台技术不断进行优化；要抢占技术应用场景的"制高点"，尤其是在垂直类内容领域打通受众感官体验的"最后一公里"；借鉴国内知名新媒体集团和互联网公司的先进做法，转变现有思路，采用混合云即"私有云+共有云+场外专属云"的设计思路，适配智媒时代下广电全媒融合业务的生产平台。采用多租户、容器化的混合媒体云架构，融合"采、编、发、管、存、用"等媒体服务特质，运用智媒技术实现更好的内容形态和分发传播的创新、商业模式的探索、用户互动模式的转变、原创内容的安全运营，有效地提升品牌影响力、商业变现能力、知识版权保护能力。

2．"极目新闻"：走 IP 发展之路

"极目新闻"要充分发挥《楚天都市报》多年积累的品牌影响力和传播力优势，聚焦社会民生、本地特色文化等方面进行内容创新，全面加强新媒体领域品牌的创建，积极发挥品牌引领作用。在内容输出方面要聚焦新闻报道的内容深度，解决社会民生痛点，做好舆论引导宣传，凸显其核心竞争力、品牌辐射力、社会影响力。

（1）发挥传统媒体优势，坚持"内容为王"

无论如何转型，媒体都需要确立自己的公信力和影响力，内容的生产和经营是无法或缺的重要一环。坚持"内容为王"不动摇，实现内容制造本土化、内容制造多元化，将优质内容聚合到平台上来，使内容生产满足各平台传播需求。"本土化"是我们吸引本地用户的关键因素，本土素材挖深掘透是区域媒体取胜的法宝，离我们越近的新闻受众越关注,时刻关注本土经济社会发展和身边发生的大情小事,在坚持正确导向的前提下,做当地人感兴趣的新闻。本地信源收集后,强化深度策划,根据不同的新闻题材,做足"大新闻""多元化"。在全媒体时代,信息不仅是即时的,更是超越地域限制的。第一时间对其他地域的重大新闻事件有甄别地予以关注,及时进行采访求证,呈现民众最为关心的事实真相,扩大媒体的权威性和影响力。

(2)强调以"用户为中心"增强影响力

从地方媒体的融合发展实践来看,在报业和广电业分执牛耳的上海报业集团和湖南广播电视台,不约而同提出和实践着具有各自特色的"以用户为中心"的发展战略。用户不仅是产品消费者,也是利益相关者,尊重用户的关注方向,满足用户的信息与情绪需要,精准定位受众群体,形成分众化、差异化的传播。"极目新闻"作为面向全国的主流媒体,在服务对象上要重视民众,强化用户运营,提升平台应用实效。亟须利用自身的信息优势吸附用户,对不同用户采取分层运营模式,通过了解用户个性化需求,培养用户主动使用习惯,激发用户需求意愿等方式强化用户运营。"极目新闻"可以学习借鉴"澎湃新闻""封面新闻"的做法,将传统媒体与新媒体在同一事件上的报道、宣传进行分工,融合线上线下各自优势,进行差异化定位,发挥传播影响力。另外,可以通过做任务赚取虚拟金币的方式提升用户活跃度,以此吸引广告主的青睐,反哺平台发展。在内容延展上将与新闻主题有逻辑关联点的相关内容纳入其中,优化组合,增加新闻版面的深度、广度和跨度:政务报道通过现场特写、新闻链接、评论等来深化主题;民生新闻则利用调查、体验、追踪、海采等丰富的报道形式来呈现。坚持做有情怀、有温度的新闻,注重提升故事的精彩度、情节的曲折度、素材的丰富度,增强报道的亲和力,利用视频化和直播化来增强吸引力和感染力。

(3)实施品牌战略,开拓资源变现渠道

变现困境倒逼媒体思考品牌定位,创新乏力、滞后于市场的发展思维,影响的是媒体的整个战略布局,进而缩减媒体的生存空间。无论是从媒体自身发展角度,还是从顺应互联网发展规律角度,媒体都应探索品牌化、IP 化营销战略，树立品牌意识，聚力打造 IP 效应，以丰富的 IP 产品塑造品牌形象，拓展跨界合作思路，增加变现渠道，提升商业化能力。学习四川报业集团打破传统的经营思维，探索出一条与互联网发展规律相适应的道路：利用媒体集团的资源优势，打造文创产业，布局实施川报文创综合体、安仁文创综合体、川西南传媒文化创意中心、八里庄综合文化产业集体，多元项目的利润在集团产业利润中占比近 50%，顺利降低以报业为支撑产业的结构性风险。此外，还可以学习《人民日报》跨界合作，与腾讯合作手游，进行面向"年轻态"的大胆尝试；《人民日报》在联名合作商方面开辟了一条媒体与实体合作的新路径，如联合国内品牌李宁推出联名国潮服饰，联名奈雪茶饮推出"报款"饮品，打造"有为青年看包喝茶"快闪店等等，以市场化的方式整合各类资源，真正做到了内容、平台资源"以我为主，为我所用"的多元盈利模式。

（4）实现多媒体"互联互通"多元供给

新媒体时代，在新技术的推动下，媒体话语分布格局已由过去的"统一口径"转变为官媒、社媒、自媒"三分天下"。对此，"极目新闻"要从相对"自闭"的单一官媒语境中跳脱出来，走向更为开放与宽广的社会化平台。一方面要充分发挥其长期以来积累的权威性与公信力优势，加强文化引领与文化解读作用，另一方面也要注意通过社交化功能的植入，以开放姿态主动进入到社会化媒体格局中，充分利用网站、微博、微信、APP、论坛等新媒体平台，多个平台互相融合推介，传统媒体产品在新媒体平台上做好链接，新媒体产品、活动通过传统媒体来强势推介。通过多种渠道发布传递信息给不同的信息消费群体，深化传播效果。作为国内知名省级媒体，湖南"芒果超媒"不仅在"泛娱乐"产业构建了强大的自制生态，更在主流宣传上持续产出拳头产品，真正做到了供给服务多元化，形成了一套成熟的运营方式，形成了社会效益与经济效益双赢的局面，为"极目新闻"在实现多元化供给方面提供了有益经验和借鉴。

（5）结构体系调整平台重要性升级

"极目新闻"要成为具有全国影响力的一流主流媒体平台，必须创新体制改革，突破运营难点。一方面，完善内部结构调整，坚持移动优先原则，打造"四全"媒体。对新闻的生产流程、体制机制、员工队伍进行彻底革新，尽快适应当前移动互联网的传播规律，促进报网融合、一体化融合，使移动优先成为未来媒体融合转型发展的新常态，实现全程媒体、全息媒体、全员媒体、全效媒体，信息无处不在、无所不及、无人不用的格局。"极目新闻"作为主流媒体肩负着舆论引导的职责和使命，不仅要守卫本土新闻，及时提供更多真实可观、观点鲜明的信息内容，更要牢牢掌握两个舆论场（民间舆论场和官方舆论场）的主动权和主导权，要在移动互联网中凸显正能量，让主旋律更加高昂。另一方面，要在集团中进行结构体系调整，强化"极目新闻"的重要性。"极目新闻"从《楚天都市报》转化而来，由湖北日报集团和《楚天都市报》主管。除"极目新闻"外，湖北日报集团还拥有新闻品牌《湖北日报》，且《湖北日报》抖音号粉丝已突破 2000 万，为湖北地区主流新媒体账号热度之最。虽然"极目新闻"自上线以来"吸粉无数"，然从集团的角度，"极目新闻"只是旗下新闻品牌和新闻平台之一，珠玉在前，虽被寄予厚望，仍难弯道超车。因此要将"极目新闻"升级为省报集团旗下唯一的新闻品牌，集中优势资源，借集团之力和湖北省之力走向全国。

湖北省提升文化产业竞争力研究报告*

湖北省文化体制改革智库
华中师范大学国家文化产业研究中心

"十三五"以来，湖北省认真贯彻落实中央有关精神，将发展文化产业作为推进产业结构调整、加快经济发展方式转变的重要举措，立足区域禀赋资源，加强特色产业培育，全面提升文化软实力，文化产业对经济社会发展的引领带动作用日益显现，我省文化产业实现快速增长，产业规模稳步提升，多数行业快速发展，重点地区支撑作用显著，为推动湖北省由文化大省向文化强省的转变提供了有力支撑。尽管如此，湖北省文化产业还存在产业发展不充分，市场主体不多不强、规模不大，区域发展不均衡，产业结构不合理等问题，文化产业发展水平与湖北省在全国的经济地位不相适应、与湖北省文化大省的地位不相适应，与满

---

* 本调研报告为湖北省发展和改革委员会招标项目"湖北省提升文化产业竞争力的对策措施"（课题编号：12）结项成果之一。项目负责人：黄永林；主要研究人员：黄永林、徐金龙、郝挺雷、李媛媛、余欢、丁玉斌、盘华、沈钰玥；主要调研人员：丁玉斌、于斌、王武新、孔恒、甘露、田雪枫、皮珍妮、朱晓峰、杞丽娅、李媛媛、杨华、余欢、沈钰玥、张凌晨、张群中、陈仪、易超、罗忻、周朋喆、郑久元、赵乐军、郝挺雷、胡富先、袁怡昕、徐燚、徐金龙、桑俊、黄永林、盘华。

本报告完成时间：2019 年 11 月 20 日。

足人民群众对美好生活向往的要求不相适应、与全面建成小康社会的目标不相适应。为此,华中师范大学课题组在深入调研湖北省各地市州重点文化企业的基础上,对湖北省文化产业发展现状进行了横向和纵向分析,并结合当前产业结构提出了湖北省提升文化产业竞争力的对策措施。

一、湖北省文化产业发展总体状况分析

在省委、省政府的坚强领导下,湖北省文化产业发展氛围日益浓厚,政策不断完善,总体保持平稳较快发展,增速快于全国和中部平均水平,市场主体规模不断扩大,规上文化企业("规模以上文化企业"的简称)效益持续增长,重点行业发展不断加快,新兴行业增速较快,产业需求保持稳定,发展动能继续增强,呈现稳定快速增长的良好态势。

(一)产业规模稳步提升

2015—2017年,全省文化产业增加值由2015年的853.8亿元增加到2017年的1164.1亿元,年均增速达16.77%;文化产业增加值占全省地区生产总值的比重由2015年的2.89%提高到2017年的3.28%。2014年至2017年湖北文化及相关产业的增加值依次为742.4亿元(2014年)、853.8亿元(2015年)、954.48亿元(2016年)、1164.1亿元(2017年),逐年上升且增幅显著,占全省GDP比重也持续提高,分别为2.71%、2.89%、2.92%、3.28%。文化产业在全省国民经济中的影响力逐年提升,综合实力位居全国第11位。从2017年统计数据看,我省文化产业发展有四个方面的突破:一是文化产业增加值首次突破千亿元大关,规模达到1164.1亿元;二是文化产业增加值增速较快,比上年增长11.49%;三是文化产业增加值占GDP比重上升,达到3.28%,比上年提高0.36个百分点;四是文化产业规上企业数增加,2017年全省有2117家规上文化企业,较上年增加303家,增幅16.7%(见表1、表2)。

表1 湖北省近年文化产业增加值及占 GDP 比重

年份	文化产业增加值(亿元)	比上年增幅(%)	占 GDP 比重(%)
2014	742.4	13.5	2.71
2015	853.8	15.0	2.89
2016	954.48	11.79	2.92
2017	1164.1	11.49	3.28
2018	1779.8	52.89	4.24

(二) 市场主体逐步壮大

2015—2018年,全省规上文化产业企业法人单位数由2015年的1652个增加到2018年的2717个,增长64.47%,年均增长21.49%;营业收入由2015年的2141亿元增加到2018年的3625.8亿元,增长69.35%,年均增长23.11%。2018年,湖北省2717家规上文化产业企业实现营业收入3625.8亿元,增长42.97%(见表2)。

表2 2014—2018年湖北省规模以上文化企业增长情况

年份	法人单位数(个)	从业人员数(万人)	资产总计(亿元)	营业收入(亿元)	增长(%)
2014	1525	20.45	1783.3	1626.01	—
2015	1652	24.52	2315	2141	31.67
2016	1814	25.39	2576.4	2256.15	5.38
2017	2117	29.11	3523.91	2536	12.40
2018	2717	39.88	5213.5	3625.8	42.97

2018年,湖北省规上企业文化服务业实现营业收入1031.7亿元,增长27.6%,比文化制造业、文化批发售业分别高出16.1和5.6个百分点,对规上文化产业营业收入增长的贡献率为53.4%。

2019年上半年,湖北省规模以上文化及相关企业营业收入超过20亿元的共有8家,比上年同期增加3家;实现营业收入324亿元,同比增长1倍,对全部规上文化产业营业收入增长的贡献率为60.9%,其中2家企业上半年营业收入超过50亿元,为历史首次。

(三)新兴产业增势强劲

2018年,规上文化企业9类行业营业收入中,6个行业增速超过10%。增速居前3位的行业分别是创意设计服务、新闻信息服务和文化投资运营,营业收入分别增长53.7%、26.9%和21.0%。2019年上半年,8个行业营业收入实现增长。营业收入增速居前3位的行业分别是新闻信息服务(64.9%)、创意设计服务(62.3%)、文化投资运营(36.8%)(见表3)。

表3 2018年和2019年湖北省规上文化企业各产业类别营业收入情况

类别	2018年			2019年上半年		
	绝对额(亿元)	占比(%)	同比增长(%)	绝对额(亿元)	占比(%)	同比增长(%)
总计	2655.2	100.00	18.7	1518.4	100.0	21.3
新闻信息服务	126.9	4.78	26.9	83.6	5.51	64.9
内容创作生产	501.2	18.88	7.7	314.8	20.73	15.0
创意设计服务	487.6	18.36	53.7	360.5	23.74	62.3
文化传播渠道	246.9	9.30	16.0	101.2	6.66	3.8
文化投资运营	2.4	0.09	21.0	3.1	0.21	36.8
文化娱乐休闲服务	88.2	3.32	-6.9	32.3	2.12	-10.2
文化辅助生产和中介服务	733.7	27.63	16.5	381.4	25.12	9.8
文化装备生产	138.1	5.20	5.8	72.9	4.80	7.2
文化消费终端生产	330.2	12.44	15.8	168.6	11.11	9.3

(四) 产业集聚效应明显

文化产业聚集区带来的规模效应正在放大。作为中部地区唯一的副省级城市，武汉的集聚辐射功能进一步增强。2017 年，武汉市文化产业增加值 619.1 亿元，占全省的比重达到 53.2%；2017 年，武汉规模以上文化企业数量占湖北全省总数的 34.29%，从业人员占比为 54.50%，资产和收入规模的占比分别为 71.42% 和 52.18%。

2018 年和 2019 年上半年武汉市规上文化企业营业收入分别为 1417.8 亿元和 819.5 亿元，同比增长 25.2% 和 30.6%，高出全省平均水平 6.5 和 9.3 个百分点，占全省总量的 53.40% 和 54%。

2017 年，武汉规模以上文化企业主要指标在全国 15 个副省级城市中综合排名在前 5 位，从业人员和资产规模分别位居第 4 和第 5。从业人员仅次于深圳、广州和南京，资产规模排在深圳、南京、杭州和广州之后（见表 4）。

表4　2017 年副省级城市规上文化企业主要经营指标排序

城市	企业单位数	年末从业人员	资产总计	主营业务收入	利润总额
沈阳	13	13	12	13	14
大连	14	10	14	12	12
长春	12	15	13	14	13
哈尔滨	15	14	15	15	15
南京	3	3	2	3	5
杭州	4	5	3	2	1
宁波	5	6	8	8	8
厦门	10	9	11	9	10
济南	11	12	10	11	9
青岛	6	7	7	5	7

续表

城市	企业单位数	年末从业人员	资产总计	主营业务收入	利润总额
武汉	7	4	5	6	6
广州	2	2	4	4	3
深圳	1	1	1	1	2
成都	8	8	6	7	4
西安	9	11	9	10	11

近年来，武汉相继创建了一批国家、省、市级文化和科技融合（文化产业）示范园区、示范企业，市区两级联合着力打造"一区数园多点"的文化和科技融合示范体系。东湖高新区作为全国首批文化和科技融合示范基地，形成影视动漫、文化创意、工艺美术品生产、文化产品制造等一批具有较强影响力的特色文化产业集群。截至2018年底，武汉拥有文化科技企业和机构2000余家，较五年前翻了两番；规上文化企业240家，实现营业收入437.3亿元，增加值182.26亿元，其中收入百亿元以上企业1家，10亿元以上企业8家，上市企业4家，培育了斗鱼直播、盛天网络、中冶南方等一批代表企业。2018年，东湖高新区规上文化企业营业收入437.3亿元，占当年武汉市营业收入（1417.8亿元）的30.84%。

（五）发展动能不断增强

文化产业投资规模不断扩大。2016年，全省文化产业完成固定资产投资1583.5亿元，同比增长21.7%；新开工项目1108个，同比增长23.1%。2017年，完成固定资产投资1749.9亿元，同比增长11.7%，快于去年同期1.7个百分点，高于全省固定资产增速0.7个百分点；亿元以上施工项目682个，完成投资1421.1亿元，同比增长11.6%。2017年，全省文化产业亿元以上新开工项目307个。2018年，全省文化产业投资规模扩大、增速加快，全年固定资产投资增长23.5%，比上年加快11.8

个百分点，高出全省固定资产投资增速12.5个百分点。大项目支撑作用明显，全省亿元以上文化产业项目施工个数为979个，比上年增加297个；固定资产投资增长21.8%；亿元以上的新开工项目434个，比上年增加141个。

居民文化消费稳定增长。实施"居民文化消费激励政策"成效明显，文化消费理念更加健康，文化消费方式不断创新。从全省情况看，以文化、娱乐、体育类消费为代表的新兴消费成为消费增长新引擎，文化消费在居民消费中所占比例明显上升。文化消费对文化产业增加值的贡献率得以提升。2016年，湖北省电影票房实现收入22.4亿元，同比增长6.7%；票房收入居全国第7位、中部第1位；全省规上文化办公用品类、体育娱乐用品类、电子出版物及音像制品类商品零售额分别增长26.7%、9.0%和12.2%。2017年，湖北省电影票房实现收入24.7亿元，同比增长10.2%。票房收入继续保持全国第7位、中部第1位；文化办公用品类商品销售额增长18.1%，高出社会消费品零售总额增速7个百分点。2018年全省电影市场保持稳定，实现票房收入27.9亿元，增长12.96%。电影放映465.1万场，观影人数8462万人次，分别增长16.1%和1.8%；年度电影票房收入继续保持全国第7位、中部第1位。全国文化办公用品类、家用电器和音像器材类线上商品零售额比上年分别增长17.9%、21.6%，分别高于平均增速4.6个百分点和8.3个百分点。

（六）文化贸易日趋频繁

近年来，湖北举办了全省文化产业项目推介对接会、深圳文博会招商活动、湖北游戏游艺产业展示招商会等重点文化会展。开心麻花华中剧场、江城民谣节等落地湖北，引发文化消费新热潮。培育打造了一批文化出口重点企业和重点项目，太崆动漫、艾立卡、传神语联、铃空游戏等一批武汉本土企业已在国际市场上崭露头角，武汉的文化软实力在国际大舞台上得以彰显。武汉文化领域首位"城市合伙人"张少甫去年回汉注册成立太崆动漫（武汉）有限公司，随他一同来汉的还有几位迪士尼原主创人员。武汉本土动画公司太崆动漫（武汉）有限公司打造的《冲破天际》动漫短片入围第91届奥斯卡最佳动画短片提名，这是国产动漫历史上首次奥斯卡提名，推动武汉动漫向国际一流迈出一大步。艾立卡是武汉市著名的乐器制造厂家，90%以上产品出口欧美国家，是中南地区电声乐器制造业的领军企业。

（七）政策环境日益优化

近几年，湖北省为推进文化及文化产业发展，出台了《湖北省"十二五"时期文化改革发展规划纲要》《湖北省文化产业发展战略规划（2014—2025）》《湖北省深化文化体制改革实施方案》《关于加快全省文化产业高质量发展的意见》《湖北省扶持优势文化产业发展专项资金管理暂行办法》《关于深入推进湖北省文化金融合作的实施意见》《关于文化金融融合加快我省文化产业发展合作备忘录》《湖北省扶持文化产业示范园区及基地发展专项资金管理办法》《湖北省人民政府关于加快特色小（城）镇规划建设的指导意见》等文件。各地也相继出台了推进文化产业发展的政策，如《武汉市人民政府关于印发武汉市文化产业发展"十三五"规划的通知》《武汉市人民政府关于加快文化产业创新发展若干政策的通知》《关于加快武汉市文化产业高质量发展的实施意见》《武汉市创建"国家文化和金融合作示范区"工作实施方案》，以及《武汉市文化产业招商引资扶持若干规定》等。这些政策从顶层设计的高度指引了文化产业发展方向，提出了文化产业发展的目标、任务和要求，并分别从社会投资、财政扶持、税收优惠、社会保障、机构编制等多个方面，为湖北文化产业的发展提供了政策保障，营造了良好环境。

文化产业与资本市场对接持续深入，湖北广电、长江传媒、斗鱼等一批文化企业成功登陆资本市场，全省设立了旅游发展专项资金、动漫产业发展专项资金、武汉江岸国控联创文化产业发展基金等一批文化产业发展基金。

二、湖北文化产业在全国的竞争力分析

国家统计局显示，2018年，湖北省完成生产总值39366.55亿元，同比增长7.8%，在31个省（区、市）中领跑"3万亿俱乐部"，继续稳居第7位。但我省文化产业发展在全国的地位不高，与湖北经济地位相比，仍有相当大的差距。2017年，湖北省文化产业增加值为1164.1亿元，位列全国第11位、中部第3位；占GDP比重3.28%，低于全国平均水平（4.23%），位称全国第14位、中部第3位。我省全面建成小康社会评价指数是89.43%，文化建设评价指数是80.55%，排在全面建设小康社会统计监测五大指标的末位，其中文化产业增加值占GDP比重作为文化建设评价的五大指标之一，评价指数仅为65.6%，文化产业发展成为湖北全面建成小康社会的短中之短。

（一）与发达的东部六省（市）比较

湖北省文化产业整体实力与广东、江苏、上海、山东、北京、浙江等东部地区6个省（市）相比偏弱。

2017年，全国文化产业增加值为34722亿元，占GDP的比重为4.23%，比上年增长12.8%（按现价计算）；增加值过千亿元的省（区、市）已有13个，其中，广东、江苏、浙江、山东等省超过3000亿元；文化产业增加值占GDP的比重超过5%的省（市）有4个，分别是北京（9.64%）、上海（6.79%）、浙江（6.19%）和广东（5.37%）（见表5）。

表5 东部六省（市）文化及相关产业增加值及占GDP比重

地区	2015年 增加值（亿元）	2015年 GDP占比（%）	2016年 增加值（亿元）	2016年 GDP占比（%）	2017年 增加值（亿元）	2017年 GDP占比（%）
北京	1928.3	8.38	2105.8	8.20	2700.4	9.64
上海	1632.7	6.50	1861.7	6.61	2081.4	6.79

续表

地区	2015年		2016年		2017年	
	增加值（亿元）	GDP占比（%）	增加值（亿元）	GDP占比（%）	增加值（亿元）	GDP占比（%）
江苏	3481.9	4.97	3863.9	4.99	3979.2	4.63
浙江	2385.5	5.56	2745.6	5.81	3202.3	6.19
山东	2481.0	3.94	2836.8	4.17	3018	4.16
广东	3648.8	5.01	4256.6	5.26	4817.2	5.37
湖北	853.8	2.89	954.5	2.92	1164.1	3.28

2018年，全省规上文化产业企业营业收入占全国的比重为2.97%，低于省级平均水平；全省规上文化产业企业平均营业收入为1.2亿元，仅为全国平均水平的83%。

由此可见，湖北文化产业增加值占GDP比重和对经济的贡献率远低于沿海发达省份，仍然存在巨大的发展空间。东部发达地区文化企业发展优势明显，势头强劲，湖北省文化企业整体实力与东部相比仍有较大差距。

（二）与所在区域的中部六省比较

中部六省指地域上位于我国中部的山西、安徽、江西、河南、湖北、湖南等6个省。从中部六省文化产业的相互比较情况来看，湖北省并不具备优势。

1. 文化及相关产业增加值

近年来（2015—2017年），中部六省文化及相关产业增加值逐年上升，2017年中部六省文化及相关产业增加值之和为5912.6亿元，占全国总量的17.02%。从近年中部六省文化及相关产业增加值的数据来看，河南省稳居历年首位，湖北省则在中部六省中位列第二。据湖北省统计局数据，2017年湖北省文化产业增加值占全省GDP比重为3.28%，与全国平均水平（4.23%）以及安徽（4.03%）、湖南（3.78%）相比还有较大差距。

2. 规模以上文化及相关产业法人单位

从中部地区规模以上文化及相关产业法人单位基本情况来看，2018年湖北的法人单位数为2153人，排在湖南、河南和安徽之后，居第4位；从业人员数为27.88万人，排在河南、湖南之后，居第3位；营业收入2657亿元，排在湖南之后，居第2位；营业利润为179.9亿元，排在湖南之后，居第2位；利润总额为188.5亿元，排在湖南之后，居第2位。而紧跟其后的安徽省各项数据与湖北相差极小（见表6）。

表6　2018年中部地区规模以上文化及相关产业法人单位基本情况表

地区	项目				
	法人单位数（个）	年末从业人员数（人）	营业收入（亿元）	营业利润（亿元）	利润总额（亿元）
山西	335	37190	171.3	0.2	3.1
安徽	2351	244587	2437.8	177.1	185.0
江西	1575	219702	1548.5	123.8	125.3
河南	3324	486080	2060.2	146.5	155.3
湖南	3526	455832	3132.8	199.2	209.9
湖北	2153	278765	2657.0	179.9	188.5

数据来源：国家统计局社会科技和文化产业统计司、中宣部文化体制改革和发展办公室编：《文化及相关产业统计概览2019》。

3. 在文化产业固定资产投资

2017年，中部六省投资额最高的是河南省，为29681131万元，湖北省为17498678万元，排在第4位。

表7　近年中部六省文化产业固定资产投资情况　　单位：万元

地区	年份		
	2015	2016	2017
山西	6429921	8561269	2661125
安徽	11734126	14627707	13341677

续表

地区	年份		
	2015	2016	2017
江西	14574845	16012504	18740005
河南	18418138	24747142	29681131
湖南	16621908	20009505	22794681
湖北	13851636	15988591	17498678

2019年上半年，湖北省文化投资同比增长24.4%，比上年同期提升12.3个百分点；投资数目1434个，增长21.4%；新开工项目396个，计划总投资增长13.1%。

4. 文化产业专利授权

2018年，湖北省文化及相关产业专利授权总数为2807个，中部地区排名第4；发明专利395个，排名第2；实用新型专利1343个，排名第4；外观设计专利1069个，排名第4。河南省在文化产业专利授权总数和实用新型专利数量上较其他5省有明显优势，发明专利数量方面安徽领先，外观设计专利数量方面江西领先（见表8）。

表8 2018年中部地区文化及相关产业专利授权情况　　单位：个

地区	合计	发明专利	实用新型专利	外观设计专利
山西	513	43	279	191
安徽	2857	432	1768	657
江西	3636	100	1607	1929
河南	4149	202	2209	1738
湖南	2680	201	1323	1156
湖北	2807	395	1343	1069

5. 文化产业发展指数

中国人民大学创意产业技术研究院发布的《中国省市文化产业发展指数（2016）》研究报告显示：江西综合指数第9，生产力指数第7，驱动力指数第 10；河南生产力指数第 9；湖南影响力指数第 10。从 6 年增长率来看，全国增长最快的 10 个省中，河南、安徽、江西、湖南位列其中；从均衡度来看，2016 年均衡度水平最高的 10 个省份中，湖南、安徽、河南、湖北入围，其中湖北位列第 10。可见，在综合指数、生产力指数、影响力指数、驱动力指数、6 年增长率等多个指标上，湖北省均未能进入全国前十名。

三、湖北省文化企业发展现状调研分析

为全面掌握湖北省文化企业发展现状，课题组于 2019 年 7 月和 8 月分 7 个组到武汉、襄阳、宜昌等 7 个地市州，深入调研了当地的部分重点文化企业。在前期准备中，课题组广泛收集相关资料，精心设计企业版、个人版两类调查问卷和访谈提纲，采取问卷调查和深度访谈的方式，先后对湖北省 37 家文化企业展开调研；共发放个人问卷 1588 份，收回有效问卷 1570 份，占 98.87%；访谈人数 169 人（见表 9）。

表 9　调研企业、问卷发放和访谈人数情况表

调研地区	调研企业(个)	个人问卷(份)	企业问卷(份)	访谈(人)
武汉	19	969	30	96
襄阳	3	181	5	15
宜昌	3	36	6	10
荆州	3	83	5	10
孝感	3	83	2	9
十堰	3	66	4	17
恩施	3	152	6	12
合计	37	1570	58	169

（一）调研对象基本情况

1. 受调研企业基本情况

本次调研的企业有 37 家，其中，武汉市企业 19 家，占 51.35%；湖

北省演艺集团、湖北省长江电影集团、湖北楚天广播电视网络、武汉楚天激光（集团）、湖北广播电视网络、武汉两点十分文化传播有限公司、江通动画股份有限公司、传神语联网网络科技股份有限公司、武汉艾立卡电子有限公司、湖北广播电视台、武汉广播电视台、湖北今古传奇传媒有限公司、湖北特别关注传媒股份有限公司、湖北知音传媒集团有限公司、武汉出版集团有限公司、武汉长江日报传媒集团有限公司、湖北长江出版传媒集团有限公司、武汉数字传播工程有限公司、湖北日报传媒集团；襄阳市企业3家，占8.11%：建设路21号创意产业园、湖北襄阳隆中文化园投资有限公司、襄阳智谷文化开发有限公司；宜昌市企业3家，占8.11%：宜昌柏斯音乐集团、宜昌市文学艺术联合会、宜昌三峡环坝旅游发展集团等；荆州市企业3家，占8.11%：荆州文化旅游投资股份有限公司、荆楚非遗传承院（湖北十八匠文化发展投资有限公司）、荆州旅游投资开发集团有限公司；孝感企业3家，占8.11%：孝感卓尔小镇桃花驿、湖北金卉庄园、湖北之海文化艺术有限公司；十堰市企业3家，占8.11%：十堰日报社、堰龙马众创空间、武当山文化旅游公司；恩施州企业3家，占8.11%：恩施广播电视台、恩施旅游集团有限公司、恩施华硒集团（见表9）。

接受问卷调查的企业中，新闻和出版业（图书、报纸、期刊、音像、电子及数字出版等）17家，占29.31%；广播、电视、电影和影视录音制作业12家，占20.69%；文化艺术业（文艺创作与表演、艺术表演场馆、文物及非物质文化遗产保护等）18家，占31.03%；电信、广播电视和卫星传输服务3家，占5.17%；软件和信息技术服务业3家，占5.17%；互联网和相关服务3家，占5.17%；计算机、通信和其他电子设备制造业2家，占3.45%。

企业经营类型包括：国有独资、国有控股、民营和股份公司。

2. 受调研人员基本情况

调研对象涵盖了企业的高层领导、中层管理人员、一般管理人员、高级技术人员、中级技术人员和一般技术人员。调研对象特征情况见表10。

表10 调研对象特征统计表

类型	选项	比例(%)	类型	选项	比例(%)
性别	男	42	主要工作岗位	管理	33.1
	女	58		市场营销	14.1
年龄	25岁及以下	19.6		技术	23.2
	26~35岁	48.4		创意与设计	16.1
	36~55岁	26.1		财会	10.6
	56~60岁	5.4		法律	2.9
	61岁及以上	0.5	职位	高层领导	2.7
学历	高中及中专以下	3.7		中层管理人员	16.1
	专科	19.4		一般管理人员	38.1
	本科	63.1		高级技术人员	3.5
	研究生	13.8		中级技术人员	8.1
专业背景	文史哲	40.3		一般技术人员	31.5
	理工类	28.3	现任职务任职时间	1年以内	17.7
	艺体类	17.6		1~3年	27.8
	其他	13.8		3~5年	20
				5年以上	34.5

从年龄结构看，中青年受访者占大多数，35岁及以下的占比68%，36~55岁的占比26.1%。从学历构成看，受访者学历普遍较高，硕士及以上占比13.8%，本科占比63.1%，专科及以下仅占23.7%。从专业背景来看，文史哲专业占比40.3%，理工类占比28.3%，艺术类和其他，分别占比17.6%和13.4%。从主要工作岗位来看，从事管理类工作的受访者最多，占比33.1%，其次是技术类工作人员，占比23.2%。可以看出，从事文化产业管理、市场营销和技术类工作的员工占比较多，而艺术类专业出身或从事创意设计工作的员工相对较少。从任职时间来看，现任职务任职5年以上人员占比34.5%，任职3~5年人员

占比20%，任职1～3年人员为27.8%。综上，样本的主要特征是，受访者男女比例较均衡，人口年龄结构以中青年为主，学历水平整体较高，文史哲类专业背景为主，管理和技术类工作岗位为主，从业时间较长（见表10）。

（二）湖北省文化企业发展现状

1. 文化产业政策

课题组从财政资金支持、税收、融资、土地、人才、技术研发扶持、产品创新扶持、新兴文化产业扶持、知识产权保护和文化产业政策落实等十个维度对文化产业政策满意度进行了调查，结果显示，湖北省文化产业整体满意度不高，平均得分37.58（总分100分），其中最高的是新兴文化产业扶持政策，得分40.4（总分100分），产品创新和知识产权保护政策满意度并列第2，得分39.6（总分100分）。这表明企业对湖北省在新兴产业、科技创新和知识产权方面的政策支持力度满意度较高；从满意度排位最后3位看，土地、融资和财政资金支持政策还有待进一步优化（见图1）。

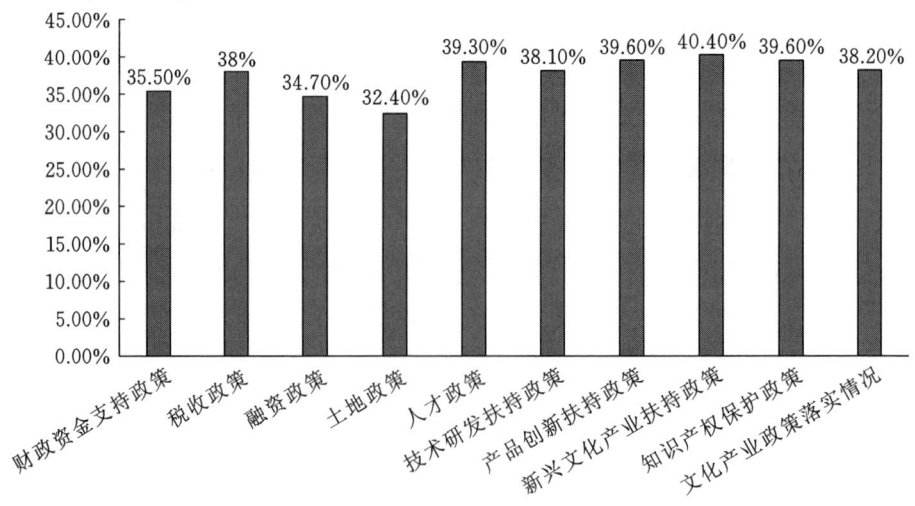

图1 湖北文化产业政策的满意度分析

2. 文化产业发展重点

在湖北省未来应重点发展的文化产业相关行业方面，19.9%的受访者表示要重点发展特色文化产业，19.1%的受访者认为要重点发展创意设计服务业创新，14%的受访者认为要发展影视传媒业。在应该重点发展的湖北七种特色文化方面，依调查结果从高到低依次排序为楚国历史文化、长江三峡文化、三国文化、武当道教文化、鄂西生态文化、武昌首义文化、红色文化；其中，65.5%的受访者认为要重点利用楚国历史文化资源，53.1%的受访者认为要重点发展长江三峡文化，49.7%的受访者认为要重点发展三国文化。鉴于特色文化资源具有地域特征，课题组以地区为单位对特色文化资源的利用进行了二次分析，结果表明，武汉市区、荆州、恩施和孝感的受访者都将楚国历史文化作为第一选择，占比分别为67.2%、80.7%、62.3%和71.1%；襄阳将三国文化作为第一选择，占比80.7%；宜昌认为应利用三峡文化重点发展特色文化产业，占比86.1%；十堰则认为需重点利用武当山道教文化，占比91.9%（见图2）。综上，楚国历史文化可作为湖北省特色文化产业发展的基础，各地应立足本身文化资源进行差异化发展。

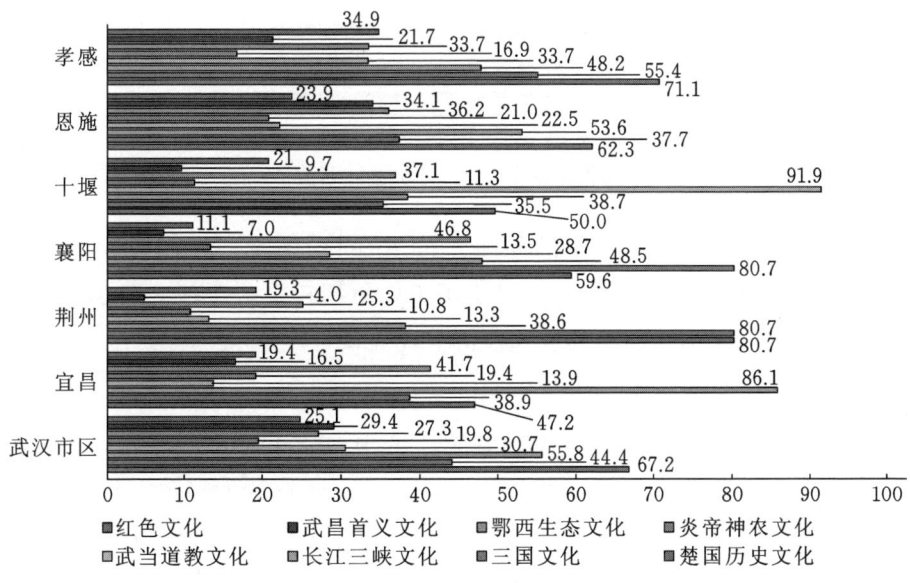

图2 各地利用特色文化资源发展特色文化产业倾向

3. 文化产业人才

文化企业要拓展高端业务和新型服务,提高产品附加值和竞争力,就需要一流的文化产业人才。调查显示,56.9%的受访者对湖北省文化产业人才现状的满意度评价为一般,即超过半数的人对湖北省文化人才现状是不满意的。人才计划是各地区引进、培养和挽留人才的重要手段,但受访者对湖北各项人才计划的知晓度却不高,仅18.8%的受访者了解武汉市"千企万人"计划,13.2%的受访者知晓楚天学者计划,12.1%的受访者了解高端人才引领培养计划(见图3),并且这部分数据主要来自武汉市的受访者,其他地市州情况更不容乐观。首先,这表明湖北的相关文化人才政策在省内其他地区存在宣传不到位的情况;其次,湖北省各地市州与武汉市在文化人才引进方面存在较大差距。

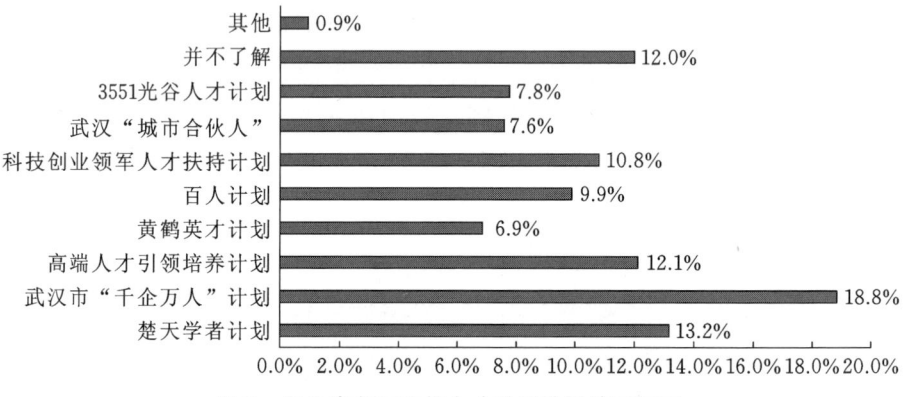

图3 湖北省各项文化人才引进计划被了解度

关于文化产业人才流失的原因,29.7%的受访者将之归结于经济待遇不高;17.7%的受访者则认为是由于工作负担较重;还有15.9%的受访者认为生活环境不佳也不利于人才留下(见图4)。

4. 文化产业融资

在对湖北省文化产业融资环境的评价中,67.1%的受访者认为湖北省文化产业融资环境一般,可以看出接受本次调查的大多数文化企业员工认为文化产业融资环境亟待改善。关于文化企业融资存在的问题,23.1%的受访者认为文化资产评估困难、缺乏担保机制会对文化企业融

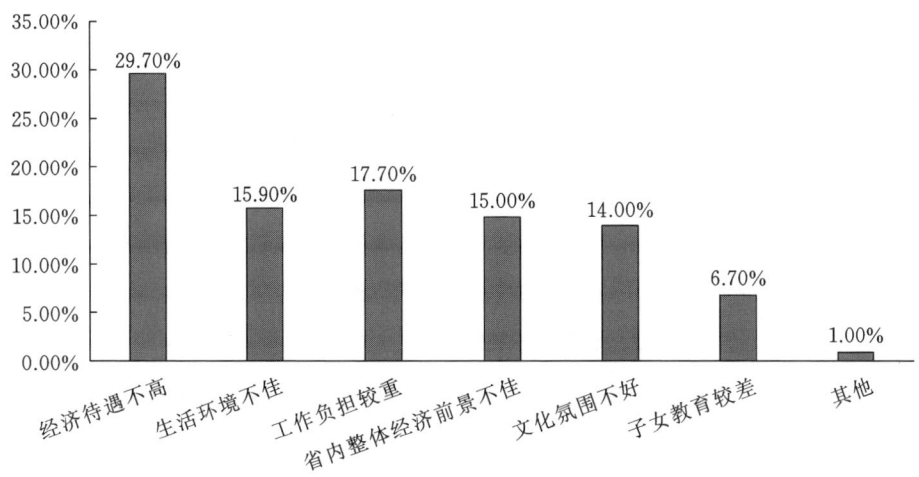

图4 造成湖北省人才流失的原因

资造成阻碍，20.1%的受访者认为融资渠道单一会导致融资不畅，还有18.9%的受访者表示资金供需方沟通不畅也不利于文化企业融资（见图5）。

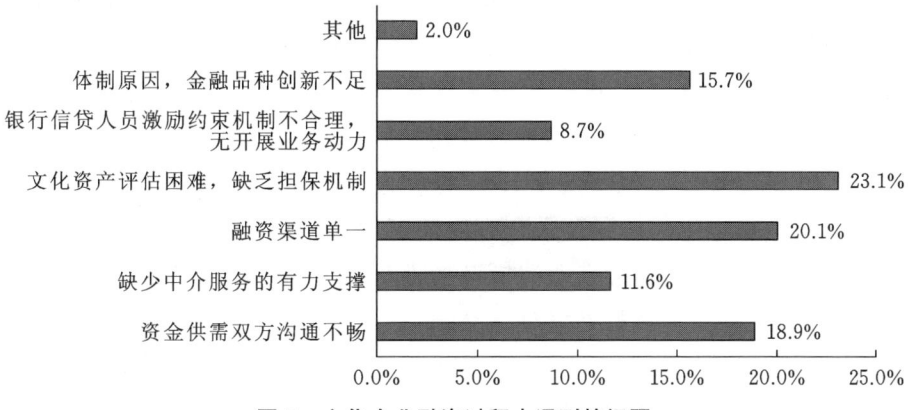

图5 文化企业融资过程中遇到的问题

5. 文化产业市场环境

在湖北省文化产业市场环境满意度评价上，市场环境满意度7个指标得分均偏低；其中最高的公共服务环境满意度仅得分38.1，第二是市场监管环境，得分34.2，第三是文化产业总体市场环境，得分32.8，随后是新技术应用环境、新兴文化业态市场环境、产品销售环境和融资环境（见图6）。从中可看出，湖北省文化产业公共服务环境建设相对突出，而融资环境满意度低于30反映了企业融资条件亟须改善。

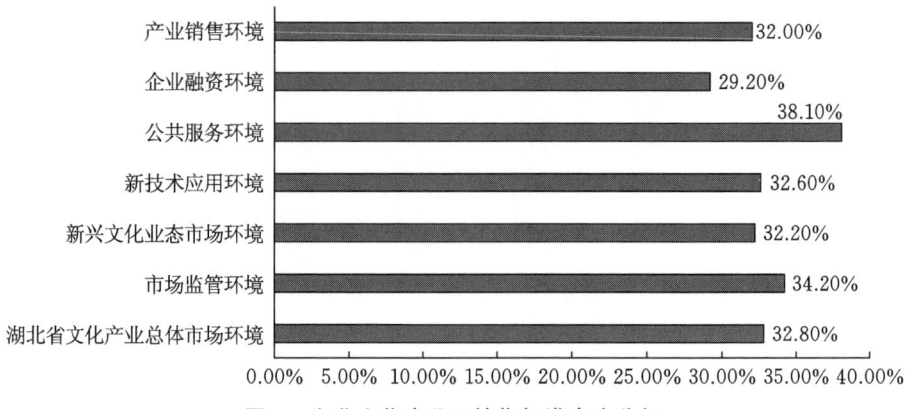

图6 湖北文化产业环境指标满意度分析

6. 文化科技融合发展情况

湖北文化产业近年来自主创新能力显著增强，高新技术产业跨越发展，科技创新链条更加灵巧，企业融入全球创新网络的积极性不断提高，竞争力水平取得了长足进步。在文化科技融合发展方面，调查显示有62.1%的企业达到（省内）区域领先水平，32.8%的企业达到国内领先水平，3.4%的企业为其他，仅有1.7%的企业达到国际领先水平。这表明湖北文化企业在文化科技深度融合方面还有很大的进步空间。在企业核心技术来源方面，30.6%的企业选择自主研发，25%的企业引进消化吸收再创新，15.7%的企业选择产学研合作开发，14.8%的企业选择委托研发，11.1%的企业则选择转让交易，这表明大部分企业具有较强的技术独立性，具备较强的自主研发和引进吸收能力。

互联网、大数据和人工智能等新技术为创新2.0下科技创新与传统行业融合发展的新形态和新业态提供了技术支撑，促进了科技创新、文化创新"双轮驱动"，是推动湖北文化产业与科技创新深度融合的关键抓手。专利、软件著作权等知识产权是文化和科技融合水平的主要体现和核心竞争资产。在企业获得人工智能、大数据等核心技术相关知识产权方面，有12.1%的企业获得了10项以上，22.4%的企业有1~5项，但仍有65.5%的企业未获得相关知识产权，这表明文化科技融合较好的湖北文化领军企业已经深度涉足了人工智能和大数据领域，有约半数的企业产出了部分高质量的文化科技融合自主知识产权，还有约半数的企业虽然可能准备或已经涉足了相关高新技术在文化产品中的应用，但仍需进一步加强核心技术的研发应用及自主知识产权的产出。

技术研发能够帮助企业不断提升科技创新能力，提高文化产品的技术含量，增强企业在国际上的核心竞争力。在企业的研发投入占产品销售总收入的比例上，41.4%的企业研发投入占产品销售收入的10%～20%，3.4%的企业占比达到30%～50%，10.3%的企业占比20%～30%，1.7%的企业占比在50%以上（详见图7），表明目前湖北文化企业研发投入产出效率比较低，但除了一些大型上市企业将大量资金投入研发领域外，一些存在资金困难的中小企业也始终坚持将一部分资金用于研发，这将对湖北文化产业的自主核心技术发展带来利好。在企业采用新技术生产的产品占总产品的比例方面，32.8%的企业占比为10%～20%，19%的企业占比为0%～10%，18.9%的企业占比为30%～50%，15.5%的企业占比为20%～30%，13.8%的企业占比在50%以上（见图8），表明湖北企业虽然很重视新技术应用和新产品研发，但是其主营业务和主流产品还是传统文化产品，这些产品仍然是企业获取利润的重要渠道，在利用新技术进行产品升级、产业转型和高质量发展方面还有待加强。

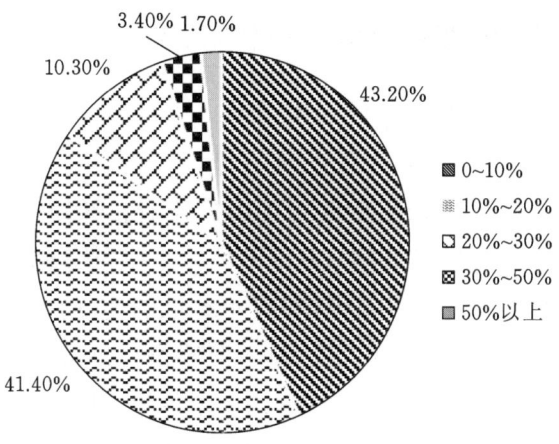

图7 被调研企业研发投入占产品销售收入比

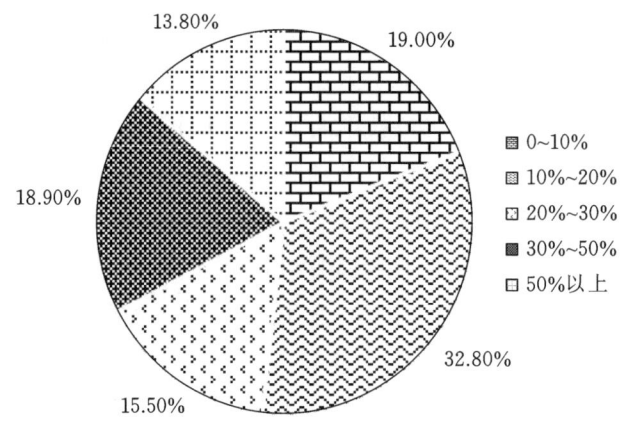

图 8　被调研企业新技术生产产品占总产品比

四、湖北省文化产业发展存在的问题

"十三五"以来，湖北省文化产业虽然实现健康快速发展，但发展中仍存在一些突出的矛盾和短板，体现出整体发展不充分、产业布局不够合理、市场化程度较低、文化与相关产业融合程度不够、文化供给侧的创新创意不足等问题。文化产业竞争力、影响力与湖北经济和文化资源大省地位不符。

（一）文化产业规模较小，整体发展不充分

从文化产业发展规模来看，2017年，湖北省文化产业增加值占同期GDP的3.28%，与成为支柱产业（5%）的标准还有一段距离，与发达省份差距更大。从文化产业增加值规模看，2017年，湖北省过百亿的市州仅3个，分别是武汉（619.1亿元）、襄阳（112.94亿元）和宜昌（101.18亿元）；过30亿但不足100亿的为3个，分别是孝感市（66.05亿元）、荆州市（47.77亿元）、黄冈市（38.4亿元）；随州、恩施、仙桃、潜江、天门和神农架文化产业增加值规模少于20亿元。

从2018年湖北省规上文化企业营业收入来看，全省各市、州、直管

市和神农架林区，过百亿的只有5个，不足30亿的还有4个，规模大的企业数量偏少，比例偏低，直接制约了湖北省文化产业的规模化发展。与全国同行业相比，湖北省文化产业发展落后。

从文化产业增加值增速上来看，2017年，有13个市州文化产业增加值增速超过全省平均水平，增速最高的是黄冈市，增长88.16%，增速居第2、3位的是荆门市和天门市，分别增长76.38%和67.66%。其中有3个市州是负增长，分别是宜昌（101.18亿元）下降9.37%，襄阳（112.94亿元）下降1.17%，咸宁（20.37亿元）下降4.7%；增速较上年下降的有4个市州，分别是宜昌下降4.39个百分点，襄阳下降10.69个百分点，鄂州下降25.26个百分点，恩施下降0.06个百分点。

2018年，6个地区规上文化企业营业收入增速超过全省平均水平，分别是武汉市、鄂州市、荆门市、咸宁市、潜江市、神农架林区；增速居前3位的是鄂州市、潜江市和荆门市，增速分别为39.6%、33.3%和28.5%；有11个市增速低于全省平均水平。

从文化企业员工对文化产业发展满意度评价结果来看，湖北文化产业多项指标满意度偏低。为整体评价湖北省文化产业的满意度，以分值计算的方式确立衡量标准，测量政策、人力资源、资金、总体环境的满意程度，结果显示（见图9）文化产业政策的满意度、文化产业人才的现状满意度、对湖北省文化产业融资环境满意度、文化产业各项环境指标满意度等4个维度的得分都没超过40分（满分100），绝大多数的受

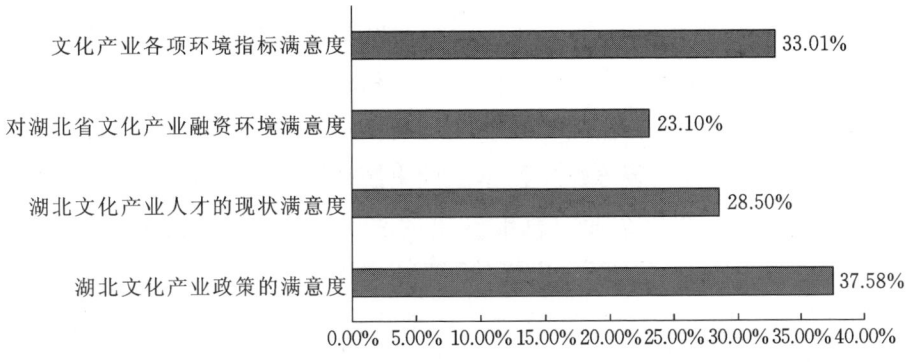

图9 湖北省文化产业满意度总体评价

访者认为"一般""不满意"或"非常不满意",其中文化产业融资环境的满意度最低,为23.1分。由此可见,本次调查的7地文化企业员工对湖北省文化产业发展所表达的满意度总体不高,说明湖北省文化产业发展水平与从业者的期望值还存在差距。

(二)国有企业贡献下降,市场主体不够强

2018年,全省国有规上文化企业实现营业收入662.6亿元,增长11.6%,低于全部规上企业平均增速7.1个百分点;营业收入占全部规上文化产业的25%,比上年下降3.3个百分点。2018年,全省共有360家规上文化企业亏损,亏损面为16.8%。其中国有规上文化企业亏损59家,亏损面为26%,高出全部规上文化企业9.2个百分点。2019年上半年,全省规上文化企业实现利润91.1亿元,同比增长9.6%,低于营业收入增速11.7个百分点。其中规上文化服务业利润总额增速最低,仅增长3.1%。全部规上文化产业企业中利润下降的有853家,占35.5%;出现亏损的有562家,亏损面23.4%。

与其他省市相比,湖北省规上企业较少,缺少知名文化品牌,文化产业领军企业缺失;文化产业组织化、集约化程度低,多头并举、条块分割,市场主体不强,市场化程度不高,即使是国有文化企业也因为文化体制改革不彻底,大而不强,未形成文化产业的"旗舰"或"航母"。从2008—2019年历届"全国文化企业30强"分布区域情况来看,湖北省仅6次有企业入选,最好的年份是2017年有2个企业入选(见表10),它们是湖北省长江出版传媒集团和湖北长江广电传媒集团有限责任公司。尽管如此,在同类产业中其规模和影响力仍偏低。以出版业为例,江苏的凤凰出版传媒集团是国内出版传媒集团的领军企业,该集团拥有两家上市文化企业,总市值超过270亿元。据上市公司财务报表显示,该集团旗下的凤凰出版传媒股份有限公司2018年资产总额超过180亿元,净利润达13.89亿元,而湖北省长江出版传媒集团2018年集团总利润只有1.77亿元。

表11 2008—2019年历届"全国文化企业30强"区域分布情况

地区	第一届 2008年	第二届 2010年	第三届 2011年	第四届 2012年	第五届 2013年	第六届 2014年	第七届 2015年	第八届 2016年	第九届 2017年	第十届 2018年	第十一届 2019年	合计
北京	9	9	11	8	10	11	10	8	8	7	7	98
河北	—	—	—	—	—	—	1	1	1	—	—	4
辽宁	1	1	1	1	—	—	—	—	1	1	1	7
上海	3	2	1	4	5	2	2	2	2	3	2	28
江苏	2	4	4	4	3	2	3	3	2	2	2	31
浙江	1	2	2	2	2	4	3	3	5	5	5	34
安徽	2	2	1	2	2	2	3	3	1	2	2	22
福建	—	—	—	—	1	1	1	1	—	—	—	4
江西	1	1	1	1	1	1	1	1	1	1	1	11
山东	—	1	1	1	1	—	—	1	2	1	1	10
河南	—	1	—	—	—	—	—	1	—	1	1	5
湖北	—	1	1	1	2	2	2	1	2	2	1	6
湖南	2	2	3	2	2	2	2	2	1	2	3	23
广东	3	3	4	3	3	2	2	2	1	2	2	26
广西	2	—	—	—	—	—	—	—	—	—	—	2
四川	1	1	1	1	1	1	1	—	1	—	1	8
云南	2	—	—	—	—	—	—	1	—	—	—	2
陕西	1	—	—	1	1	1	1	1	1	1	1	9

(三) 区域发展不够平衡，武汉市一市独大

据湖北省统计最新数据和腾讯研究院发布的《数字中国指数报告 2019》显示，武汉市不仅在规上文化企业数量、资产总量上遥遥领先，数字文化细分市场集约化程度也远高于其他地市州。这说明湖北省文化企业发展整体规模虽然不断扩大，但也存在着区域之间发展极不平衡，武汉市一枝独秀，其他地区文化企业发展迟缓等问题；说明湖北文化产业的区域分布存在数量上不均衡的情况，也存在着质量上的差距。此外，各地在利用文化资源发展特色文化产业方面，也有自己的考量，十堰倾向于发展道教文化，荆州和襄阳倾向于发展三国文化，宜昌倾向于发展长江三峡文化，武汉、孝感想重点发展楚国文化。

2018年，湖北省规上文化产业企业营业收入为2655.2亿元，增速为18.7%。其中武汉市为1417.8亿元，比上年增长25.2%，增速居全省第4位，占全省总量的53.4%；襄阳市为215.4亿元，比上年增长7.0%，占全省总量的8.11%；宜昌市为227.1亿元，比上年增长10.8%，占全省总量的8.55%。宜昌市、襄阳市均低于全省平均增速。一主两副地区对全省营业收入增长贡献率达70.6%，其他地区合计占29.4%。一主两副地区文化产业体量大，对城市自身而言是成绩，但对于所在地区来说，意味着发展不平衡、不充分。

表12 2018年湖北省各地市州规上文化产业企业营业收入情况

地区	营业收入（亿元）	增幅（%）
合计	2655.2	18.7
武汉市	1417.8	25.2
黄石市	36.8	17.7
十堰市	23.6	10.6
宜昌市	227.1	10.8
襄阳市	215.4	7.0
鄂州市	60.9	39.6

续表

地区	营业收入(亿元)	增幅(%)
荆门市	113.2	28.5
孝感市	198.5	4.2
荆州市	53.8	3.8
黄冈市	75.7	6.0
咸宁市	83.0	23.9
随州市	30.6	10.7
恩施州	15.5	-8.8
仙桃市	39.2	17.1
潜江市	22.1	33.3
天门市	39.8	6.3
神农架林区	2.1	22.1

2019年上半年，文化产业增速只有3个地区营业收入增长超过全省平均水平，1个地区与全省增速持平，其余13个地区增速均低于全省平均水平。从总量来看，武汉市营业收入占全省的54%，宜昌市占比为9.9%，孝感市占比为7.9%，襄阳市占比为6.5%，其余地市州总体占比仅为28.2%，个体占比均不足5%。

同时，湖北省内部各地市州之间文化产业满意度差异明显。就总体排位情况看，7个地市州中满意度总分最高为孝感，得分169.5；其次是宜昌，得分142.8；之后是荆州（131.7）、襄阳（122.7）、武汉（117.6）、恩施（109.1）和十堰（100.9）。武汉、恩施和十堰的分数甚至低于湖北省整体平均分，表明这三个地区的文化产业发展政策和环境低于当地文化企业员工的心理预期（见图10）。

从各地区内部具体类别排位看，在10个政策类满意度指标中，武汉市的人才政策满意度排位第一，宜昌市的新兴文化产业扶持政策满意度和知识产权保护政策满意度并列第一，荆州市新兴文化产业扶持政策满意度排位第一，十堰市知识产权保护政策满意度排位第一，恩施州产品

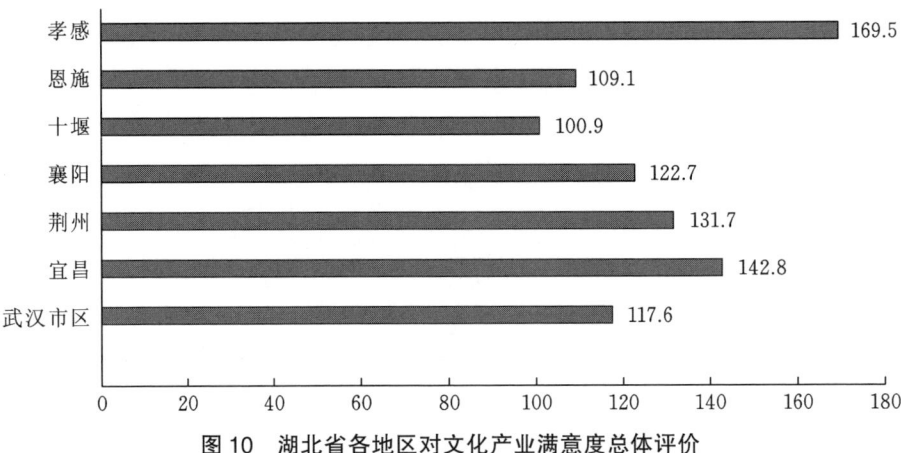

图 10 湖北省各地区对文化产业满意度总体评价

创新扶持政策满意度排位第一,孝感技术研发扶持政策满意度排第一位。由此可以看出不同地区对文化产业发展政策和环境满意度的差异(见表 13)。

表 13 湖北各地对 10 个政策类指标的满意度及排位表

政策	湖北省		武汉市区		宜昌		荆州		襄阳		十堰		恩施		孝感	
	排位	满意度	排位	满意度	排位	满意度	排位	满意度	排位	满意度	排位	满意度	排位	满意度	排位	满意度
财政资金支持政策	8	35.5	8	35.88	7	41.6	7	36.2	7	39.2	3	37.1	10	21.7	8	44.5
税收政策	7	38	4	38.4	9	38.9	3	39.7	6	42.1	3	37.1	7	29	7	44.6
融资政策	9	34.7	9	32.1	4	41.7	10	32.5	9	38	9	27.4	8	25.3	8	44.5
土地政策	10	32.4	10	31.4	10	33.4	2	39.8	10	36.9	7	30.7	8	25.3	8	44.5
人才政策	4	39.3	1	40	4	41.7	5	38.6	7	39.2	5	33.9	5	30.4	4	55.4
技术研发扶持政策	6	38.1	6	37.5	7	41.6	6	37.3	4	43.3	7	30.7	2	32.6	1	57.9
产品创新扶持政策	2	39.6	5	38.3	4	41.7	8	36.1	3	46.2	2	38.7	1	36.3	2	56.7

续表

政策	湖北省		武汉市区		宜昌		荆州		襄阳		十堰		恩施		孝感	
	排位	满意度	排位	满意度	排位	满意度	排位	满意度	排位	满意度	排位	满意度	排位	满意度	排位	满意度
新兴文化产业扶持政策	1	40.4	2	39.4	1	50	1	44.6	1	49.7	6	32.3	4	31.2	4	55.4
知识产权保护政策	2	39.6	3	39.3	1	50	9	33.8	4	43.3	1	40.3	3	31.9	3	55.5
文化产业政策落实情况	5	38.2	7	36.8	3	47.2	3	39.7	1	49.7	10	19	6	29.7	6	50.6

（四）文化科技融合不深，新兴产业占比不高

新技术应用和新兴文化业态市场环境总体评价偏低。在湖北文化市场环境满意度评价上，新技术应用环境和新兴文化业态市场环境分别排在第4位（32.6分）和第5位（32.2分），作为文化和科技融合必不可少的新技术和新兴业态环境评价表现均不理想。这说明当前市场可能存在原始创新能力不足，大数据、人工智能等高新技术应用不足，新兴业态产业体系不健全等问题。一方面，湖北新兴文化服务相关产业规模较小、文化科技融合创新不足、科技含量低、产业成效不高；另一方面，湖北文化企业存在采用新技术（产品）少、新产品占总产品（服务）比例较低的问题，致使湖北在全局性的文化产品服务向高端转型升级的选择效益上弱势突出。

新兴文化产业在资产总额和营业收入上占比偏低。尤其是动漫、数字媒体制作、高科技文化产业等是未来文化产业发展的战略制高点，而目前湖北的新兴文化产业，不论是资产比例还是营业收入，占总体比例均较低，而国内文化产业发展较好的地区已走在前列。以动漫业为例，

2017年全国共有545家动漫企业，资产总计230亿元。其中，中部六省中的湖南省拥有动漫企业24家、原创动漫460个和原创动画359个，各项均位列第1；而湖北省仅有动漫企业13家，总利润5859万元，在中部六省中排在最后一位。而属于发达地区的广东省则有动漫企业55家，总利润2.8亿元，位列全国前列，动漫产业已成为全省文化产业的重要增长点。造成这一现状的原因在于，湖北文化企业本身能力有限且与科技企业沟通交流不畅，企业间科技活动集聚效应不明显，导致文化产品结构相对低端、文化产品科技含量偏低、产品附加值较低、市场竞争力不强。

数字化建设和核心技术应用发展水平总体偏低。调查表明，湖北省文化企业科技水平在国际和国内居于领先水平的不多，大多数企业仅处于区域领先，文化产业数字化建设仍处于初级阶段，离形成全国范围内的文化科技高地尚有相当的差距，无论是研发投入占产品销售总收入的比例还是采用新技术的产品、新产品占总产品的比例，都凸显出文化科技转化率不高，且新技术未能有效促进文化产品升级，在科技利用水平不高的前提下，科技对文化产业生产力的促进作用较为有限。作为全国的教育和科技大省，湖北拥有很高的教育水平和科研优势，然而这方面的优势并没有在文化产业中集中凸显。

（五）产品创新创意不足，资源利用不够充分

就文化产业发展整体而言，湖北文化产业不仅数量规模不足，质量与文化创新能力还有很大提升空间，文化产品和文化服务的数量和质量不能适应广大群众日益增长的消费需求和多层次、多形式、多样化的消费特点。

一方面，文化企业连续创新动力不足。内容生产能力还不强，精品力作、知名品牌、骨干企业还不多，重数量规模轻质量效益、产业结构雷同、产品重复生产、项目重复建设的现象较为普遍；部分文化产品存在缺乏创意、同质化严重、质量低劣、实用性差等问题。以旅游纪念品为例，省内大部分旅游景区在结合自身资源禀赋发展文创产品方面做得

较差，景区内贩卖的纪念品多为四处可见的小商品，对自身文化元素进行提炼加工的文创产品几乎没有。

另一方面，文化资源开发利用不力。从文化资源存量看，湖北省堪称"文化大省"，湖北省国家级非物质文化遗产总数占全国总量的4.99%，在全国排名第5。然而，在这种优势之下，湖北省在发展文化产业时却存在对本省文化资源认知不足、挖掘不深、创意不新及整合不强等问题。文化资源开发利用、转化能力相对较弱，在依托丰富深厚的文化资源积累，实现产品化转化的过程中，资源优势还没有很好地转化为文化经济优势，产品形式形态单一，还多停留在传统形式上，与数字技术、现代精神、审美意味、载体样态等方面的新要求还不能很好地匹配。特别是对荆楚文化及其他各地区历史文化、民俗及各种非物质文化遗产整合开发利用力度还不够，对文化资源的挖掘整理和研究不足；文化资源的产品转化率低，没有形成规模集聚效应较大的"文化+"产业链；区域联动不够，各地市州文化产业处于独立发展状态，缺乏较为成熟的文化产业发展联盟，削弱了文化产业发展的乘数效应和综合功能。

（六）文化消费动力不足，文化市场供给错位

从全国文化消费水平来看，湖北省人均文化消费总量和人均文化消费增幅都低于全国平均增幅。2014年湖北省人均文化娱乐支出占总消费支出的比重低于全国平均水平且在中部地区相对落后（位居倒数第2）。从文化消费增长速度来看，居民文化娱乐消费支出增长速度为16.51%，在中部地区相对落后（位居倒数第3）。2016年全省居民人均文化娱乐消费支出比全国平均少210.3元，仅相当于全国平均水平的73.7%；占全省居民人均消费支出的3.7%，比全国平均水平低1个百分点。

从湖北省居民人均可支配收入和消费支出与人均教育文化娱乐支出数据比较来看，2018年湖北省居民人均可支配收入25815元，增长8.66%；其中，城镇常住居民人均可支配收入34455元，增长8.04%；湖北农村常住居民人均可支配收入14978元，增长8.44%。湖北省居民人均消费支出19538元，增长15.35%；其中城镇常住居民人均消费支出23996元，

增长 12.79%；湖北农村常住居民人均消费支出 13946 元，增长 19.89%（见表 14）。然而 2019 年上半年，湖北省居民人均教育文化娱乐支出 991.6 元，增长 6.6%，增速低于上年同期 4.3 个百分点，其中，城镇居民人均教育文化娱乐支出 1177.4 元，增长 4.3%，低于上年同期 6.6 个百分点。居民人均可支配收入和居民人均消费增长速度明显高于居民人均教育文化娱乐支出速度。

表14 2018 年全国与湖北省居民收入和消费对比

指标名称	全国居民	比上年增长(%)	湖北居民	比上年增长(%)
全体居民人均可支配收入(元)	28228	8.7	25814.54	8.66
城镇居民人均可支配收入(元)	39251	7.6	34454.63	8.04
农村居民人均可支配收入(元)	14617	9.2	14977.82	8.44
全体居民人均消费支出(元)	19853	8.4	19537.79	15.35
城镇居民人均消费支出(元)	26112	6.8	23995.91	12.79
农村居民人均消费支出(元)	12124	10.7	13946.26	19.89

此外，由于市场上个性化的、高端的产品和服务供给不足，诸如文化艺术培训、内容付费等发展类消费还没有走入寻常百姓家，低端产品过剩和高端产品短缺的矛盾并存。

由此可见，湖北省文化消费需求相对不足且增长缓慢与居民可支配收入较低、文化产业总体规模较小、产业结构不合理和农村文化消费市场增长缓慢有关。文化消费市场潜力没有充分激发。

（七）支持政策不够完善，政策落实不均衡

文化产业发展需要创造更宽松的环境，从文化产业政策制度方面激励文化创意创新，使之能够创造出具有区域性和世界性影响的文化产业。目前，湖北文化产业政策存在两方面的问题：一是政策创新力度不够。近年来，我省虽然出台了一系列文化经济政策，但创新性和针对性还不够，重点行业和人才等关键领域的专项政策还不全面，特别是对中小文

化企业扶持不够，市、县出台的配套政策少。本次调研表明，"文化产业政策"类所有10项指标中，土地政策是最为薄弱的，满意度总体排位最低，且在分区域文化产业政策的满意度排位中，土地政策在武汉、襄阳、荆州、宜昌的满意度排位中皆为最低。二是政策落实不均衡。从政策落实情况看，呈现"三多三少"：省属企业享受优惠的涵盖面和额度多，市、县企业少；转制企业享受优惠的额度多，非转制企业少；省级相关部门和企业对政策知晓多，非公企业偏少。

此外，调研表明，文化政策、人才、融资环境和其他环境四个大类的满意度评价一级指标中，融资环境满意度最低；文化市场环境的二级指标中，企业融资环境的满意度评分也是最低，且远低于其他指标得分。这在一定程度上反映了融资环境与文化企业实际需求之间存在显著矛盾，政策落实不到位的情况极为突出，进而导致了湖北文化产业政策未能有效发挥支撑作用。

五、湖北省提升文化产业竞争力的时代机遇

文化产业被国际社会公认为21世纪最具发展前途的朝阳产业，越来越多的国家将文化产业视为支柱产业和战略产业，提升到关系国家竞争力的战略高度。当今世界，文化产业的发展已经成为衡量一个国家和地区综合实力的重要指标，成为一个国家或民族发展的核心竞争力。在世界文化产业繁荣发展的时代语境下，我国也高度重视文化产业的发展，致力于将之打造成为国民经济支柱产业。当前我国进入社会主义新时代，处在"两个一百年"奋斗目标的历史交汇期，也是新一轮科技革命、产业变革与加快转变经济发展方式的历史交汇期。党的十九届四中全会指出，要健全现代文化产业体系和市场体系，完善以高质量发展为导向的文化经济政策。中央和湖北省委、省政府对文化产业发展赋予新使命、提出新要求，文化产业将更多地承担起弘扬社会主义核心价值观、传承发展中华优秀传统文化、成为经济增长的新动能和新引擎、推动经济转型升级的重任。

(一) 顶层设计的叠加增强文化产业发展新动能

党的十九届四中全会确立了把文化产业发展为国民经济支柱产业。中共中央办公厅、国务院办公厅印发的《关于推动国有文化企业把社会效益放在首位、实现社会效益和经济效益相统一的指导意见》指出，中央和有条件的地方设立文化产业发展专项资金，累计金额超过600亿元。2013年至2018年，中央财政安排文化产业发展专项资金275亿元，支持项目超过4000个。国务院办公厅印发的《文化体制改革中经营性文化事业单位转制为企业的规定》和《进一步支持文化企业发展的规定》指出，中央财政和地方财政应通过文化产业发展专项资金等现有资金渠道，创新资金投入方式，完善政策扶持体系，支持文化企业发展。国家发展改革委、中央网信办印发《国家数字经济创新发展试验区实施方案》指出，要不断完善数字经济政策体系，推进实施国家大数据战略和"互联网+"行动，积极培育数字新兴产业发展，促进数字经济和实体经济深度融合。

近年来湖北持续保持中部靠前、全国第一方阵的发展势头，经济社会发展取得显著成就。随着"一带一路"建设、长江经济带发展、乡村振兴、文化强国、中部地区崛起、自贸区建设等重大战略纵深推进，区域深耕和对外开放力度持续加大，湖北越来越有机会迈向区域发展的前沿，成为更加重要的区域支撑。省委十一届六次全体会议指出，要在中部地区迈向产业发展前沿的进程中，"把湖北建成更加重要的产业高地"。湖北省委、省政府也及时出台了《关于加快全省文化产业高质量发展的意见》。2018底召开的全省经济工作会议提出了"一芯驱动、两带支撑、三区协同"的高质量发展区域和产业发展战略布局。多项国家战略在湖北叠加，发展理念、区域布局日趋完善，都将为湖北文化产业发展持续提供新动能。

(二) 人民对美好生活的向往推动文化消费升级

为贯彻落实中共中央、国务院印发的《关于完善促进消费体制机

制 进一步激发居民消费潜力的若干意见》，提升文化和旅游消费质量水平，国务院办公厅出台了《关于进一步激发文化和旅游消费潜力的意见》，指出要到2022年，建设30个示范城市、100个试点城市，示范城市居民人均文化娱乐支出占消费支出比例超过6%。

当前湖北省经济发展站在新的历史起点上，人民美好生活的需要日益广泛，人民群众的需要呈现多样化、多层次、多方面的特点。伴随我国经济进入新常态及供给侧结构性改革的推进，国民收入水平提升将扩大文化消费需求。湖北省人均地区生产总值正向1万美元迈进，即将步入中高收入经济体行列，人民群众对文化产品与服务的消费需求加速升级。文化产业在促进消费升级和产业转型中发挥着重要作用，可以促进各类生产要素优化配置，实现更加均衡、更加充分的发展，有效满足人民群众更加复合化、个性化、多元化的消费需求，有效满足人民日益增长的美好生活需要。

（三）高质量发展的需要倒逼文化产业提质增效

党的十九大报告提出，中国特色社会主义进入新时代，经济发展从高增长转向高质量发展阶段。习近平总书记在2018年全国宣传思想工作会议上指出，要推动文化产业高质量发展，以高质量文化供给增强人们的文化获得感、幸福感。2017年，全国文化产业增加值为34722亿元，占GDP的比重为4.23%，比上年增长12.8%；增加值过千亿元的省（区、市）已有13个，文化产业已经成为调整优化产业结构、推动新旧动能转换的一支重要力量。湖北省委、省政府发布的《关于加快全省文化产业高质量发展的意见》提出，到2020年底，建成一批主导产业特色鲜明、集约配套完备的文化产业聚集区，培育一批实力雄厚、核心竞争力强的骨干文化企业，打造一批有较强知名度、影响力的文化品牌，推动文化产业成为我省国民经济支柱性产业，文化产业增加值占GDP比重达到全国平均水平。到2025年底，建立完善的现代文化产业体系和市场体系。

湖北当前正处在转型升级的关键期，处于实现高质量发展的"窗口期"。推动经济高质量发展是当前和今后一个时期谋划发展思路、确定目标规划、制定经济政策的根本要求。实现湖北文化产业转型升级，推动我省经济发展方式由过去的人工驱动转为"智慧+知识"型驱动转变，积极培育文化新业态，优化配置各类生产要素，能有力促进经济发展质量变革、效率变革、动力变革，增强湖北省经济整体素质和国际竞争力。

（四）新一代信息技术革命催生文化产业新业态

目前，国家对网络强国建设作出总体部署，对数字经济发展提出明确要求，有关互联网发展及数字化、网络化、智能化建设正在积极有序推进。国务院印发《新一代人工智能发展规划》，指出要建设涵盖地理位置、网络媒体和城市基础数据等跨媒体大数据平台；科技部等六部门印发《关于促进文化和科技深度融合的指导意见》，提出到2025年基本形成覆盖重点领域和关键环节的文化和科技融合创新体系，实现文化和科技深度融合。按照国家科技创新基地优化整合总体部署，建成100家左右特色鲜明、示范性强、管理规范、配套完善的国家文化和科技融合示范基地，200家左右拥有知名品牌、引领行业发展、竞争力强的文化和科技融合领军企业。

以数字化、网络化、智能化为特征的新一轮科技革命方兴未艾，世界经济加速向数字化转型，数字产业发展模式从追求速度转为狠抓质量。顺应科技创新大势、抓住产业变革历史机遇、积极争取有关部委在文化科技融合领域的支持，紧密结合《湖北省5G产业发展行动计划（2019—2021年）》等有关政策，已经成为提高湖北省产业发展层次和水平的关键。大数据、云计算、移动互联网、虚拟现实和人工智能等新一代信息技术的广泛应用，给文化产业的内容生产、表现形式、商业模式带来深刻变革。互联网为文化产业创新提供了便捷、经济、多渠道的技术平台，以创意和新技术为特征的文化产业新内容、新业态层出不穷，数字内容产业呈现爆炸式增长。湖北省正在积极打造信息经济发展高地，互联网为产业经济植入新基因，也将为文化产业的创新创业带来广阔空间。

(五) 产业的跨界融合拓展文化产业发展新空间

国务院印发的《关于推进文化创意和设计服务与相关产业融合发展的若干意见》指出，到2020年，文化创意和设计服务的先导产业作用更加强化，与相关产业全方位、深层次、宽领域的融合发展格局基本建立，相关产业文化含量显著提升，培养一批高素质人才，培育一批具有核心竞争力的企业，形成一批拥有自主知识产权的产品，打造一批具有国际影响力的品牌，建设一批特色鲜明的融合发展城市、集聚区和新型城镇。《国务院办公厅关于促进全域旅游发展的指导意见》提出推动旅游与科技、教育、文化、卫生、体育融合发展。文化和旅游部等17个部门印发的《关于促进乡村旅游可持续发展的指导意见》指出到2022年，基本形成布局合理、类型多样、功能完善、特色突出的乡村旅游发展格局，为乡村文化和旅游融合指明了发展方向。

随着文化资源在第一、二、三产业中的运用越来越强，文化产业与相关产业融合发展的趋势愈加明显，文化产业与制造业、信息产业、建筑业、现代农业、服务业、金融业等产业的跨界融合日趋深入，产业边界日趋模糊；文化元素日益融入相关产业，文化越来越成为产业创新的源泉和转型升级的动力。湖北省是制造业大省，文化产业的蓬勃发展，将为"湖北制造"向"湖北创造"和"湖北智造"转型提供强力引擎。

六、指导思想和发展目标

(一) 指导思想

以习近平新时代中国特色社会主义思想为指导，深入贯彻落实党的十九大和十九届二中、三中、四中全会精神，牢固树立新发展理念，落实高质量发展要求；坚持把社会效益放在首位，实现社会效益和经济效益相统一；坚持深化改革，推进文化领域供给侧结构性改革，健全现代文化产业体系和市场体系；坚持融合创新，促进文化产业转型升级，推动各类文化市场主体发展壮大；坚持特色发展，培育新兴文化业态和文化消费模式，大力实施文化品牌战略。推动文化产业实现高质量发展，以优秀的文化产品和服务满足人民群众美好生活新期待，为湖北文化强省建设奠定坚实基础。

（二）阶段性目标

到2025年，力争全省文化产业增加值占生产总值的比重达到6%以上，文化产业总产值达4000亿元，形成较为健全的文化产业发展体系、文化和科技融合创新体系、现代文化市场体系、文化要素支撑体系和文化政策保障体系，文化产业发展主要指标位居全国前列，为建成文化强省奠定坚实的产业基础。

——文化产业发展体系。新闻出版、动漫游戏、文化创意与设计服务、广播影视、文化休闲娱乐、文化产品流通、文化产品及装备制造等重点领域发展水平位居全国前列，文化产业与相关产业全方位、深层次、宽领域的融合发展格局基本建立，"互联网+"新模式和新业态快速发展，基本形成"一主两副多极，中心带动、多极支撑、协同并进、竞相发展"的文化产业空间布局。力争建成4个以上国家级文化产业示范（试验）园区，20个以上国家级文化产业示范基地，50个以上省级文化产业示范园区，50个以上省级文化产业示范基地，打造若干个国际国内知名品牌和一批大型文化企业。

——文化和科技融合创新体系。到2025年基本形成覆盖重点领域和关键环节的文化和科技融合创新体系。按照国家科技创新基地优化整合总体部署，力争建成3个特色鲜明、示范性强、管理规范、配套完善的国家文化和科技融合示范基地，10个以上拥有知名品牌、引领行业发展、竞争力强的文化和科技融合领军企业，使文化和科技融合成为文化高质量发展的重要引擎。

——现代文化市场体系。国有文化企业市场竞争力和综合实力大幅提升，民营文化企业活力得到进一步释放，多元市场主体共同推动文化产业发展的格局基本形成；文化消费升级进程不断加快，在城乡居民消费结构中的比重明显增加，文化市场监管能力不断增强；文化产品和服务的国际市场不断拓展，对外文化贸易综合竞争力进一步提升。

——文化要素支撑体系。突破一批文化产业领域的共性关键技术，创新一批文化金融产品，培育一批行业领军企业和复合型人才，建成一批具有鲜明地域特色的文化小镇、文化产业园区、文化创意街区等产业集聚区块，搭建一批文化产业公共服务平台，文化产业发展的人才、资金、科技、知识产权、土地等要素支撑和产业创新能力不断增强。

——文化政策保障体系。文化产业发展的战略地位得到广泛认同，重点领域和关键环节改革取得实质性突破，文化管理体制和运行机制逐步健全，文化经济政策不断完善，形成具有湖北特色的文化法规体系，文化产业统计制度进一步规范。

（三）远景目标

——文化产业成为创新型经济的主要支撑。到2035年，文化产业增加值占GDP比重达到10%，"三上"企业增加值占规模以上企业比重达30%以上，文化产业在经济社会发展中的地位更加突出。

——形成具有自主技术支撑的文化产业体系。到2035年，全省文化产业技术自给率达到75%，文化科技相关人员占比达10%，每万人发明专利拥有量超过20件。实施重大科技专项，在新一代信息技术等领域攻克一批关键核心技术，科技成果转化效率不断提高。

——培育出一批具备国际竞争力和品牌影响力的龙头企业。到2035年，全省文化企业数量超过2万家，文化产业领域年主营业务收入超2亿元企业达100家，超10亿元企业达10家。

——形成文化产业重要集聚区。力争到2035年，文化及相关产业产值规模突破1万亿元，形成高端文化装备制造、数字创意、影视动漫等3至4个千亿元级支柱产业，成为全国文化产业的重要集聚区。

表15 "十四五"时期文化产业发展重点指标

指标类别	指标名称	制表单位	"十二五"时期末基数	"十三五"时期末目标值	"十四五"时期末目标值	2035年目标值	指标属性
文化产业创新发展指标	高新技术企业数	家	>3300	>8000	>20000	—	预期性
	国家文化和科技融合示范基地	个	1	1	2	3	预期性
	每万人发明专利拥有量	件	4.28	10	15	20	预期性
文化产业集聚发展指标	国家级文化产业示范(试验)园区	个	1	2~3	2~3	—	预期性
	国家级文化产业示范基地	个	8	>20	>20	—	预期性
	省级文化产业示范园区	个	19	>30	>50	—	预期性
	省级文化产业示范基地	个	131	>180	>230	—	预期性
文化产业协调发展指标	文化产业增加值占地区国内生产总值的比重	%	2.89	5	6	10	预期性
	文化产业规上(限上)企业数量	家	1652	—	>3900	>9000	预期性

(四) 发展指标测算

1. 文化产业创新发展预期指标的测算

文化产业创新发展预期指标以湖北省科技厅发布的《湖北省科技创新"十三五"规划》及相关数据为依据。省科技厅公布的数据显示,截至2018年12月底,全省高新技术企业数量达到5000多家,年均增长30%。在保持原有增速不变的前提下,2025年全省高新技术企业数量有望突破3

万家；每万人发明专利拥有量也是在省科技厅规划基础上推算而来。

2. 文化产业增加值占GDP比预期指标的测算

《关于加快全省文化产业高质量发展的意见》提出到2020年底，建成一批主导产业特色鲜明、集约配套完备的文化产业聚集区，培育一批实力雄厚、核心竞争力强的骨干文化企业，打造一批有较强知名度、影响力的文化品牌，推动文化产业成为湖北省国民经济支柱性产业，文化产业增加值占GDP比重达到全国平均水平。《文化部"十三五"时期文化产业发展规划》提出到2020年，文化产业整体实力和竞争力明显增强，培育形成一批新的增长点、增长极和增长带，全面提升文化产业发展的质量和效益，文化产业成为国民经济支柱性产业。按以上目标，在2020年，湖北省文化产业增加值占GDP比重须达到5%。

表16 2014—2017年湖北省GDP及文化产业发展情况

年份	地区生产总值（亿元）	比上年增幅（%）	文化产业增加值（亿元）	比上年增幅（%）	文化产业增加值占GDP比重(%)
2014	27367.04	9.7	742.4	13.5	2.71
2015	29550.19	8.9	853.8	15.0	2.89
2016	32297.91	8.1	954.5	11.79	2.96
2017	36522.95	7.9	1164.1	11.49	3.28

从上表可看出2014年到2017年，湖北省文化及相关产业增加值年均增长率为16.18%，文化及相关产业占GDP的比重年均上升6.57%。按照湖北省GDP将持续以6.5%的年均增长率增长，文化及相关产业仍将以16.18%的年均增长速率持续增长，推算相关数据如表17所示。

表17 湖北省2025年和2035年文化产业增加值推算结果

年份	地区生产总值(亿元)	文化产业增加值(亿元)	占GDP比重(%)
2025	60445.32	3864.04	6.39
2035	113464.18	17312.31	15.26

3. 文化产业规上（限上）企业数量预期指标的测算

表18　2014—2018年湖北省文化产业规上企业发展情况

年份	规上(限上)企业数量(个)	增长幅度(%)
2014	1525	—
2015	1652	8.33
2016	1814	9.81
2017	2117	16.7
2018	2717	28.34

从上表可看出2014年到2018年，湖北省文化产业规上（限上）企业数年均增长率为8.91%，按照湖北省文化产业规上（限上）企业数将持续以8.91%的年均增长率增长推算，得到相关预测数据如表19所示。

表19　湖北省2025年和2035年规上文化企业数量预测

年份	文化产业规上(限上)企业数量(个)
2025	3900
2035	9157

4. 文化产业集聚发展预期指标的测算

《湖北省"十三五"文化产业发展规划》提出，力争建成2~3个国家级文化产业示范（试验）园区，20个以上国家级文化产业示范基地，30个以上省级文化产业示范园区，50个以上省级文化产业示范基地。由于文化和旅游部自2014年后暂停评定国家级文化产业示范（试验）园区和基地，暂将这两项指标维持不变；而湖北省级文化产业示范园区和基地仍在授牌，每批次分别授牌10家省级示范园区和40家左右示范基地，在保持新增不变的前提下，设定"十四五"时期文化产业集聚发展指标。

七、湖北省提升文化产业竞争力对策措施

以习近平新时代中国特色社会主义思想为指导,深入贯彻落实党的十九大和十九届二中、三中、四中全会精神,奋力谱写新时代湖北高质量发展新篇章,推动文化产业实现高质量发展,以优秀文化产品和服务满足人民群众美好生活新期待,为湖北文化强省建设奠定坚实基础。应从构建湖北文化产业区域布局,推动文化和科技深度融合,推进创意特色文化产业发展,促进文化和旅游等产业融合发展,加强荆楚特色文化资源挖掘和利用,强化文化企业壮大与品牌培育,加大文化人才与金融支持力度,深化文化产业国际和区域合作,优化文化产业体制机制创新,健全现代文化产业体系和市场体制等出发,驱动湖北文化产业竞争力提升。

(一)实施"一芯两带三区"布局,驱动湖北文化产业区域竞争力提升

对接全省"一芯两带三区"区域和产业发展布局,根据湖北省文化资源的类型与分布、文化产业发展的区域基础与特色优势,适应湖北文化产业高质量发展的新形势和新特点,实施湖北"一芯两带三区"文化产业区域发展布局。

1. 实施"一芯引领"战略,强化"一主两副"的核心作用

强化武汉"主中心"地位和襄阳、宜昌的省域"副中心"地位,将武汉、襄阳和宜昌打造成为国家文化产业创新发展示范区。武汉市要加快文化产业新技术、新品牌、新业态的创建,打造全国新兴文化产业聚集高地;发展工业设计、建筑设计、时尚设计等创意设计产业,高标准建设世界创意设计之都;推动文化与科技深度融合,打造全国文化科技融合示范中心。襄阳市要依托智慧城市建设,开展云计算、大数据、人工智能、软件服务等示范应用,加快新技术在文化产业中的应用,大力发展数字服务、移动多媒体、3D 打印、网络视听等新兴文化

业态；依托唐城和汉城打造全国知名影视拍摄基地、中部地区重要的文化创意产业基地和区域性的工艺品生产基地；培养一批以建设路21号产业园为代表的特色鲜明、服务优质、创业生态圈完善的文化产业孵化平台；推出智慧旅游、夜游等新型旅游产品模式，建设国家级文化旅游名城。宜昌市要发挥现有文化旅游优势，做强叫响三峡文化旅游品牌；打造"钢琴之城"和"诗歌之城"，加快建设长江中上游区域性文化中心城市；发挥宜昌高新区（自贸片区）体制优势，大力发展乐器制造、视听设备制造、包装印刷等文化制造业；推进文化与相关产业融合发展，大力发展创意设计、群众体育、教育培训、广告传媒、动漫游戏、数字服务等。

2. 实施"两带支撑"战略，增强绿色发展创新驱动新动能

大力发展长江文化旅游经济带和汉水特色文化产业带。发展沿线文化生态旅游，使之成为旅游转型升级的先行区、优质旅游品牌的集中区和文化生态旅游的示范区，把湖北打造成世界大河文化旅游目的地、长江国际黄金文化旅游带核心区。突出"长江文明"和"汉江荆楚文化发源地"主题文化战略，建设世界大河文化中心；打造长江流域荆楚历史文化品牌、长江文化品牌、红色革命文化品牌、现代工业文化品牌；在汉水流域重点发展乡村生态旅游，开发特色文化创意产品和特色饮食文化产业；长江和汉水流域要大力发展特色文化产业园区，建设好木兰文化体验综合体、黄冈卓尔胜利小镇、三峡车溪巴楚民俗文化园、宜昌当阳天下关公文化旅游城、鄂东禅宗名人文化旅游区、咸宁中华桂月文化产业园、孝感金卉庄园、天门茶经圣地文化旅游城、仙桃沔街、恩施土家女儿城、长阳巴土文化产业园等一批规模大、成长性好、带动性强的特色文化产业园区，带动旅游、影视、餐饮、娱乐等相关产业的发展。

建设汉孝随襄十文化制造业高质量发展带。以打造汉孝随襄十传统产业转型升级和先进制造业为重点的产业发展带为契机，建设创意设计产业、数字文化产业和文化装备制造业高质量发展带。武汉市要大力发

展数字化、网络化、智能化新兴文化产业,形成文化产业发展的新技术、新业态、新模式和新动能。孝感市要推动汉孝一体化,实施产业和武汉对接战略,依托孝文化品牌资源,发挥区位优势,发展文化产业。随州市要推进曾随文化资源的创造性转化和创新性发展,叫响编钟文化品牌,打造编钟文化产业基地,推动文化产业提质升级。襄阳市要创建国家双创示范基地和国家创新型试点城市。十堰市要以十堰中关村科技成果产业化基地建设为契机,依托武当道教文化和非遗文化资源,推动文化产业智能装备制造;建设文化产业创新平台,推进国家级文化产业示范基地建设。

3. 实施"三区协同"战略,形成东中西三大特色板块协调发展格局

(1) 鄂西绿色生态文化旅游发展示范区

坚持以"绿"为本,在鄂西打造我省绿色文化产业发展增长极。打造以宜昌、恩施、襄阳、十堰为中心的旅游文化、三峡文化、三国文化、武当文化等文化板块,形成鄂西文化产业集群;以"两江两山"(长江、清江、武当山、神农架)为重点,大力发展两江山水文化游、武当历史文化游、神农自然风光游、土家民俗文化游,加快创建国家旅游改革创新先行区;深度开发珠宝、奇石、盆景等文创产品,走特色化、差异化发展道路。

(2) 江汉平原乡村文化产业振兴发展示范区

坚持以"农"为基调,在江汉平原打造我省特色文化产业增长极。大力推进武汉、孝感、荆门、随州、仙桃、宜城、老河口等地国家新型城镇化综合试点,建设一批康养旅游示范小镇、运动休闲特色小镇;发展多元旅游模式,开发文化观光、文化体验、文艺演出等符合现代生活方式的特色旅游产品,形成一批具有荆楚特色的文化旅游品牌。荆州市、仙桃市、潜江市、天门市要加强文物遗址保护利用,加快非遗传承保护基地建设,发展以荆楚文化、三国文化为核心的特色文化产业;实施"一县一品"工程,深度开发特色文创产品;努力办好武汉国际杂技节、屈原故里端午文化节、襄樊诸葛亮文化节、曹禺文化节、恩施女儿会、

江汉蒸菜节等各类特色文化节庆活动。

（3）鄂东工业文化转型发展示范区

发挥鄂东传统工业文化资源优势，打造我省工业文化资源产业发展增长极。利用黄石矿冶遗址、矿冶民俗、矿冶精神等文化资源，打造矿冶遗址世界旅游目的地；将矿冶文化与周边西塞神舟会非物质文化遗产文化、红安和麻城的红色文化、黄梅的佛教文化、武穴的道教文化等文化名片结合，发展红色旅游、工业文化游和文化休闲游，并最终建立起与"1+8 城市圈"相配套的文化旅游产业结构，把黄石建设成长江黄金国际旅游带上的节点城市。

4. 实行"芯""带""区"互融，构建湖北文化产业特色化差异化发展新格局

"一芯两带三区"文化产业发展区域布局是一个有机的统一体，共同构成湖北文化产业发展新格局。"一芯"是从城市核心地位角度确定发展"龙头"，起引领作用；"两带"是从一纵一横自然水路和现代交通动脉带状结构角度，确定发展"台柱"，起支撑作用；"三区"是按自然环境、经济状况和文化资源分布的方位构建区域文化板块格局，推动特色文化产业差异化发展大聚集区的形成。各地从本地文化资源和产业优势出发，大力发展特色文化产业，走特色化、差异化发展之路，"一芯两带三区"将各地各区有机组合在一起，形成中心带动、两带强力支撑，在"多极区域联动"发展中，形成产业联动优势，发展壮大更多新的区域增长极。

（二）推动文化和科技深度融合，驱动湖北文化科技产业竞争力提升

1. 深化科技创新与文化产业的融合发展

（1）加强文化共性关键技术研发

加强 5G、大数据、人工智能、虚拟现实等文化创作、生产、传播和消费等环节共性关键技术研究，开展荆楚文化等文化资源分类与标识、数字化采集与管理、多媒体内容知识化加工处理、VR/AR 内容产品制作、基于数据智能的自适配生产、智能创作等文化生产技术研发。开展

文化产品多渠道发布、多网络分发、多终端呈现等文化传播技术研发。开展基于大数据的个性化推荐、文化产品与服务质量评测等文化服务技术研发。

（2）完善科技成果转化机制

探索建立符合科技成果特点和转化规律的管理新模式，破除制约科技成果转化的制度性障碍，打通科技成果向现实生产力转化的通道。加快完善科技成果、知识产权归属和利益分享机制，提高骨干团队和主要发明人成果转化收益比例。开展经营性领域技术入股改革试点。

（3）组织实施重大科技成果转化专项

依托全省高新技术产业基地和文化产业示范基地建设，围绕5G、大数据、云计算、物联网、人工智能等领域，推动一批关键核心技术和产品实现产业化。依托高新技术和文化产业孵化器，促进湖北创新链和产业链精准对接，破解实现技术突破、产品制造、市场模式、产业发展"一条龙"转化的瓶颈，加快文化和科技融合成果从样品到产品再到商品的转化。加强湖北各文化产业集聚区域中试基地建设，以技术示范带动成果转化。完善湖北文化技术交易市场体系，定期开展湖北文化和科技融合成果展览交易，打造交流对接平台，破解信息不对称难题。鼓励湖北科研院所和高校建立专业化技术转移机构和职业化技术转移人才队伍，畅通技术转移通道。

（4）推动文化与科技融合发展

利用物联网、云计算、大数据、人工智能等新技术对湖北文化产业进行全方位、全链条的改造，推动湖北文化数字化成果走向网络化、智能化。

鼓励对湖北地方特色文化以及历史、现实题材进行数字化转化和开发，提高数字影视、数字音乐、网络文学、网络视频、在线演出、动漫游戏等数字内容的创作、研发与生产能力，形成一批群众喜闻乐见的数字内容产品。

大力发展数字生活、数字娱乐、数字教育、数字文博等新兴业态，鼓励建设数字图书馆、数字博物馆、数字美术馆、数字展览馆等。加强数字内容衍生产品的生产与增值服务，支持集内容制作、技术开发、平台运营和终端服务于一体的数字创意基地建设。支持研发具有自主知识产权、引领文化消费时尚的新型可穿戴智能装备、沉浸式体验平台、伴随式体验平台、APP等新型软件及辅助工具，开拓虚拟直播、超感影院、混合现实娱乐等消费新领域。

加快文化服务业智能化升级。推动人工智能技术在文化领域的深度应用和创新发展，支持智能技术和创新服务在出版发行、广播影视、演艺娱乐、印刷复制、广告服务、会展服务等传统文化产业中的应用，实现服务模式和业态创新，实现个性化定制、精准化生产、智能化推送服务。建设人工智能公共服务平台，建立"智能+文化"开源技术开发社区，鼓励双向交流、合作开发、共同体验和社会评测，强化文化领域新一代人工智能技术的有效供给。

2. 推动湖北传统文化产业转型升级

（1）加快新闻出版业转型发展

充分发挥"互联网+""智能+"效应，推动报纸、期刊、出版与移动网络、移动端等新兴媒体在内容、渠道、平台及业务开发、经营管理等方面深度融合、优势互补。实现出版印刷数字化、传播发行网络化、消费体验虚拟化、消费终端集成化。运用大数据、云计算、人工智能等技术，完成媒体信息采集、内容制作、存储分发的流程再造。推进内容资源的数字化转换和开放，综合运用微博、微信、移动客户端等多媒体表现形式，生产满足用户多样化、个性化需求和多终端传播的出版产品。建设聚合精品、覆盖广泛、服务便捷、交易规范的数字出版内容发布投送平台和出版资源数据库，发展移动阅读、在线教育、知识服务、按需印刷、电子商务等新业态。

做强以《湖北日报》为旗帜的党报全媒体宣传矩阵，做大以《长江日报》为重点的报刊系传媒平台，做活以荆楚网、大楚网为先锋的新媒体集群，做优以武汉理工数传集团的新型数字出版为突破口的多元产业链条。以省级和武汉市、宜昌市、襄阳市主要媒体集团为重点，推动新闻出版资源向大型传媒集团聚集，推进媒体资源聚合、生产流动融合、采编力量整合，着力打造一批形态多样、手段先进、具有竞争力的新型传媒集团。

支持武汉建设国家数字出版产业基地，支持华中国家版权交易中心打造行业领域的示范平台。建设华中国家绿色印刷包装物流产业园。发展网上书店，升级改造实体书店，创新"书店+综合消费体验"新模式。

（2）推动广电影视业加快发展

构建基于"三网融合"的"内容+平台+终端"媒体传播链，探索运用音频分享平台、手机电台应用等新媒体终端，实现广播电视产业的转型升级，大力发展IP电视、手机电视、互联网电视，推进电台、电视台、网络互动融合、一体发展。推进湖北电视传媒产业5G、超高清、人工智能发展，构建湖北广播电视媒体融合平台，积极探索融媒体模式，不断延伸广电产业链。

发展壮大影视企业，培育优秀制作团队，推出一批有影响的影视作品。统筹推进重点题材剧拍摄基地建设，配套发展相关产业。加大优质剧本培育和孵化力度，加大对优质电影创作、摄制、发行、放映企业的支持力度。加强网络视听产品开发营销，发展网络影视平台。

（3）激发演艺业发展活力

深化国有文艺院团改革，增强国有文艺院团的发展活力和市场竞争力。支持民营演艺团体发展，鼓励各类演出经纪机构健康发展。打造文艺精品演艺剧目，建设全国地方戏曲演艺中心。支持重点城市和景区做强做优旅游演艺品牌，鼓励商业综合体引进创新演艺项目。实施优秀剧目海外巡演。打造文化演艺特色品牌，重点打造有荆楚风格、中国气派，在国际市场适销对路的戏曲、曲艺、杂技等文化演艺作品。实施"一市一品"工程，鼓励发展地方戏，力争在国家舞台艺术精品工程、精神文明建设"五个一工程"、文华奖、群星奖等重大艺术评选中取得优秀成绩。组建湖北舞台艺术演出院线，培育戏曲演出市场和年轻消费群体，打响武汉汉剧文化中心品牌。

（4）促进会展业升级发展

推动政府办展向社会办展转变，提升会展业市场化、专业化、国际化水平。举办网络虚拟会展，发展新型会展业态。办好机电产品博览会、"中国光谷"国际光电子博览会、华中图书交易会、长江非遗大展等知名展会，打造区域特点显著、行业特色鲜明的会展品牌。引进一批行业影响力强、带动效益显著的会展品牌落户我省，培育会展龙头企业。积极申办国内外重大赛会节展活动，提高办展的水平。发挥会展业的辐射带动功能，构建展会策划、申办、承办、宣传一体化的服务体系，促进会展与文化、旅游融合发展。

3. 促进湖北新兴文化业态培育壮大

（1）培育发展新型文化信息服务业

以新技术、新业态的示范应用为渠道，大力发展5G、物联网、大数据、云计算、人工智能。发展以新一代移动通信技术5G为支撑的文化信息服务业，支持信息增值服务利用数字技术、网络技术，提升文化产品多媒体、多终端传播的制作能力。研究网络信息集成传播技术和前沿引导技术，构建专业化媒体超算与协同式信息服务平台，形成社会化信息服务新业态。推动文化创意与5G的深度结合，大力发展以5G为核心技术的新兴文化产业，引领文化新供给，促进文化新消费，大力发展网络影视、动漫、游戏、创意设计，以及网络文学和在线教育等，形成全新的文化产业生态。构建网络文化服务新模式，促进传统文艺和网络文艺创新性融合，大力发展培育网络文学、网络剧、网络音乐、网络动漫、网络艺术品、网络演出等新兴文艺类型。运用物联网、云计算、地理信息等技术构建湖北民俗文化信息库，研发文化主题公园技术及装备系统集成方案，提升文化旅游应用服务效果。

完善文化信息服务环境，引导扶持内容集成、服务集成、技术研发平台，积极开发移动文化信息服务、数字娱乐产品服务，为各种移动便携显示终端提供内容服务。实施网络内容建设工程，大力发展网络文艺，丰富网络文化产业内容和形式。发挥新媒体的独特优势，用好微博、微信、移动客户端等载体，推动优秀作品多渠道传输、多平台展示、多终端推送。组建湖北网络作家协会，加大对网络文艺人才引进、培育和扶持力度，支持将武汉打造成为全国知名的网络文艺之都。

(2) 培育发展数字创意产业

利用数字技术做大做强文化产业，为文化产业快速发展带来新动力。大力培育以数字化产品、网络化传播、个性化服务为核心的网络视听、网络游戏、移动阅读、数字出版、手游直播、数字影视、智慧旅游、手机电视等新业态，提升文化产业的数字化、智能化、网络化水平。要积极培育新兴数字娱乐产业，促进数字出版、数字摄影、数字音乐、数字电影、数字电视、卡通漫画、网络游戏、3D动画、基础动图等产业发展，借助推动数字商业传播领域进步与发展的力量，持续推进文化科技融合，扶持动漫设计、互联网信息、大数据服务、人工智能等智慧产业，生产更多优秀的影视、动漫、游戏、创意设计、网络文学等"现象级"产品，把武汉打造成数字创意集聚高地，为湖北文化产业发展注入新动能，打造新的增长极。

促进虚拟现实产业健康有序发展，开拓混合现实娱乐、智能家庭娱乐等消费新领域，推动智能制造、智能语音、智慧翻译、3D打印、无人机、机器人等技术和装备在湖北数字文化产业领域的应用，不断丰富产品形态和服务模式，拓展产业边界。培育一批具有较强核心竞争力的湖北大型数字文化企业，进一步强化湖北动漫和直播产业优势，提升湖北动漫游戏、电竞、短视频等数字文化产业文化内涵、技术水平和产品质量，推动相关产业融合发展，延伸产业链和价值链。

(3) 培育动漫游戏业新优势

切实把动漫产业和游戏产业作为湖北省文化产业发展的突破口，依托良好的产业基础、丰富的科教创新资源和悠久的历史文化，着力打造动漫精品。把握艺术生产规律，突出原创化、品牌化、本土化、国际化，加强荆楚原创动漫游戏精品创作，打造动漫、游戏行业品牌，加快壮大产业规模，提升湖北动漫业和游戏业的竞争力和影响力。开发动漫游戏衍生品市场，形成完整产业链；加强游戏核心技术研发和提升，大力发展手游、端游、VR游戏等新兴业态。推动动漫游戏跨界融合发展，鼓励与设计业、制造业、旅游业等开展合作，促进动漫游戏与影视、直播、文学、体育等深度融合。培育和引进高水平专业运营机构，举办大型游戏赛事活动，打造区域性电子竞技赛事中心。研究网络学习模式与云服务平台技术，促进动漫游戏与虚拟仿真技术在设计、制造、科普、教育、体育、建筑、旅游、商务等领域中的集成应用，加强动漫衍生品综合开发及文化娱乐装备的集成制造，促进动漫创意文化元素与相关产业的融合发展。

以新媒体动漫为先导，以影视动画为核心，以原创漫画为依托，以网络游戏、衍生品产销、外包服务、品牌运营为支撑，形成湖北动漫游戏企业发展梯队和规模效益，通过斗鱼直播节、中国游戏节等活动营造氛围、聚集人气、促进交易，打造一批有影响力的动漫游戏品牌，推进两点十分、太空动漫、江通动画等湖北典型动漫企业的发展壮大。到2025年，将动漫业和游戏业打造成两个具有更高产业水平与带动力的产业链群，成为提升湖北省经济整体实力的重要抓手。

(4) 培育发展先进文化装备制造业

适应大数据、物联网、人工智能等发展趋势，提升文化装备技术水平，瞄准文化领域关键核心技术产品与装备，攻克一批关键瓶颈技术，提升文化企业服务装备制造的能力。加强舞台演艺和观演互动、影视制作和演播等高端软件产品和装备自主研发及产业化，加快广播电视网络升级和智能化建设，支持内容制作、传输和使用的相关设备、软件和系统的自主研发及产业化。加强智能化的文化遗产保护与传承、数字化采集、文化体验、公共文化服务和休闲娱乐等专用装备研制。

推进数字化、智能化、网络化技术在文化装备生产中的应用，加强文化产业与装备制造业、消费品工业对接，支持基于新技术、新工艺、新设备、新材料的应用设计和文化内涵开发，进一步提升实用功能和审美性。在生活消费品制造中引入创意设计元素，提高附加值，引导消费升级。推动文化装备制造与智慧旅游、特色小镇、城市综合体等相结合，发展智能家庭娱乐、智能语音、3D打印等高端制造业，加大可穿戴设备、智能硬件、沉浸式体验平台的推广力度，提升传统制造业水平。鼓励文化企业与制造企业深度合作，通过形象授权、限量复制、加盟制造、委托代理等形式开发文化衍生产品，推动文化创意和设计服务渗透到制造业产品生产、销售流通、宣传推广全过程。

(三) 推进文化创意设计产业发展,驱动湖北创意产业竞争力提升

1. 做强工业设计产业

以"武汉设计之都"建设为契机,大力发展创意设计服务产业。实施一批"工业设计提升传统产业"示范项目,鼓励国内外龙头骨干设计企业在湖北建立工业设计创新中心,加强基于新技术、新工艺、新装备、新材料、新需求的设计应用研究,促进工业设计向高端综合设计服务转变。

以人才、企业、品牌、项目等产业发展要素为基础,提高设计产业信息化、国际化、集聚化水平,培育一批全国知名设计企业。依托我市在制造业、建造业领域的产业优势,搭建设计产业与制造业、建造业合作平台,充分发挥设计产业的引领作用,提供定制服务,使设计产业与制造业、建造业之间优势互补,提升设计产品的营销能力和市场占有率。

鼓励设计领军企业提供全产业链设计创新服务,搭建完善产业链服务平台,推动工业设计由产品外观设计向高端综合设计服务转变。积极争取"中国工业设计展览会"永久落户武汉,加快招商引资,跟踪推进一批工业设计项目落地,争取国内外创新资源向我市转移,提升我市工业设计的国际竞争力。

依托沿线的中国建筑科技产业园、省广播电视台广电传媒基地、铁四院第二总部基地(高科创新基地)等,打造世界级的设计大道,将其建设成为湖北"设计之心";规划建设具有湖北特色的创意设计街区,打造集生产、交易、服务、旅游、休闲等为一体的产业轴带。将武汉设计城、设计街区、设计园区建设与武钢片区转型升级、武汉长江新城、中法武汉生态示范城、智慧生态城等重大城市项目紧密结合,以长江之心、长江之门、长江之珠的高水平规划设计为引领,形成具有武汉特色的设计集聚展示区、设计产业服务区和城市文化新载体,树立新的世界级设计品牌。支持各相关地市州人民政府、企业建设"布局合理、各具特色"的"设计之都示范园区"。

2. 做大建筑设计产业

支持湖北省优质设计企业做强做大,形成一批产业带动力强的行业领军企业。发展专业化设计公司和以院所为依托的设计室,支持骨干企业设立独立的设计机构,鼓励和支持公民和法人以设计类知识产权作价出资办企业。拓展国际服务外包业务,支持龙头设计企业走向海外。吸引国内外高端工程设计企业到湖北设立总部,建成全国工程设计交易中心和资源配置中心。

推动"互联网+"设计产业的发展,建设武汉工程设计虚拟产业园,为设计企业提供全方位信息服务。推动数字化审图工作的高效运作,进一步提升我市勘察设计和施工图审查行业信息化管理水平。将新技术运用到工程实践中,大力推进建筑信息模型技术、装配式建筑、"海绵城市"、综合管网等的设计。支持设计、施工企业联合出海,大力开展国际工程承包,带动优质设计产品、优势装备和技术标准输出,共享企业在境外建立的办事机构,针对海外项目开展技术研发与项目合作,扩大海外市场份额。

3. 创新发展时尚产业

支持本土服装企业加大技术改造和新产品开发力度,提升产品价值,加快由生产型向服务型企业转变。依托服装制造产业基础,建设武汉国际时尚创意产业园、红T时尚创意街区等时尚产业集聚示范区。支持湖北美术学院、武汉纺织大学、江汉大学武汉国际时装周和"武汉·中国宝谷"文化品牌,建设珠宝文化产业基地。培育一批全国性时尚品牌,打造一批拥有自主知识产权、市场竞争力较强的优势企业,将武汉打造成国内时尚之都。

推动政府、企业、学校紧密合作,共同开展丰富多彩的武汉设计之都系列活动。继续办好"武汉设计双年展""大河城市论坛""斗鱼嘉年华""武汉设计之都圆桌会议"等活动,吸引创意网络城市及全球的设计师、设计企业、设计机构、设计院校广泛参与,不断丰富活动内容和形式。

4. 壮大数字创意产业

落实国家扩大文化消费试点政策，打破文化事业和文化产业长期分割的格局，通过体制机制创新，发挥文化扶持资金杠杆效应，探索我市创意设计文化产业的供给侧结构性改革路径。加快培育发展时尚创意设计、3D打印、软件设计、文化动漫、影视游戏、直播电竞、光影互动体验、数字出版教育等为主的文化创意设计，以武汉东湖新技术开发区为核心，深入推动武汉东湖国家级文化和科技融合示范基地建设，推动文化产业蓬勃发展。支持发展网络视听、网络动漫游戏、网络艺术品交易等新业态。推动广告技术创新，探索跨媒介、跨平台、跨业态的融合发展模式，培养广告创意人才。

（四）促进文化和其他产业融合发展，驱动湖北融合产业竞争力提升

1. 促进文化与旅游融合

充分利用独特的文化资源，坚持全域旅游的理念，大力发展文化旅游产业，高标准推进文化旅游景区内涵建设，体现"世界内容，湖北表达"和"湖北内容，世界表达"相结合。拓展文化旅游产业链；积极发展"科技+旅游"，实现传统营销模式向智慧旅游营销模式的转型，提高文化旅游产业的文化品位和影响力。

促进文化旅游业发展，实行"旅游+"发展战略，推动旅游业与工业、商业、金融、物流、影视娱乐等产业互动发展。积极保护和科学开发古村落、古遗迹等资源。策划、推进与城市优秀历史文化风貌有关的舞台艺术、影视作品项目，创新荆楚文化走向世界的传播载体。发展旅游驻场演出，打造中小型、主题性、特色类的文化旅游演艺产品。建设智慧旅游服务体系，建立文化遗产资源数据库，利用地球空间信息、大数据、云计算、三维摄影等技术，全方位展示旅游景区景点。依托文化文物单位的馆藏文化资源，鼓励企业通过限量复制、加盟制造、委托代理等形式参与文化创意产品开发。

推动文化与旅游深度融合，大力发展文旅产业，支持33个全域旅游示范区建设，沿"长江经济带"打造长江国际黄金旅游带核心区，让湖

北旅游有颜值更有内涵。依托全域旅游示范区带动全省各地全域旅游发展。汲取武汉市黄陂区、恩施州恩施市、宜昌市夷陵区全域旅游示范区建设经验，结合地方特色，探索差异化全域旅游发展模式。构建湖北旅游品牌体系，以目的地品牌创建推动旅游要素、旅游服务配套完善，彰显目的地个性特色，重点打造景区、旅游路线、休闲度假、旅游节庆、旅游美食、旅游商品等6个类别的旅游产品品牌，每年推出新建高质量景区和新旅游线路。精心设计开发一批有创意、有区域文化特色的旅游纪念产品，在主要旅游景区开辟旅游文化产品销售市场，使游客愿意并且能够购买到具有纪念意义的精美文化礼品。在旅游文化演艺产品方面，创作出能够得到广泛认同的精品力作和拳头产品，开展夜游，推出常态化的旅游文娱演艺精品。

启动实施魅力旅游名县培育工程，深入创建湖北旅游名镇、旅游名村和特色文化村。挖掘文化内涵，打造武汉都市之旅、峡江神山之旅、世界遗产文化之旅、三国胜迹之旅、清江民俗风情之旅、大别山红色经典之旅、温泉养生之旅等一批精品旅游线路。大力实施"文化+""旅游+"战略，积极推进文化产业、旅游产业与体育、医疗、商贸、会展、金融、农业、科技、教育、地质、林业等相关产业融合发展，培育文旅新业态。

2. 促进文化与商贸融合

发挥广告业的营销推介功能，整合广告设计、创意策划、媒介投放、产品展示等产业链环节，支持广告业向综合性服务业拓展延伸。鼓励运用嵌入式广告、互动广告、二维码广告等广告形式，创新商业模式与营销模式。打造具有文化特色的商业街区和商贸城镇，构建新型文化商贸流通网络。发挥电子商务的快捷便利功能，建设一批全国性电商平台，大力发展跨境B2C、跨境支付、国际采购和配送服务。支持移动文化娱乐与休闲、移动支付与金融等移动电子商务产业发展。

3. 促进文化与体育融合

鼓励文化企业向体育领域拓展，支持发展体育竞赛表演、电子竞技、体育动漫等新业态。加强创意设计，提升体育用品及衍生产品的附加值；

丰富传统节庆活动内容，支持各地依托自然人文资源举办特色体育活动。引进和承办具有国际影响力和品牌效益的高端体育赛事，办好武汉网球公开赛、武汉国际马拉松赛、世界飞行者大会等国际性体育赛事，提升横渡长江、登山、赛马等地方特色赛事的品牌价值，支持鼓励社会力量举办各级各类体育赛事，发展户外极限、电子竞技、赛车、航空等新型体育休闲娱乐产品和服务。发展体育竞技表演、大众体验体育、电子竞技等新业态。

4. 促进文化与康养融合

深度结合我省文化资源禀赋，重点提升打造都市游、乡村游、温泉养生、研修研学、养老健康、运动健身、舞台会展、红色纪念、自然文化遗产等9类休闲度假旅游产品，适应大众旅游时代的需要，支持建设温泉养生、中医药养生、游乐养生等特色健康文化产业基地，开发康养文创产品。依托武当山中医药文化、道教养生文化，大力发展长寿经济，形成食疗养生、山林养生、气候养生为核心，以养生产品为辅助的健康餐饮、休闲娱乐、养生度假等功能集聚的健康养生养老体系。

（五）加强荆楚文化资源挖掘和利用，驱动湖北特色产业竞争力提升

1. 挖掘荆楚特色文化资源

深入挖掘地方和民族特色文化资源，通过创意转化、科技提升和市场运作，提供具有鲜明区域特点和民族特色的文化产品和服务，在促进中华优秀传统文化创造性转化、优化文化产业布局、推动区域经济发展等方面发挥积极作用。通过"互联网+"思维和科技创新手段，重新审视湖北生产要素资源，围绕核心文化和科技资源协同创新，着力掌握技术研发、协同攻关、要素融合和创新要素升级的前沿科技，推动文化生产要素升级。

综合利用多种形式整合湖北文化资源，加强湖北特色文化资源挖掘，梳理湖北文脉和文化资源，提炼湖北文化特色，强化湖北文化资源产业化转化力度，鼓励企业制作湖北特色文化内容产品，加大对非物质文化遗产及传承人的扶持力度。

统筹推进我省荆楚文化、三国文化、红色文化等文化资源的创造性转化和创新性发展，加快构建生产和服务、开发和保护良性发展的格局。加强文化文物文创产品开发，推进特色非遗产品的研发、生产和销售。着力打造具有荆楚特色的工艺产品，促进传统工艺提高品质、形成品牌。继续办好随州市世界华人炎帝故里寻根节、宜昌市屈原故里端午文化节、中国长江三峡国际旅游节等活动，发展特色节庆经济。

2. 培育荆楚特色文化产业

利用湖北特色历史文化资源和自然资源优势，大力发展特色文化产业，培育特色文化产业发展载体，提升特色产业的关联效应。鼓励利用历史遗迹、文化遗存及生态宜居环境等资源发展文化休闲旅游业。加强特色文化小镇、文化名村和特色街区建设，深入挖掘特色文化元素，把民族民间文化元素融入乡村建设。

大力发展湖北境内的少数民族工艺品创意设计及衍生品的开发项目，促进传统工艺走进现代生活的项目，文化内涵丰富、适应市场需求的特色演艺娱乐项目，特色文化产品和服务品牌推广项目等。鼓励引导民间艺人、非遗传承人、文化志愿者和文化企业向特色文化小镇、文化名村和特色街区聚集。加强特色文化产业的统筹规划，明确发展定位，整合资源，不断丰富特色文化产业生态，加强提升特色文化产业竞争力。

3. 共享荆楚特色文化资源

通过多种形式整合湖北的荆楚特色文化资源，构建公共文化资源服务平台，促进文化资源的共享与开放，使文化资源得到高集约度的利用。推动标准化、易获取、可重用和可扩充的海量文化资源共享平台的建设和使用，对高质量的、符合制作要求的文化内容素材信息进行云存储和云管理，为更多企业提供精准化、服务个性化、内容可视化和质量评估智能化的资源共享服务。构建文化资源大数据分析和信息服务平台，企业间共享国内外尖端技术和产品动态、用户兴趣和行为分析建模、个性化信息定制和智能推送等信息服务。各文化企业要以战略眼光开放各种文化资源，使得文化资源能够得到新的组合与延展。

（六）强化文化企业壮大与品牌培育，驱动湖北文化企业竞争力提升

1. 做强国有文化企业

以建立现代企业制度为重点，加快国有文化企业股份制改革，完善公司法人治理结构，大力发展国有资本控股、非公资本参股的混合所有制和混业经营文化经济，形成符合现代企业制度要求、体现文化企业特点的资产组织形式和经营管理模式，培育合格市场主体。建立国有文化资本监管机构（出资人）—运营机构—国有或国有控股文化企业的三级运营体制，提高国有文化资本收益，扩大调控力和影响力。推动国有文化资产向关系国家政治安全、意识形态安全、文化安全的重要行业和关键领域集中，向基础性、战略性的文化领域集中，向公共企业特征明显、技术先进、结构合理、机制灵活、核心竞争力强的大企业集中。推动国有骨干文化企业以资本为纽带，跨地区、跨行业、跨所有制兼并重组，加快培育一批核心竞争力强的国有独资或国有控股骨干文化企业，努力成为文化市场的主导力量和文化产业的战略投资者。

2. 壮大民营和中小企业

壮大一批民营文化企业，形成一批有影响、有品牌、有竞争力的民营企业或企业集团。通过政府采购、信贷支持、加强服务等多种形式扶持中小文化企业发展，形成富有活力的中小企业群体。简化创办手续，降低准入门槛，支持个体创作者、文化工作室、民办非企业文化机构、文化产业专业合作社发展。鼓励各类中小文化企业向"专、精、特、新"方向发展，强化特色经营、特色产品和特色服务。

3. 推进产业集群孵育工程

首先，打造文化产业孵化器。充分发挥文化产业适宜创业、带动就业的优势，优化产业扶持政策，培育一批特色鲜明、服务优质、创业生态圈完善的孵化平台。努力引进创业人才和团队，力争实现每个重点文化产业园区都有文化产业孵化平台。加快提升企业孵化器、加速器，引进和培育高水平的园区运营企业，实现规模化和专业化运营。积极鼓励

大学生从事文化领域的创业项目，逐步提高对大学生创业的扶持力度，鼓励发展众创空间和众包平台，力争在财政支持、导师辅导、中介服务等方面创新模式、提升水平，培育一批功能完善、成效显著的省级文化产业孵化平台。加大对文化产业创业成功案例的宣传推广力度，营造良好的创业创新氛围。其次，构建文化科技创新孵化平台。应对新技术发展潮流，实施"文化+科技"行动计划，积极推广应用数字技术、网络技术，加快建设一批文化技术创新孵化平台。鼓励高校、科研机构及有条件的骨干企业开展文化创新研究，引导跨国企业和海外高端人才在我省设立文化技术服务机构。建立健全共享机制，实现国家重点实验室、国家工程中心等技术平台向文化企业开放。建立省级文化与科技协同创新机制，完善湖北省文化科技创新技术联盟建设，加大对文化领域科技创新的支持力度。

4. 加快发展文化产业园区

制定加快发展文化产业园区措施，鼓励建设一批专业化、特色化、集聚效应明显的文化产业园区，形成企业集中布局、产业集群发展、资源集约利用、功能集合构建的园区发展格局。支持重点文化产业园区创建国家级示范园区，推动国家级文化产业园做大做强，建成国家级示范园区。进一步支持武汉东湖国家级文化和科技融合示范基地建设，打造一批文化与科技融合示范项目和示范园区，鼓励省内有条件的地区创建国家级示范基地。

促进文化与生态、旅游、科技、金融的深度融合，加快发展一批动漫、音像、传媒、视觉艺术等文化创意产业园区，加快建设东湖高新国家文化和科技融合示范基地、国家数字出版基地和国家广告产业园。加快文化产业聚集区建设，重点扶持2~3个小微文化企业创新创意基地，努力打造2~3个国家级文化产业园区和7~8个国家级文化产业示范基地，逐步形成10个以上湖北地域特色鲜明、创新能力强劲的特色文化产业集群。

5. 实施文化品牌培育战略

制定文化品牌培育计划，支持引导文化企业注册、培育、保护和利用商标。促进特色文化产品交易,支持文化企业参加各类赛会节展活动,提升品牌知名度和市场占有率。培育一批在全国有较大影响力的文化企业、文化产品、文化活动、文化服务和文化资源等系列优势品牌。加快湖北广播电视台、长江日报集团、长江传媒集团、知音传媒集团等重点媒体的建设和发展,着力培育一批品牌栏目、品牌频道,培育一批名记者、名编辑、名主持人,提高湖北媒体的影响力和竞争力。加大对优秀文学作品的扶持力度,激发文学创作活力,深入挖掘重大革命和历史题材、当代现实题材、湖北本土题材,推动我省原创文学走向全国前列。制定实施重点出版物规划和重点出版物年度计划,重点打造文艺类、少儿类、教育类、美术类、财经类等鄂产出版品牌和优势出版门类,力争更多的作品荣获国家奖项。

(七)健全现代文化产业体系和市场,驱动湖北文化产业规模扩大

1. 健全现代文化产业体系

(1)深入推进文化体制改革

推进省属国有文化企业公司制改革和股份制改造,在允许社会资本进入的领域,鼓励混合所有制发展模式,鼓励企业与企业之间展开股权合作、融资合作、同质企业并购、组建股份制企业。实施国有文化企业股权激励制度。支持龙头文化企业跨地区、跨行业、跨所有制兼并重组,加快出版、影视、演艺等领域资源整合和交叉持股,培育一批航母型企业集团。加大文化产业招商引资力度,引进一批龙头文化企业。加快建设和储备一批示范性强、拉动作用明显的文化产业项目,发挥重点项目的支撑作用。

(2)构建现代文化产业体系

建立政企分开、独立决策、自负盈亏、自我约束、自行发展的市场主体。完善企业法人治理结构,理顺董事会、监事会、经理层在企业中的角色、职能和责任,建立权责对等、运转协调、有效制衡的决策执行监督机制。探索在文化市场领域建立负面清单的管理模式,完善市场准入和退出机制,保障企业能够自主经营、公平竞争、规范运行。

2. 健全现代文化市场体系

(1) 建设现代文化市场体系

充分发挥文化市场在文化资源配置中的积极作用，统一文化市场秩序，建立公平、公正的竞争机制和消费机制。健全文化要素市场，发挥湖北区位优势，依托湖北特色文化资源，建设门类齐全的文化产品市场和文化要素市场。重点发展图书报刊、电子音像制品、演艺娱乐、影视剧、动漫游戏等产品市场，加快培育产权、版权、技术、信息等要素市场。重点建设广电有线网络、电影院线、演出院线、出版物流等传输快捷、覆盖广泛的文化传播渠道，发展以湖北省演艺集团为首的中部演出院线，推进有线电视网络的区域整合和跨地区经营，推进电影院线、数字电影院线的跨地区整合以及数字影院的建设和改造；建设文化物流产业园，发展连锁经营、物流配送、电子商务等现代流通组织和流通形式，构建以武汉为中心、各地市州相配套、贯通城乡的文化产品流通网络。

(2) 优化文化市场环境

推进公平竞争审查机制全面落实，加强反垄断执法和垄断行业监管。完善知识产权保护机制，加大版权、商标权和名称权等的综合保护力度。强化市场主体信用信息系统建设和结果运用，营造守信践诺的市场氛围。深入推进文化市场综合执法改革，创新监管方式，加强行业自律，净化文化市场环境。

(3) 培育文化消费市场

立足湖北全域，从创新产品技术、创新新兴产业和发展特色文化资源三个方面实施湖北文化产业结构和文化消费升级。第一，优化文化产品供给结构，打造各具特色的文化精品，补齐内容短板、丰富服务模式、提升消费体验。增加数字文化产业有效供给，满足网络化、智能化、定制化和体验式的现代生活方式需求，开发和提供新产品和新服务，培育新的文化消费增长点。第二，深入推动文化消费与信息消费融合，加快推进文化产品和服务生产、传播、消费的数字化与网络化进程，扶持现已形成的网络直播、新媒体社交、虚拟现实、游戏游艺和数字演艺等新兴文化业态模式，进一步拉动居民新的消费增长点。第三，引导大型商业购物中心、宾馆饭店、精品书店、体育场馆设施等引入特色文化资源，打造一批商业服务与休闲文化高度融合的综合消费场所。发展文化电子商务，减少流通环节和成本，为消费者提供更多质优价廉的文化产品和服务、更加便捷高效的文化消费体验。

（4）引导居民文化消费

合理布局文化消费场所，提供有效覆盖、方便快捷的文化消费设施。增加政府购买公共文化产品和服务的品种范围，推动文化产品和服务品质的提升。健全培育和扩大文化消费的长效机制，结合武汉市、宜昌市创建全国文化消费试点城市的经验，引导城乡居民扩大文化消费试点工作，创新文化消费补贴方式，营造良好的文化消费氛围，引导消费者树立科学、合理、健康的文化消费理念。探索开展城乡居民文化惠民消费季活动，刺激撬动大众文化消费。

（5）加强文化市场保护

加大文化市场综合执法力度，严厉打击侵害消费者权益的行为，提高市场监管效能。加快推进文化消费领域产品、服务标准化体系建设，发挥标准化对建设安全可信消费环境的支撑作用。建立健全简便、灵活、高效的文化消费争议解决机制，充分发挥消费者权益保护委员会的调解功能，适时建立民间文化消费仲裁机构。

（八）深化文化产业国际交流合作，驱动湖北文化产业国际竞争力提升

紧紧围绕"一带一路"倡议，全面提升对外文化贸易的质量和能级，将文化产品和服务输出培育成为新的经济增长点和提升区域文化软实力的重要手段。

1. 推进文化出口提质增量

鼓励文化企业开发具有自主知识产权的原创产品，推动文化企业与境外知名企业开展战略合作，打造具有国际水准的特色优势文化品牌。完善对外文化贸易政策体系，健全文化出口重点企业项目目录年度更新和发布机制，积极培育外向型文化出口重点企业和重点项目，

培育打造一批省级文化产品和服务出口基地，建设一批文化服务贸易示范城市，力争全省每两年有20家以上文化企业入选年度国家文化出口重点企业名单，每两年有10个项目入选年度国家文化出口重点项目名单。

2. 创新国际贸易合作模式

充分发挥武汉作为服务贸易创新发展试点城市和国家级新区的平台作用，构建产品输出和资本输出双轮驱动的"走出去"格局，建设国际营销网络，提升我省文化国际市场占有率。发挥行业协会作用，研究国际文化消费市场空间，寻求文化产品、服务和资本与国际市场的最佳对接口。鼓励文化企业通过独资、合资、控股、参股和并购等多种方式在海外创建分支机构，兴办文化经营实体，实现海外落地经营，拓宽营销渠道；支持文化出口企业加强与国际著名文化制作、经纪、营销机构合作，开拓国际市场。扩大国际版权出口贸易规模，支持江通动画、两点十分等重点文化企业集团加快海外版权输出。

3. 打造国际文化贸易平台

构建对外文化贸易和海外版权交易服务平台，拓宽文化企业境内外交流渠道。提升中国国际动漫节、"中国光谷"国际光电子博览会等大型综合性文化展会的国际化程度，扩大品牌影响力。积极为外向型文化企业开拓海外主流贸易渠道，组织文化企业参加各类国际性文化贸易活动或综合性服务贸易展览会，搭建国际贸易和项目合作的对接平台。依托跨境电商的先发优势，借助亚马逊、阿里巴巴和京东等线上交易平台和新兴交易模式拓展国际业务。

4. 完善对外文化交流机制

创新对外文化交流项目运作方式、对外文化交流项目管理机制和融资机制，制定符合本地区实际的对外文化发展规划。完善对外交流激励政策，表彰和奖励文化"走出去"优秀单位和企业；加强资源统筹能力，拓宽资源对外推介渠道。继续推进"艺海流金荆楚韵·长江情"活动。

(九)加大文化人才与金融支持力度,驱动湖北文化产业要素升级

1. 优化人才管理

认真落实湖北省关于高层次人才的优惠政策,将文化产业人才纳入各级党委和政府人才发展规划和工作计划。建立健全人才培养选拔机制,健全人才使用、流动机制,坚持为我所有和为我所用相结合,采取签约、项目合作、技术入股等多种方式,鼓励以岗位聘任、项目聘任等多种方式集聚文化人才。加大对民营文化企业优秀人才的政策倾斜,着重在户口档案转入、经济适用房购置等领域设立绿色通道。完善就业创业服务平台和保障体系,鼓励大学生留鄂创新创业,聚集基础性文化产业人才。鼓励科技人员进入文化板块创业,支持科技人员创业兼职。鼓励文化企业以知识产权、无形资产、技术要素入股等方式,加大对骨干人才的激励力度。梳理和完善全省现有文化人才相关优惠政策,形成湖北人才政策高地。

2. 引进海外人才

探索开展技术移民制度、海外人才永久居留、出入境便利服务等试点,营造引进高层次人才的政策环境,从更大范围引进高层次人才,深化人才发展体制机制改革和政策创新,建立具有国际竞争力的人才发展环境。深入实施"长江人才计划""海外青年引进计划(博士后资助项目)"等,针对湖北省文化产业重点领域发展需要,加大海外创新科研团队和高层次领军人才的引进力度,"靶向"弥补产业技术短板。鼓励柔性使用海外人才,支持有条件的地市建设海外人才离岸创新创业基地,充分发挥国(境)外人才的作用;支持湖北企业在国(境)外设立研发中心、分支机构、孵化载体,就地吸引和使用人才。

3. 培养本土人才

充分发挥湖北教育资源优势,创新培养方式,造就一批文化产业领军人才。通过高校联合办学、定向培养、在职进修培训、实践锻炼等多

种途径，培养高层次文化人才。深化高校创新创业教育改革，在学位授权、研究生招生政策、人才和产学研合作平台建设方面加大改革力度，加大文化产业重点领域人才培养力度。开展校企联合培养试点，推进高职院校与企业合作举办二级学院，开展现代学徒制试点。支持文化企业设立培训机构，培养一批文化产业技能型人才，增强湖北企业自身的人才造血功能，保障湖北人才资源在我省文化产业转型升级方面发挥积极作用。

4. 构建文化产业投融资体系

多方面多层次构建文化产业投融资体系。首先，深化文化金融合作，引导金融资本支持文化创意和设计服务业发展。根据文化企业的特点和资产特性，创新文化金融服务体制机制，创新文化金融产品和服务。其次，拓展多层次资本市场，积极开辟湖北文化企业融资新渠道，突破金融业时间和地域的约束，缩短资本回收期，支持金融机构采取投资企业股权、债权、资产支持计划等多种形式为文化企业提供综合性金融产品；建立文化企业上市"绿色通道"，奖励文化企业上市融资，支持上市文化企业用好资本市场再融资。最后，推进文化金融合作改革试点工作，探索建立文化金融合作试验区和文化金融创新中心；推动文化产权市场创新发展，支持华中文化产权交易所做大做强。

5. 加大文化金融服务力度

文化金融主要从健全合理的评估机制、建设文化产业专项融资平台两个方面增强服务力度。第一，研究制定对湖北文化产业无形资产、项目进行合理评估的机制，将技术成果、知识产权、外观专利和文化创意与品牌等版权质押引入信贷流程，对文化产业发展中的投资效益率、回收期、风险等因素予以较好的识别，增强湖北文化产业的市场竞争力。第二，加强文化产业融资平台建设，建立政府部门、金融机构与企业之间的政策协调和信息共享机制，促进银企供需对接。支持金融机构成立文化产业专营机构、特色支行和专业服务团队。引导各类金融机构扩大对文化产业的融资比例，创新文化信贷产品和服务。切实加大对小微文化企业的金融服务力度。

（十）优化文化产业体制机制创新，驱动湖北文化产业政策体系完善

1. 完善文化产业支持政策

（1）加大财政支持

加大对文化产业发展的支持力度。发挥各级文化产业专项资金的引导和杠杆作用，引导社会资本加大对文化产业发展的投入，对龙头企业、重大项目和新兴业态进行重点扶持，对重大招商引资落地项目、企业上市、"个转企"和"小进规"等按规定给予奖励。全面实施财政资金预算绩效管理，提高资金使用效益。

（2）落实税收优惠

落实国家关于经营性文化事业单位转企改制、文化企业改制重组、文化产品出口和小微文化企业发展等税收优惠政策。文化企业发生的符合条件的广告费和业务宣传费支出，按规定在计算应纳税所得额时予以扣除。对经认定为高新技术企业、技术先进型服务企业的文化企业，按照规定减按15%的税率征收企业所得税。文化企业发生的符合条件的研发费用，享受国家规定的有关政策。文化企业符合新办软件企业或动漫企业条件的，按照规定享受"两免三减半"企业所得税优惠政策。

（3）强化用地保障

将国家级、省级文化产业示范园区（基地）的重大文化产业项目，优先纳入省重点建设项目计划，优先保障供地。对符合我省优先发展产业的文化产业类工业项目，按不低于所在地土地等别相对应《全国工业用地出让最低价标准》的70%执行。降低生产性文化产业项目的一次性置地投入，其使用的工业用地允许以租赁、先租后让、租让结合的方式供应，可在一年内分期缴纳土地出让价款，首期缴纳比例不低于50%。利用划拨方式取得的存量房产、土地兴办文化产业的，其用地手续办理符合《划拨用地目录》的，可按划拨方式办理。落实国家关于经营性文化事业单位转企改制的土地优惠政策。鼓励利用闲置的历史文化街区、生产厂房、仓储空间、乡村院落等兴办文化产业园区。

2. 强化文化产业发展保障措施

(1) 加强组织领导

建立由省主要领导挂帅、相关部门负责人参加的湖北省文化产业工作领导机构和部门协调推进机构，研究制定发展规划和政策，拟定发展目标和任务，协调产业布局及产业发展重大问题。加强顶层设计、整合相关部门资源，推动形成工作合力。相关部门按照职责分工加强配合，做好协调、调度和推进工作。各地市州也要建立完善相关领导机构和管理机制，明确任务分工，确保各项工作落到实处。

(2) 实施简政放权

推动政企分开、政事分开、政资分开，加快政府职能转变，强化政策调节、市场监管、社会管理、公共服务职能，推动有关部门与其所属文化企事业单位进一步理顺关系，赋予企事业单位更多的法人自主权。深入推进"简政放权、放管结合、优化服务"改革，继续推进政府职能由"办文化"向"管文化"转变，构建责任清晰、分工明确的跨部门协作机制，建立完善的融合发展督查推进制度，加快文化领域审批制度改革，通过严格规范政府的行权方式，严格执行责任清单和负面清单制度，做到廉洁、高效、透明、公正、公开。简化项目办理程序，优化服务流程，深化适应新业态、新模式、新产业发展的商事制度改革，减少对企业生产经营和投资活动的干预，发挥好各级政务服务中心的作用。

(3) 强化宣传引导

建立政府主导、媒体支撑、社会广泛参与的文化产业宣传工作体系，利用报刊、网络等媒体，广泛宣传创新型文化企业先进经验和典型做法，增强湖北文化企业和文化产品的影响力，强化社会各方面对文化产业的参与感与责任感，为文化产业提档升级营造良好的社会环境。在智慧旅游、智能制造、大数据产业、5G通信等方面开展试点工作，在新兴文化产业各行业打造一批示范项目，及时总结推广试点示范项目建设经验，发挥以点带面的作用。

(4) 规范管理监督

建立健全党委领导、政府管理、行业自律、社会监督、企事业单位依法运营的文化管理体制。探索党委和政府监管有机结合、宣传部门有效主导的管理模式，推动实现管人、管事、管资产、管导向相统一。按照分类监管的要求，完善监管专项制度，以管控资本投向、优化资本结构、规范资本运作、提高资本使用效率和效益为重点，形成国有文化资产监管制度体系。完善国有文化企业党委领导与法人治理相结合的管理体制，健全文化企业社会效益优先，社会效益与经济效益相统一的综合考核体系。

(5) 完善统计考评

进一步完善文化产业统计指标体系、监测体系和评价制度，合理界定统计范围，科学统计产业发展数据，明确各有关部门统计任务，健全信息共享机制，全面科学地反映文化产业发展情况和发展态势，定期向社会发布文化产业规模、技术、市场发展动向等信息，加强对产业发展的预警与引导。

注重文化产业发展前瞻性研究，制定文化产业发展指南，引导文化产业有序发展。将文化产业发展纳入政府目标管理考核体系，切实加强规划任务的分解落实，作为衡量各级、各部门科学发展实绩的重要内容。进一步加强督促检查和考核评价，完善考评机制，健全规划实施的责任机制，组织第三方对规划执行情况进行评估，及时研究解决规划实施中出现的新情况、新问题，完善规划动态调整机制，增强规划实施效果，确保各项工作部署落到实处。

新冠肺炎疫情对湖北
文化企业影响的调研报告*

华中师范大学国家文化产业研究中心
中共湖北省委宣传部文化产业处
湖北文化产业网

  2020年初，一场新冠肺炎疫情突降华夏大地，成为新中国成立以来在我国发生的传播速度最快、感染范围最广、防控难度最大的一次重大突发公共卫生事件，中华民族又一次面临严峻考验。作为疫情最严重区域的湖北被迫按下"暂停"键，从而给湖北省人民的生活和生产造成了巨大的冲击。这对于原本依赖群体型文化消费且发展不充分的湖北省文化产业来说无疑是雪上加霜，影响巨大。为了深入贯彻落实习近平总书记关于统筹推进新冠肺炎疫情防控和经济社会发展的重要指示以及湖北

---

  * 本调研报告为中共湖北省委宣传部、湖北文化产业网联合委托项目"新冠肺炎疫情对湖北文化企业影响研究"成果之一。本文原载《人民论坛·学术前沿》2020年第9期。负责人：黄永林。课题组主要成员：华中师大组：黄永林、徐金龙、盘华、丁玉斌、郝挺雷、周雨城、余欢、李媛媛；中共湖北省委宣传部文化产业处组：黄勤、马燕、徐燚；湖北省文产网组：程家忠、刘明刚、张永青、尹静、王金鹏。本报告执笔：黄永林、黄勤、郝挺雷、余欢、李媛媛。
  本报告完成时间：2020年3月31日。

省委、省政府关于疫情防控和复工复产两手抓两不误的决策部署，深入了解疫情对湖北文化企业的影响，以及文化企业受疫情影响后的具体困难与诉求，分析疫情带来的机遇与挑战，研究应对之策，帮助文化企业渡过难关，确保湖北省文化产业平稳健康发展，华中师范大学国家文化产业研究中心、中共湖北省委宣传部、湖北文化产业网联合组成"新冠肺炎疫情对湖北文化企业影响研究"课题组，组织开展对湖北文化企业的调查研究工作。现将有关调查研究情况报告如下。

一、被调研企业情况分析

（一）被调研企业的分布和类型的情况

2020年3月25日至30日，课题组采取网络问卷调查和深度访谈的方式，对湖北省17个地市州（含直管市）的文化企业展开全面调研，共收回789家企业的822份问卷，剔除重复部分，有效问卷为789份，并在此基础上对627家企业的文化产业从业人员进行了深度访谈，本次调研的企业数占湖北省规上文化企业的1/3以上。

从地域分布看，789家企业覆盖了全省全部17个地市州，其中湖北省直属企业30家，占3.8%；武汉市直属企业15家，占1.9%；武汉市企业136家，占17.24%；襄阳市企业33家，占4.18%；宜昌市企业52家，占6.59%；十堰市企业35家，占4.44%；荆州市企业49家，占6.21%；恩施州企业65家，占8.24%；孝感市企业35家，占4.44%；黄冈市企业28家，占3.55%；黄石市企业24家，占3.04%；荆门市企业23家，占2.92%；鄂州市企业9家，占1.14%；咸宁市企业188家，占23.83%；随州市企业44家，占5.58%；仙桃市企业10家，占1.27%；天门市企业2家，占0.25%；潜江市企业7家，占0.89%；神农架林区企业4家，占0.51%。总体来看，被调研企业地域覆盖面全，区域分布较合理，疫情最重的武汉市地区企业（包括在汉省属、武汉市直属和武汉企业，下同）共181家，占总比例的22.94%，其他地市州共608家，占77.06%，除咸宁市企业数相对较多外，其他地市州企业数分布较合理。具体分布情况见图1。

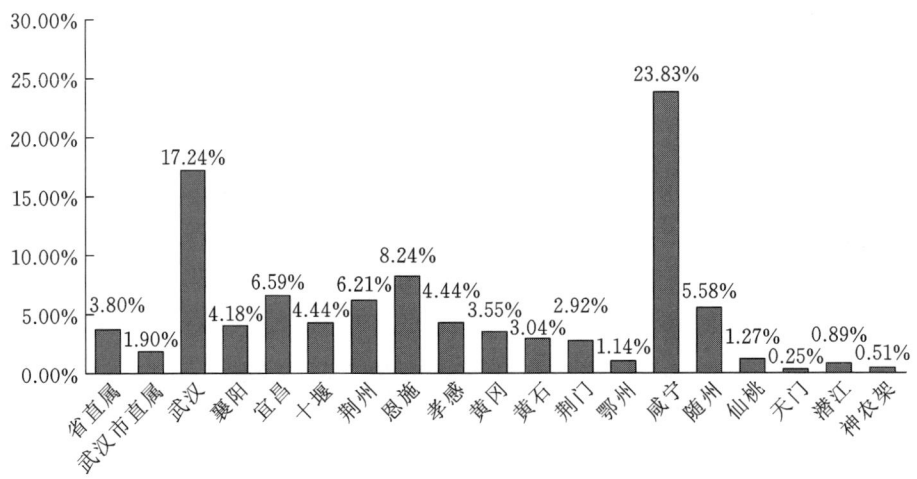

图1 被调研企业地域分布占比情况

从从业人员规模看，小型文化企业较多，50人及以下规模的企业居多，占69.7%，其中10人以下规模的企业占23.57%，11~50人规模的企业占46.13%；大型文化企业较少，千人以上规模的企业仅11家，占1.39%。这也反映了湖北文化企业规模主要以小微企业为主的基本特点。

从企业成立时间来看，成立10年以下的企业占比较高，达65.78%，其中成立5年以上10年以下的占24.33%，成立3以上5年以下的占17.62%，成立3年以下的占23.83%；成立10年以上的文化企业仅占34.22%。这也符合文化产业是一个发展中产业的特性。

从企业经营类型看，被调研的企业包括了国有企业、集体企业、私营企业，以及股份制企业、个人独资企业、联营企业和外资企业等各种类型。其中私营和个人独资企业数量最多，共计429家，占54.37%；国有企业93家，占11.79%；股份制企业221家，占28.01%。这体现了湖北省文化产业中民营和个体企业发展较快的特性。

从企业类型分布看，被调研的企业涵盖了文化产业全部9大类型，其中文化娱乐休闲服务领域有240家，占30.42%；文化传播渠道领域有165家，占20.91；文化辅助生产和中介服务领域有73家，占9.25%；文化投资运营领域有72家，占9.13%；文化消费终端生产领域有70家，占8.87%；创意设计服务领域有61家，占7.73%；内容创作生产领域有

53家，占6.72%；文化装备生产领域有37家，占4.69%；新闻信息服务领域有18家，占2.28%。各类型企业占比情况见图2。

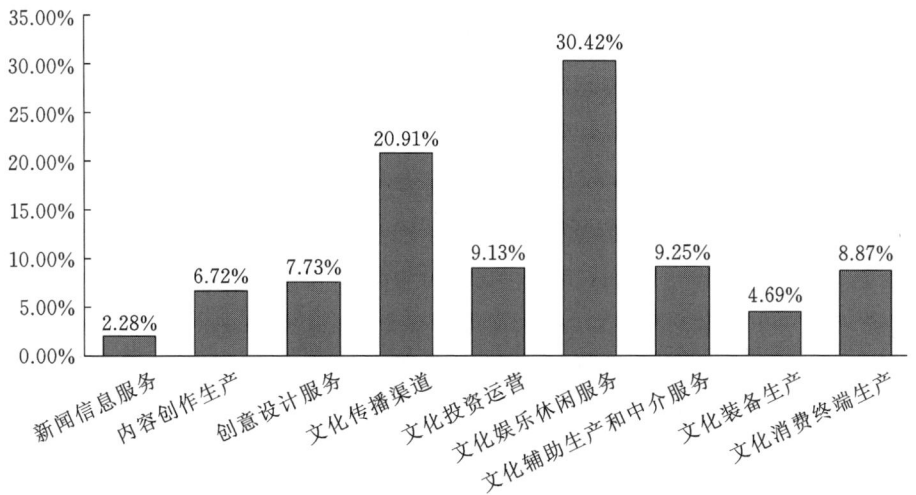

图2　被调研企业各类型占比情况

（二）被调研企业积极参加抗疫的情况

面对疫情，湖北文化企业与时代脉搏共振，与国家和人民共命运，秉承时代责任感和使命感，将社会效益放在首位，积极参加抗疫活动，彰显担当精神，成为湖北抗疫前线的一道亮丽的风景。经过深入访谈得知，如知音旗下的知音动漫公司充分发挥行业领头羊优势，第一时间发动画手，创作出大量富有感染力和视觉冲击力的原创作品，他们组织著名作者颜开、任翔、晓泊等，创作抗疫主题海报系列《来自漫客er的声音——武汉，加油！中国，必胜！》，在官微、官博以及省文明办平台进行传播，产生了较大影响。今古传奇旗下新媒体公司在疫情期间，组织自媒体开展战"疫"主题系列内容创作，深入报道了大量疫情一线主旋律、正能量的纪实作品，阅读人次超过1000万。湖北华中文交所联合华夏银行推出"文旅战疫复工贷"，为文化企业复工提供低息贷款，并推出了"战疫情、助复工"文化产业网公益大讲堂。湖北文化产业网发挥网上优势，积极宣传党和国家以及湖北省有关抗疫精神，报道文化企业抗疫的先进事迹,组织开展疫情对文化产业影响的网上调研。湖北画报社在疫情期间派出专业摄影记者深入一线拍摄援鄂医疗队员,并广泛开展了疫情防控阻击战照片征集工作,着手筹建网络"新冠肺炎影像档案馆"。武汉客厅文化发展有限公司募捐数亿元防疫物资和向一线防疫人员发放上千万慰问金,建立两家方舱医院、7家应急医院和2家康复中心。爱奇艺联合小明太极,与全国近百位具有影响力的漫画家共同携手,以漫画形式还原此次抗疫中涌现出的感人故事,同时进行抗疫科普宣传,致敬抗疫战场一线的工作者。疫情期间,武汉理工数字传播工程有限公司紧急联动了多家出版社,将线上知识资源免费推送给师生家长,保障全国中小学生"停课不停学",并免费帮助全国师生家长有针对性地进行学习监督与学习辅导。许多地市的文化企业也纷纷参与抗疫。如随州市随网文化传媒有限公司是当地粉丝量最大的本土网络媒体,在疫情期间,不仅承担相关宣传工作,还发挥自身线上销售和物资配送的优势,以低于其他平台的价格为全市市民配送物资,受到随州市商务局等单位的一致好评。湖北省文化企业抗疫的先进事迹不胜枚举,深受领导和社会的广泛赞扬。

(三) 被调研企业受疫情影响基本情况

1. 80%以上企业受疫情影响严重,9.13%的企业有面临倒闭的危险

疫情对文化产业尤其是对那些主要依靠人员聚集的传统型消费类文化行业,如电影、旅游、演出、节庆会展等冲击巨大。本次调研中,38.4%的企业表示受疫情影响较大,企业经营出现困难,仅能勉强维持;33.21%的企业表示受疫情影响很大,企业经营暂时停顿;有9.13%的企业认为受到致命影响,面临倒闭风险;仅有十几家企业认为影响不太大,但企业经营也出现一些困难并有潜在的风险(见图3)。

从具体行业类型来看,认为"影响很大,企业经营暂时停顿"的企业主要集中在文化娱乐休闲服务、文化传播渠道和文化投资运营领域,认为"影响不太大,企业经营出现一些困难,但总体保持稳定"的企业主要集中在新闻信息服务、文化装备生产和创意设计服务领域。

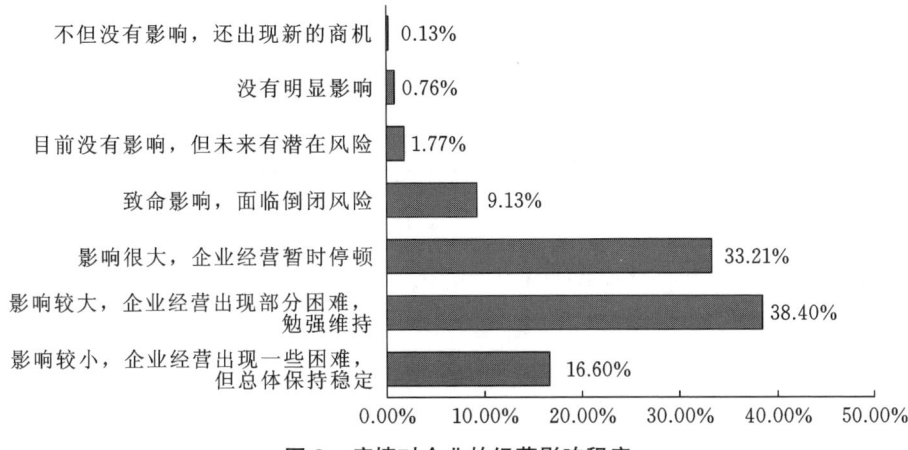

图3 疫情对企业的经营影响程度

2. 60.58%的企业预计今年上半年营业收入比去年同期减少50%以上

调研结果显示,几乎所有受访企业预估2020年上半年营业收入会受到很大影响,其中有60.58%受访企业预计2020年上半年营业收入与去年同期相比降幅在50%以上。在访谈中,有部分企业预计营业收入将断崖式下滑,甚至出现零业绩。疫情对企业上半年营业收入影响情况见图4。另外,在访谈中,所有企业都认为2020年第一季度营业收入受疫情冲击很大,以武汉地区企业为例,2018年第一季度和2019年第一季度营业收入超过1000万元的企业分别占23.2%和23.76%,而预计2020年第一

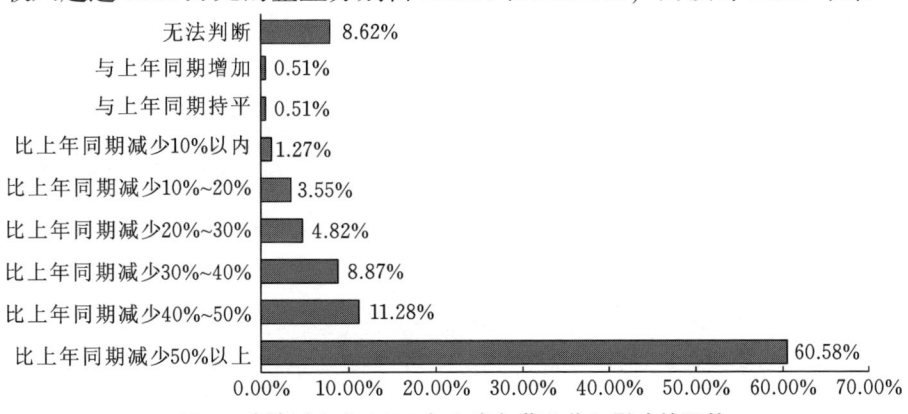

图4 疫情对企业2020年上半年营业收入影响的预估

季度营业收入能超过1000万元的企业占比滑落至13.81%。

3. 文化娱乐休闲服务、文化传播渠道和文化投资运营类企业影响最大

值得注意的是，在疫情对企业总体影响的问卷调查中，认为"影响很大，企业经营暂时停顿"的主要是文化娱乐休闲服务、文化传播渠道和文化投资运营类企业。同样，在预估今年上半年营收与去年同期相比降幅将超过50%的企业中排在前三位的仍然为这三大类企业，分别占74.58%、66.06%、59.72%（详细情况见图5）。这三大类型企业都因线下人群聚集消费经营受阻，以及市场不确定性等因素对企业未来发展存

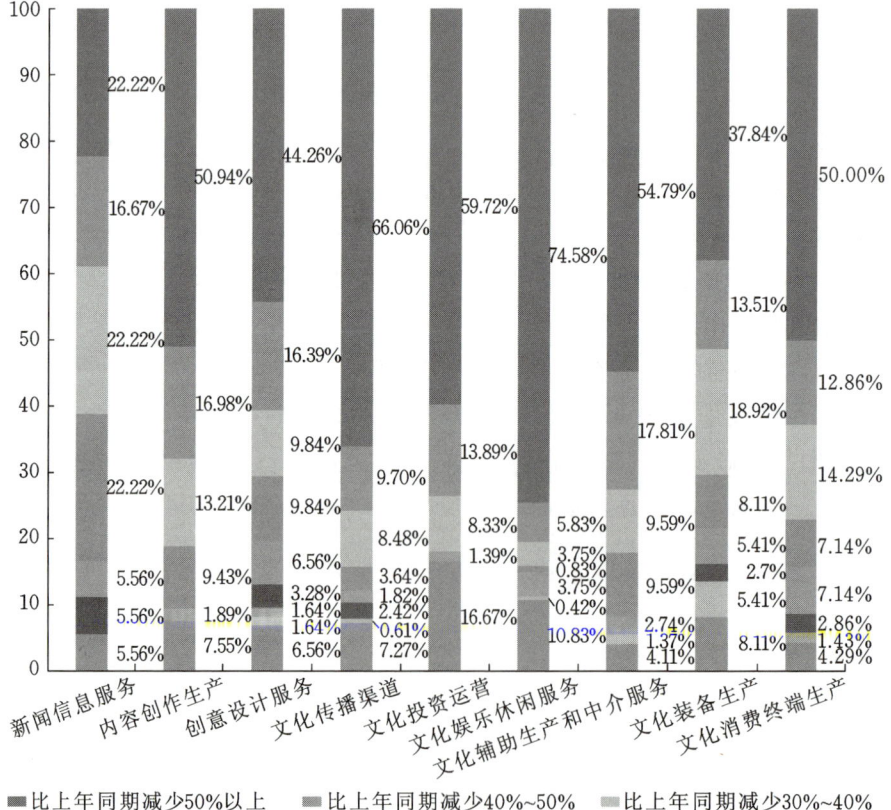

图5 受疫情影响不同类型文化企业对2020年上半年营业收入预估

在悲观情绪。例如,黄石东楚传媒集团有限公司预计经营收入比去年同期减少1500万元以上;知音传媒集团直接减少收入3000万元。据调研分析,即使疫情结束,上述文化企业的经营受疫情的影响时间还将持续半年以上。比如疫情后,文化旅游业虽然将逐步开放旅游景区,但是由于疫情防控压力,每天人流量将受到限制,导致收入不可能在很短时间内增长。

二、当前文化企业面临的主要困难

(一) 资金、市场和用工是企业当前面临的主要困难

疫情带给文化企业的压力来自收入减少后的资金、市场不确定性和用工等方面的压力。71.48%的企业认为疫情令营业收入减少、流动资金紧张,导致无法及时偿还贷款、缴纳税费和支付房租;46.13%的企业则面临的是人员聚集性、流动性的文化经营活动难以开展,市场需求受到抑制;特别是文化旅游、书店、文化艺术培训、影城、文化娱乐活动等需要高聚集人流的业态被迫停止或闭店,且在短期内无法恢复正常运营。还有35.61%的企业表示,由于正常复工时间不确定和用工不足,正常运营难以开展。在深度访谈中,有企业表示,工作人员不能及时到岗就位致使运转困难,还有的企业则因外地员工较多、未能及时返岗而无法复工,且外省相关项目不能进行。27%的企业表示因人力、物流成本等提高,企业面临困难;有公司表示疫情期间原材料涨价,生产成本和人力成本大幅增长;有公司在原材料上涨、几乎无利润的情况下,仍然维持产品原价以挽留客户。疫情对企业造成的主要困难相关数据见图6。

(二) 全面复工复产是企业当前最关注的主要问题

调研结果显示,截至2020年3月28日,湖北省有80.35%的企业未全面复工,其中有39.8%的企业还处于完全停工停产状态。仅有19.65%的企业全面复工。76.93%的企业未恢复正常运营,其中58.17%的企业无法判断何时能够正常运营。有关复工和恢复运营时间情况见图7、图8。

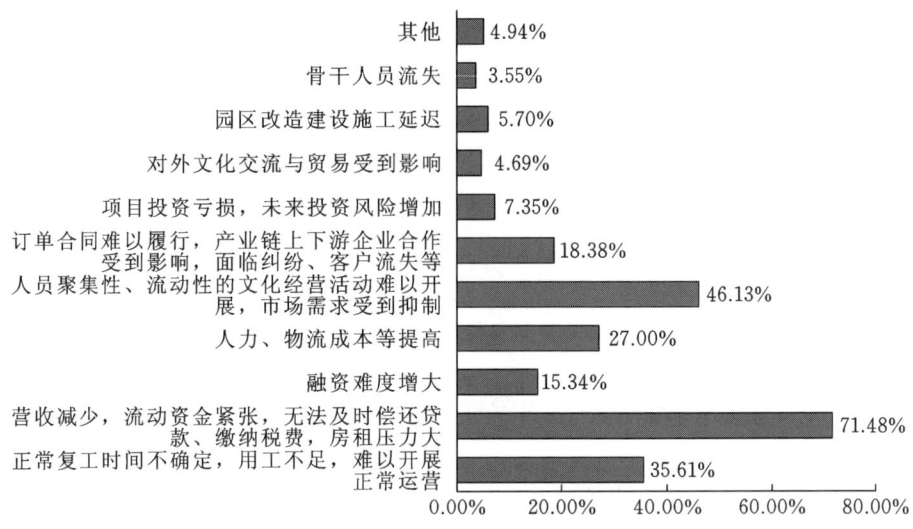

图6 疫情对企业造成的主要困难和问题

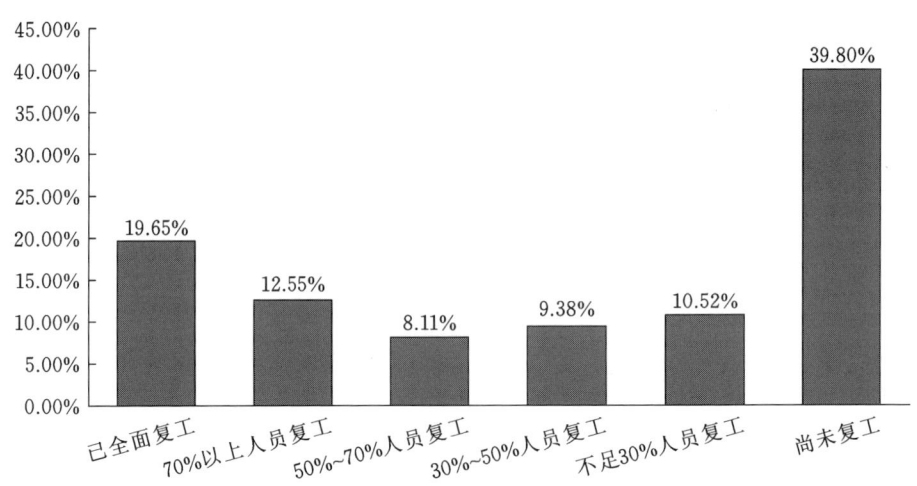

图7 企业复工（含在线办公）情况

此外，复工率和企业规模关联度较大，调查结果表明，规模越小的文化企业仍处于完全停工状态的比例越高，60.22%的小微企业尚未复工，300人以上规模的大型企业中目前复工至70%及以上的占39.47%

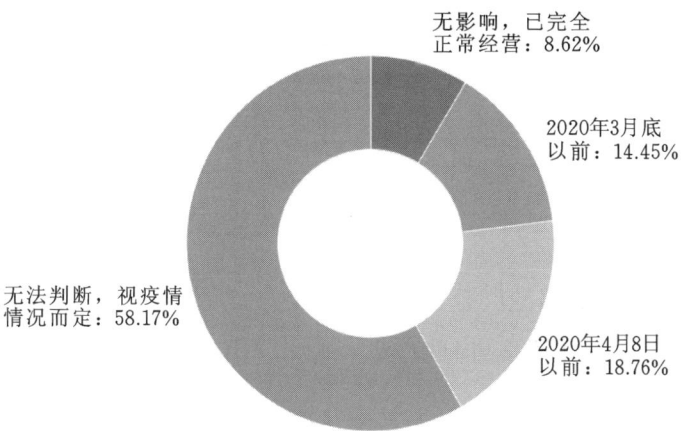

图8 企业恢复正常营业时间

(具体情况见图9)。疫情虽对湖北文化产业造成大范围无差别打击,但规模大的企业恢复能力还是大大强于小微企业。因湖北文化企业中小微企业占比较大,所以疫情对湖北文化产业整体影响很大。

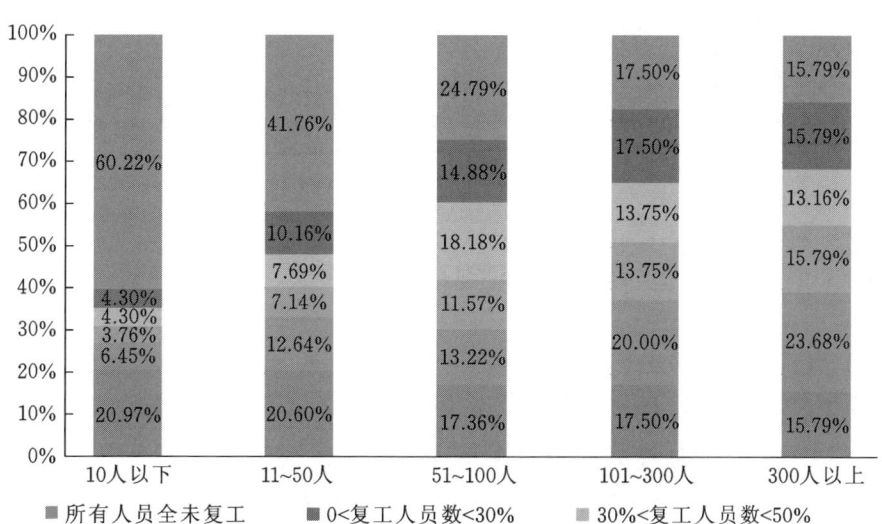

图9 不同规模企业复工(含在线办公)情况

（三）收入减少和资金短缺是企业当前亟待解决的问题

面对疫情，成本损失、收入减少、现金短缺成为企业生存面临的最大考验。近5成的被调研企业受疫情影响日均损失10万元以下，18.5%的企业日均损失10万元~50万元，6.34%的企业日均损失100万元以上（其中34%为武汉地区企业），4.44%的企业日均损失50万元~100万元（其中28.57%为武汉地区企业），另有15.59%的企业无法判断其损失程度（具体情况见图10）。由此可见，湖北文化企业受疫情影响收入大幅度减少。

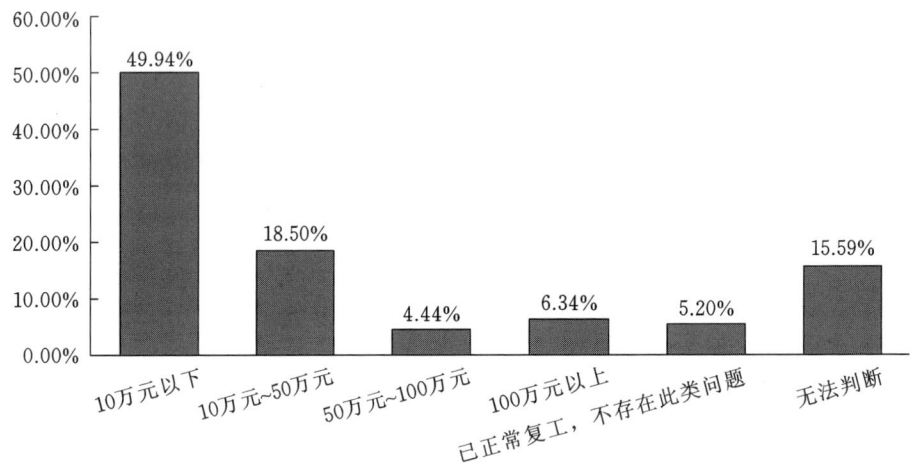

图10　企业日均损失程度分析

调研结果显示，被调研企业中，74.4%的企业的现金流难以支撑超过3个月，其中42.08%的企业仅能支撑1~3个月，32.32%的企业表示现金流撑不过一个月（具体情况见图11）。课题组在深入访谈中了解到，中小微企业普遍存在资金周转困难的问题，如英山县才知文化旅游有限公司表示这次疫情将造成直接运营费用损失达8000万元，复工复产后公司经营工作预计需要至少3个月才能步入正轨；市州级多家影院企业表示由于错过春节档影院营收高峰期，营业收入损失巨大。

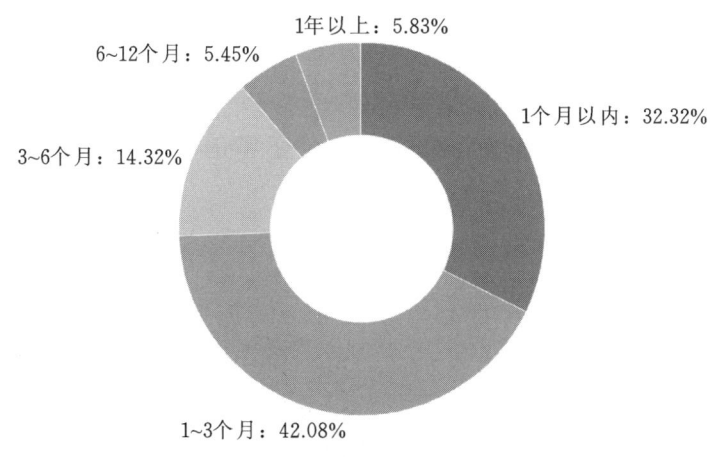

图 11　企业账上资金能支撑时间

（四）降薪和减员将是近半数企业渡过难关的首选

值得注意的是，调研数据表明，为了应对巨大的资金压力，24.71%的企业有降薪计划，10.65%的企业有降薪并小幅（5%～20%）裁员打算，3.93%的企业准备降薪的同时还将较大程度（20%～50%）裁员，有1.9%的企业准备裁员50%以上，甚至还有5.2%的企业有关闭企业的打算（见图12）。

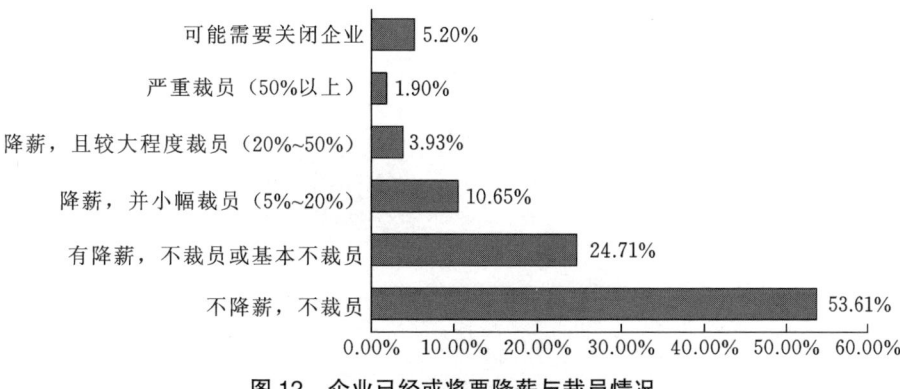

图 12　企业已经或将要降薪与裁员情况

在深入调研分析后发现，受疫情影响有可能关闭的企业主要分布在文化休闲娱乐服务和文化装备生产类产业中，并且主要是小微企业。无降薪和裁员计划的企业主要分布在文化消费终端生产、文化投资运营和创意设计服务业类产业中，并且主要是大型国有企业和股份制企业。

（五）面对疫情影响大部分企业仍坚定信心并开展自救

随着国家和有关部门相关帮扶政策的陆续出台，面对疫情影响，多数文化企业并没有过于悲观，认为疫情造成的损失在可控范围内，并且相信可以渡过难关。总体信心指数较高，平均分为7.37分（满分为10分，下同）。其中，信心比较充足的前三位产业大类是新闻信息服务、内容创作生产和文化消费终端生产，得分分别是8.44、8.15和8.04。信心指数相对较低的三大类是文化娱乐休闲服务、文化传播渠道、文化辅助生产和中介服务，得分分别是6.6、7.35和7.53。这是由文化企业自身的行业特点决定的，疫情对文化企业的影响主要体现在销售工作、外部合作、客户服务等方面，而在内容生产方面影响相对较小。因此，内容创作生产和新闻信息服务等内容生产型企业对疫情的判断整体比文化娱乐和生产制作类企业乐观。值得关注的是也有近11%的企业信心不足（信心指数低于4分），甚至还有9.13%的企业认为受到致命影响，面临倒闭风险，主要是文化娱乐休闲服务业中的小微企业（见图13）。

虽然受疫情影响，湖北省文化企业发展面临诸多困难，但大多数

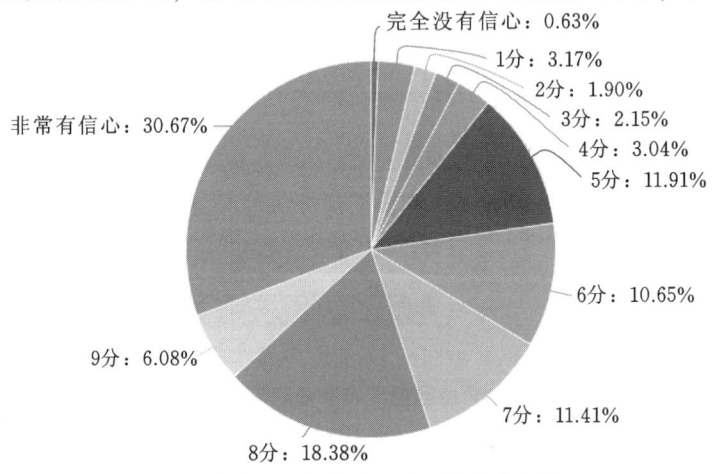

图13 未来企业经营发展信心指数占比情况

企业积极行动。一方面,企业想方设法开展自救。有41.44%的企业努力拓展营业渠道,34.47%的企业申请政府资金支持以应复工急需,有26.36%的企业通过降低成本、减少支出维持企业生存(具体措施情况见图14)。

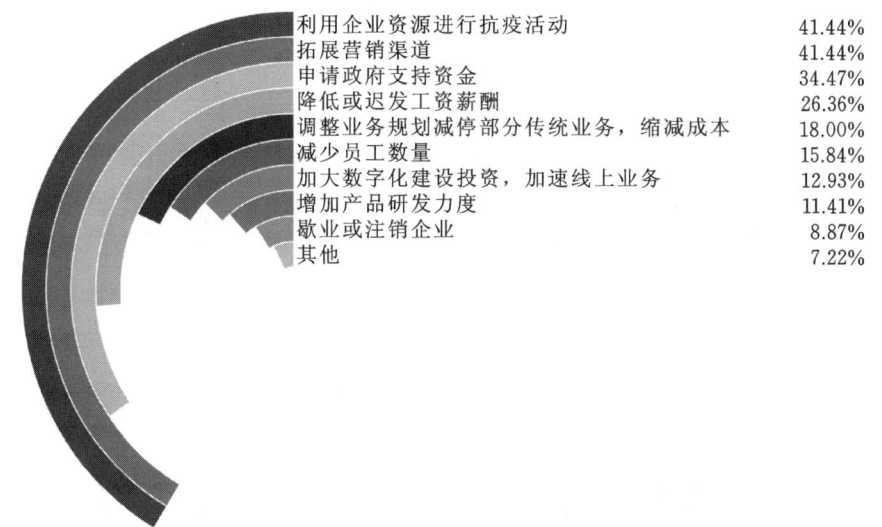

利用企业资源进行抗疫活动	41.44%
拓展营销渠道	41.44%
申请政府支持资金	34.47%
降低或迟发工资薪酬	26.36%
调整业务规划减停部分传统业务,缩减成本	18.00%
减少员工数量	15.84%
加大数字化建设投资,加速线上业务	12.93%
增加产品研发力度	11.41%
歇业或注销企业	8.87%
其他	7.22%

图14 疫情期间企业抗疫和企业自救措施

另一方面,企业化危为机,加速转型升级。调查结果表明,绝大部分企业将利用新科技促进企业的转型发展,如增加移动办公方面的支出、将人工智能引入生产或运营环节、增加大数据分析方面的支出成为被调研企业的重要安排(具体情况见图15)。这表明未来湖北文化产业将在数字化、智能化以及在线化等方面加快发展。

从上述分析中可以看出,不同经营模式的文化企业出现了两极分化的现象:以线下经营模式为主的传统文化企业在此次疫情中遭受重创,迫切需要增加移动办公、大数据分析以及引入人工智能技术的投入,而线上经营和线上线下相结合的企业因为不受地理空间的制约,受疫情影响相对较小,优势明显。未来,很多文化企业将把发展线上经营作为重点。从长远来说,文化企业加大在技术方面的投入,实现数字化转型,将是企业加速发展、驶入快车道的重要举措。

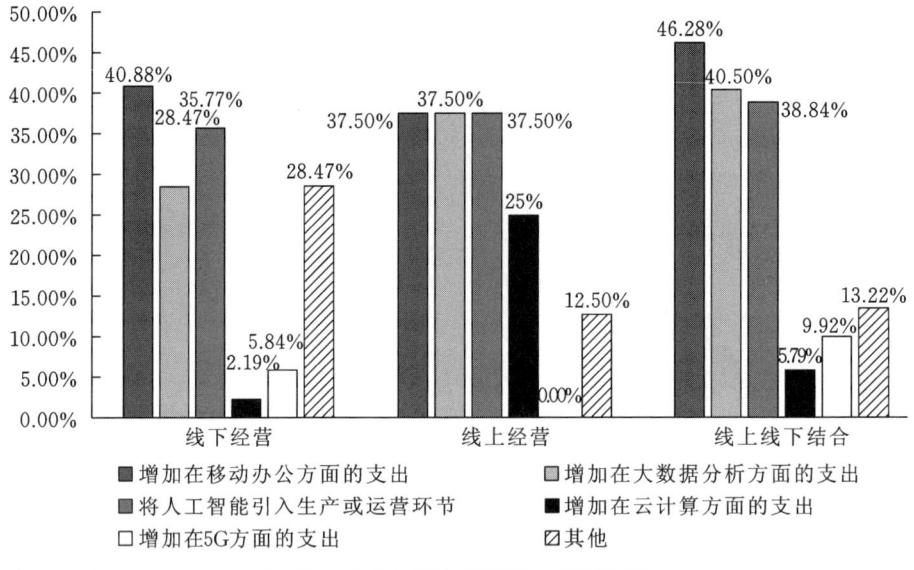

图 15　企业转型与经营模式转变情况

三、当前文化企业对政策和服务的主要需求

(一) 租金减免、税收优惠和经营补贴是当前最主要的经济政策需求

在疫情期间营业收入减少、运营成本增加、资金链和现金流上存在很大压力的情况下，近5成的企业表示复工复产需要政府在租金减免、税收优惠、经营补贴方面提供更多的政策扶持，分别占49.05%、48.54%和39.04%。另外，对"提供企业员工稳岗补贴"（37.64%）的政策支持期待也很高（具体情况见图16）。

(二) 提供中长期贷款、降低贷款门槛和利率是最大的金融需求

疫情对企业造成的短期资金压力较大，获取资金支持是受困企业最大的诉求，其中最迫切的诉求是希望政府出台特殊政策为企业提供中长期贷款方便（32.57%），其次是对受疫情影响较大的企业贷款利息进行补贴（或降息）（22.31%）、降低中小企业贷款门槛（19.14%）（具体情况见图16）。

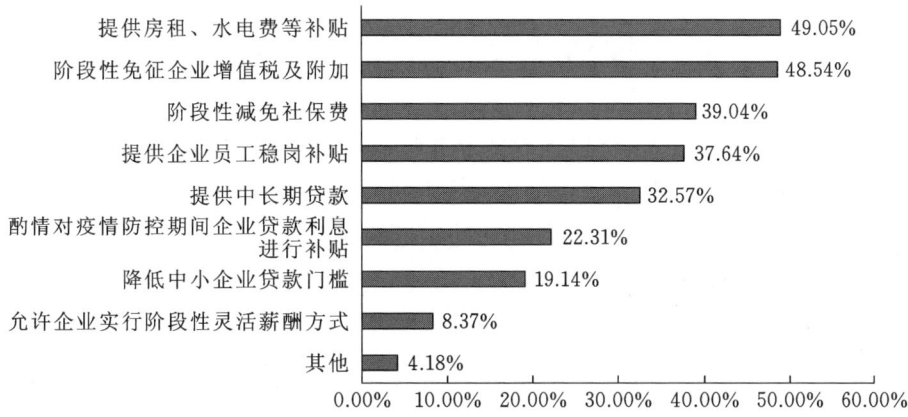

图 16　企业复工复产需要的政策支持

(三) 政策落地、提高服务效率和解决防疫物品是主要服务需求

面对市场需求降低、企业发展停滞，企业对政府管理与服务呼声最高的是"促进项目（政策）落地，提高审批服务效率"，占 32.32%；其次为"帮助企业调配复工所需防疫物品"，占 29.78%；再次为"提供更多的线上政务服务"，占 26.24%；"协助联系产业链上下游企业恢复供应关系"和"促进对外文化交流与贸易"也有很强的需求，分别占 24.46% 和 16.35%（具体情况见图 17）。

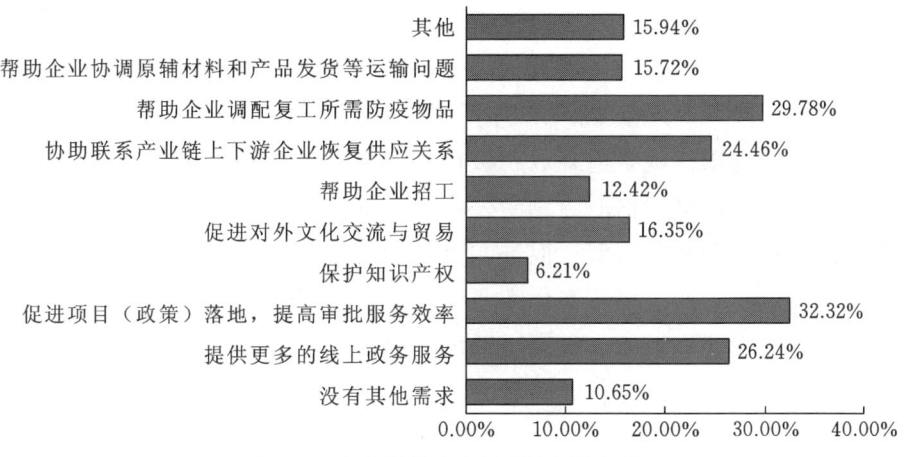

图 17　企业期望政府帮助的主要事项

四、推动文化产业发展的建议

面对新冠肺炎疫情的巨大影响,我们要采取积极的行之有效的措施,进一步深入学习贯彻习近平总书记关于统筹推进新冠肺炎疫情防控和经济社会发展的重要指示和视察湖北的重要讲话精神,认真落实中央和地方政府出台的推动经济社会发展的一系列政策文件,解决文化企业当前的实际困难,切实发挥政策措施的帮扶效力,精准施策,雪中送炭,帮助广大文化企业尤其是中小企业渡过难关,促进我国文化产业平稳健康发展。

(一) 消除恐慌、重建信心,恢复生产、激发市场活力

1. 多措并举消除恐慌,重建文化消费信心

调查显示,即使新冠肺炎疫情结束,短期内公众恐慌心理仍无法消除,对文化消费的信心和动力依然不足,因此尽快消除公众恐慌、重建消费信心、激活文化消费市场对文化产业恢复发展至关重要。目前,对于文化产业发展来说,尽管疫情对文化产业影响巨大,但辩证地看,危机孕育转机,转机带来商机。其一,文化消费已成为人民重要的生活方式,国家推动文化产业成为国民经济支柱产业,文化产业长期向好的大趋势未变;其二,国家鼓励文化企业以高质量文化供给增强人民群众的文化获得感、幸福感的发展目标未变;其三,疫情也给资本运作带来了一个"窗口期",疫情过后,文化消费将迎来补偿性增长。因此,疫情结束后,要利用权威渠道释放积极信号,最大力度地消解公众恐慌,帮助公民恢复文化消费信心,刺激公众文化消费,释放补偿性文化消费的潜力,积极鼓励文化消费,促进文化消费市场复苏。文化企业要积极采取措施,恢复生产,提高文化产业生产速度和产品质量,以丰富多彩的文化产品吸引公众消费,提高企业的社会效益和经济效益。政府、企业和社会各方应齐心协力,共同促进文化产业的发展。

2. 完善安全防护保障，有序推动复产复工

目前，中央和湖北省已出台关于统筹推进新冠肺炎疫情防控和经济社会发展的一系列政策措施，文化企业要在严格遵守疫情防控规定的前提下群策群力，最大限度地复产复工，使企业回归正轨，渡过疫情难关。在做好差异化防控的同时，文化企业要积极做好复工复产的准备，明确相关条件、时间、保障和防护措施。完善安全防护保障，制定发布复工防疫手册，健全人员分流、安全检查、定期消毒等工作机制，保障企业防疫物资到位；符合复工复产条件的文化企业要尽快复工复产，在全面制订复工的预案基础上，有序安排复工，切实抓好安全生产。

3. 理性评估疫情冲击，做好持续承压准备

疫情暴发恰逢春节文化消费的"黄金周期"，但受疫情影响，今年第一季度湖北各地文化企业损失巨大，比如文化旅游业、演艺业、电影业、节庆会展业、休闲娱乐业损失惨重。目前疫情虽然得到控制，但复工复产还有一个过程。加之公众文化消费受时间、经济等条件限制，以及国际疫情蔓延趋势加剧的影响，公众整体文化消费预计将会随着疫情好转才可能明显回升。因此，文化企业要谨慎理性评估疫情的实际影响，做好更长时间承受压力的心理准备和应对措施。在经营层面尽量压缩成本、节约开支；在资本层面要做好力所能及、切实可行的资金来源安排；在产品层面做好产品研发，提供更好的文化产品，增强市场竞争力。政府也应做好较长时间纾困的政策储备，制定中长期帮扶措施。

（二）落实并出台相关优惠政策，帮助文化企业渡过难关

在切实抓好中央和地方政府已出台的普惠性扶持政策的落实落地基础上，根据文化企业的特点和当前面临的主要困难，加大政策扶持力度，给予文化企业重点扶持。

1. 加强财政支持力度，推出更多财政扶持政策

省财政整合历年支持文化企业发展的专项资金，设立省级文化产业抗疫补偿专项资金，重点扶持受疫情影响大的文化娱乐休闲服务、文化

传播、文化投资运营等行业企业。增加对受疫情影响较大的文化企业的租金补贴、稳岗补贴、职业技能培训补贴等，帮助企业渡过难关。加大对文化产业基础设施、重点项目的支持力度，特别要加大对新媒体发展、传统媒体向新媒体转型项目、数字文化产业发展项目的支持力度。灵活运用政府购买服务、政府和社会资本合作（PPP）等方式，通过"以奖代补"方式，鼓励和引导地方政府推进新型文化产业示范项目建设。通过政府文化采购、发放文化消费券和行业专用券等方式，积极发挥市场调配文化资源的竞争机制，激发文化市场活力。

2. 完善金融服务功能，加大信贷资金支持力度

协调金融机构加大对文化企业信贷支持力度，对受疫情影响还款确有困难的文化企业，特别是小微企业，金融机构不得盲目抽贷、断贷、压贷。对受疫情影响严重的文化企业到期还款困难的，可予以延期或续贷。推动开发性和政策性银行加大对文化产业重点项目、重点产业、重大领域的信贷投资支持力度，重点支持重点文化企业恢复生产。通过政府融资平台和民间资本积极发展"政府引导中小企业母基金"，加速推动各类股权投资基金的设立，提高直接融资比例，降低企业负债融资比重。优化金融服务，各银行及金融机构要通过增加信用贷款和中长期贷款、提高授信额度和资金审批效率、提供最优贷款利率和减免金融服务手续费等方式，支持相关企业战胜疫情影响。大规模扩大公益性担保基金规模，逐步使基金总规模能够担保本地总信贷量，为中小微文化企业提供贷款担保并提供优惠利率贷款；利用"投贷奖"金融联动扶持，加大信贷投放。

3. 实施有效减税降费，降低企业生产经营成本

税务部门要视情况适当延长纳税申报期，受疫情影响办理申报有困难的纳税人可在此基础上依法申请进一步延期。积极拓展"非接触式"办税缴费服务，按照"尽可能网上办"的原则，提高涉税事项网上办理覆盖面。继续实施对文化企业有效的大幅度减税降费政策，改变目前以"增值税专用发票"进项销项抵扣机制的增值税征收机制，将企业一切成本支出按一定比率计算进项税并实施抵扣。减免2020年上半年文化企

业的企业所得税、房产税等各种应缴纳税，加大增值税优惠扶持力度，减免或降低疫情过后各项应缴税税率。

通过"房租通"进行房租减免或补贴，一定期限内免征个人所得税和企业所得税，对于承租国有（集体）资产类经营用房的中小文化企业，可减免或减半征收1~3个月的租金。充分利用国务院减免企业社保费、缓缴住房公积金相关政策，年内免征企业养老、失业、工伤保险单位缴费，除了常规的延迟缴纳社会保险费，无须申请即可免交住房公积金单位缴费。在国家政策减免的基础上，适当降低下半年应缴社保费用中单位部分的比例及额度，直接降低企业成本，减轻企业资金压力。

（三）因势利导化危为机，促进文化产业高质量发展

重视企业产品服务和品牌建设，增强抗风险能力；重视企业数字化转型和应用，提升创新能力；重视企业独特品牌价值，提高竞争能力。通过创新引领、科技融合、产品研发、品牌培育、业态创新，实现文化企业高质量发展。

1. 充分利用新兴技术实现文化企业迭代更新

疫情对文化产业发展有"危"有"机"，疫情虽然对文化企业带来了巨大的影响，也让文化企业看到了采用新兴技术实现企业迭代更新的紧迫性。近年来，数字文化消费的增长率大大高于传统实体型文化消费的增长率，特别是在这次疫情期间，数字文化产品再一次彰显优势，出现消费爆发式增长，如网络视听、网络游戏、在线教育、数字音乐、知识付费等行业逆势上扬，数字文化娱乐的普及度和用户黏性都有所增加。文化企业应抓住机遇，将疫期的消费热潮拓展为产业链盈利高潮，转化为可持续发展的动力。数字技术应用不只是一种工具、一种服务，它对于产品生产、平台建设、产业生态系统的不断迭代和演进具有重要影响，能够产生很多新经济业态和新发展模式。因此，发展数字文化产业应该成为文化企业的长久战略思维，成为决胜于未来的重要举措。要加快智能技术、5G、超高清、增强现实、虚拟现实以及云计算、大数据等新兴数字技术与文化产业的融合，积极发展数字阅读、影视视频、动漫游戏、

网络直播、知识付费、在线教育、短视频等新兴文化业态。通过数字技术进行内容创意设计、产品传输、平台销售以及在线消费，促使文化企业加速数字化转型。

2. 因势利导大力推动传统文化产业转型升级

要进一步推进文化与科技的深度融合，推动传统文化生产和消费的数字化和智慧化发展，积极利用5G、AR、VR、AI等现代技术拓展文化生产内容与形式，重点进行智慧穿戴设备、智慧终端、高新视频软硬件设备的研发与生产。要强化数字化、网络化、智能化、社交化、互动化的文化产品供给，实现线上线下互动，营造线上文化产品消费空间，增强文化产业的盈利韧性。比如在文化旅游方面，进一步推动"文化IP+应用场景+消费体验"一体化发展，推出虚拟旅游、虚拟博物馆等项目，实现和线下的实体旅游、实体展陈相结合。将工艺品、美术品实物型文化产品与数字平台交易结合，把数字电商、数字展览、数字拍卖等作为一个重点突破的领域。努力建设数字化平台，深度挖掘文化资源，提供精细化服务，实现上下游整个业态的结合，促进传统文化产业转型升级和高质量发展。

3. 大力推进供给侧结构性改革，增强高品质产品供给

推动文化产业高质量发展，既需要生产端的高质量产品供给，也需要消费端的高品质需求驱动。文化产业应继续坚持供给侧结构性改革，优化产业结构，鼓励业务模式单一、利润率较低、抗风险能力较差的企业积极转型，优化产业结构，不断开发新业态，推出新项目、新服务。文化企业在疫情后应静下心来，进行反思，谋划未来，加强内功修炼，注重产品研发，加强创意，促进内容创意的品质升级，增强文化企业高品质产品的供给能力。

新冠肺炎疫情给文化企业的商业模式、管理模式以及应变能力带来了考验，尤其对中小微文化企业是一次巨大的冲击。尽管中小微文化企业适应市场的灵活性强，但与大型企业相比，企业独立抗风险能力较弱。与此同时，由于中小微企业大部分业务模式、销售渠道以及日常运营仍以传统的线下经营为主，其产业链对相关行业依赖性极强，企业发展受

到严重制约。因此，中小微文化企业需要与头部企业、平台企业和园区企业进行业务链、供应链和价值链之间的整合，提高行业集体抵抗风险的能力。

(四) 提高政府治理能力，提升优质管理服务水平

面对新冠肺炎疫情的影响，要进一步加快推动政府治理能力和治理水平现代化建设，深化"放管服"改革，改善软环境，提供更加有效的服务。

1. 转变职能，为文化企业发展提供优质管理服务

以疫情为机遇，加快推动政府职能转变，进一步加强"放管服"改革，改善优化软环境，发挥政府现代综合治理作用，加大与相关部门协调沟通力度，确保相关扶植政策落实到位。优化行政审批服务，推出更为便利的行政性审批流程，提供快捷优质服务；文化产业的核心价值是知识产权，政府相关机构要加大知识产权保护力度，维护文化企业的合法权益，为文化企业营造良好的营商环境。

2. 手段创新，建设数字政府，提升现代化治理能力

要加快推动治理能力和治理体系现代化，重视数字公共服务、大数据体系建设，构建"管理+服务+大数据"体系；积极拓展政务服务事项的"网上办、掌上办、指尖办"，推动政府政务办公网络受理的常态化；加强智慧政府公共文化管理平台的人性化设计和智能化水平，提高政府工作人员的智慧办公业务素养，实现数字治理和智慧决策，不断提高政府治理体系和治理能力现代化水平。

武汉市文化产业发展报告（2018—2019）*

中共武汉市委宣传部
华中师范大学国家文化产业研究中心
武汉轻工大学艺术与传媒学院

一、2018—2019年武汉市文化产业发展的基本情况

2018年是贯彻党的十九大精神的开局之年，也是改革开放40周年。全市文化工作以习近平新时代中国特色社会主义思想为指导，全面贯彻党的十九大和湖北省第十一次党代会精神，突出抓好五大体系中的现代文化产业体系建设，力图推动荆楚文化繁荣兴盛。贯彻落实《武汉市文

---

* 本调研报告为中共武汉市委宣传部委托项目"2018—2019年武汉市文化产业发展报告"成果之一。原载《创意城市蓝皮书：武汉文化创意产业发展报告（2019—2020）》，社会科学文献出版社2021年版。本报告执笔人：黄永林，华中师范大学国家文化产业研究中心主任，教授，博士生导师，研究方向为文化资源与文化产业。吴天勇，中共武汉市委宣传部副部长，研究方向为文化体制改革、文化产业发展、国有文化资产监管等工作。张国超，武汉轻工大学艺术与传媒学院副教授，博士，硕士生导师，研究方向为文化遗产与文化产业研究。马力，武汉轻工大学艺术与传媒学院硕士研究生，研究方向为文化产业管理。何春晖，武汉轻工大学艺术与传媒学院硕士研究生，研究方向为文化遗产。

本报告完成时间：2020年3月31日。

化产业发展"十三五"规划》中提出的抓住武汉文化产业加快发展、实现弯道超车的黄金机遇期。

(一) 武汉文化产业发展的新成绩

1. 产业规模持续扩大，产业结构更趋合理

经湖北省统计局反馈，2018年，武汉市文化及相关产业实现增加值733.19亿元（全口径，下同），比上年增长18.4%，占全市GDP比重为4.91%。2019年，武汉文化产业实现增加值811.98亿元，比上年增长10.7%，占全市GDP的比重为5.01%，比上年提高0.1个百分点，与全省文化产业增加值占GDP的比重（4.25%）相比，高出0.76个百分点（见图1）。从图1可以看出，武汉文化产业发展势头良好，产业规模持续扩大。

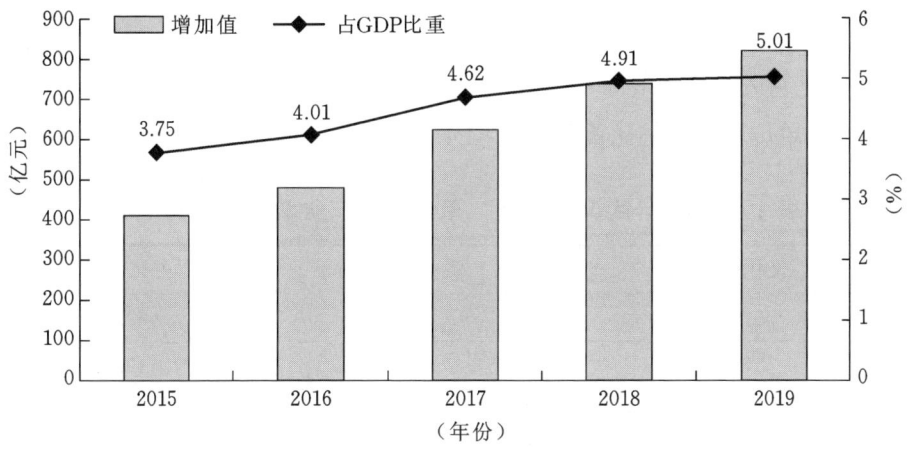

图1 2015—2019年武汉文化产业增加值及其占GDP比重

资料来源：武汉市统计局。

从文化产业三大行业（文化服务、文化制造、文化批零业）来看，在经营性文化产业法人单位中，文化服务业增加值为552.1亿元，占经营性文化产业法人单位增加值的83.2%；文化制造业增加值为75.8亿元，文化批零业增加值为35.37亿元，占比分别为11.4%和5.4%（见图2）。

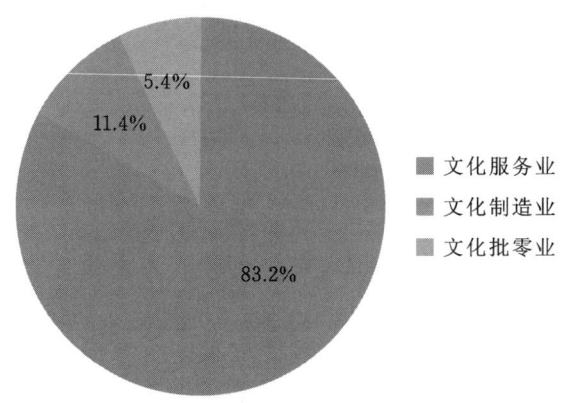

图 2　2018 年武汉市文化产业增加值构成

2. 规上企业规模持续扩大，量质齐升的态势明显

从规模上看，2018 年"三上"单位增加值为 531.4 亿元，占全部法人单位增加值的 72.5%。其中，"三上"单位文化服务业增加值为 437.89 亿元，文化制造业增加值为 68.72 亿元，文化批零业增加值为 24.79 亿元，占"三上"单位增加值的比重分别为 82.4%、12.9% 和 4.7%（见表 1）。

表 1　2018 年武汉"三上"单位文化产业增加值及其占比

文化产业类型	增加值（亿元）	占比（%）
文化服务业	437.89	82.4
文化制造业	68.72	12.9
文化批发和零售业	24.79	4.7
总计	531.40	100

从区域看，中心城区文化产业增加值为 330.14 亿元，新城区文化产业增加值为 100.73 亿元，功能区文化产业增加值为 302.32 亿元，三大区域占比分别为 45.0%、13.7% 和 41.2%。排名前三位的区为东湖开发区（173.37 亿元）、武昌区（114.94 亿元）和江岸区（89 亿元）（见表 2）。

表2　2018年武汉市分区文化及相关产业增加值　　单位：亿元

区域	全部法人单位	其中"三上"单位
中心城区	330.14	210.73
江岸区	89.00	64.18
江汉区	32.60	18.05
硚口区	37.00	23.56
汉阳区	24.06	13.14
武昌区	114.94	77.89
青山区（化工区）	8.15	2.34
洪山区	24.39	11.57
新城区	100.73	52.26
蔡甸区	11.60	9.42
江夏区	40.28	26.47
黄陂区	29.18	12.84
新洲区	19.67	3.53
功能区	302.32	268.41
武汉经开区（汉南）	62.06	56.88
东湖开发区	173.37	156.13
临空港区（东西湖）	34.25	25.64
东湖风景区	32.64	29.76
武汉市	733.19	531.40

资料来源：武汉市统计局。

2019年中心城区文化产业增加值为360.33亿元，占全市文化产业增加值的比重为44.4%，比上年下降0.6个百分点；新城区文化产业增加值为97.53亿元，占比为12.0%，比上年下降1.7个百分点；功能区文化产业增加值为354.12亿元，占比为43.6%，比上年提高2.4个百分点（见表3）。

表3　2019年武汉市分区文化产业增加值及其占比

区域	增加值（亿元）	占比（%）
中心城区	360.33	44.4
新城区	97.53	12.0
功能区	354.12	43.6
武汉市	811.98	100

3. 文化产业园区蓬勃发展，产业集聚程度不断提升

根据自身资源禀赋、文化底蕴、发展历史和发展模式，各区因地制宜，积极开展特色文化产业园区规划和建设，取得了明显成效（见表4）。在江汉区，红T时尚创意街区已经成为展示武汉时尚元素和设计风格的国际名片，该街区举办了多种多样的主题活动，如中国工业设计展览会"红T设计师之夜"以及武汉国际时装周，汇聚了50%以上的汉派服装品牌及设计师，为武汉建设"设计之都"添砖加瓦。武汉市各区更加注重产业集聚程度的提升。硚口区正在打造文化产业"四园区五街区"，在更大范围内和更高水平上促进产业集聚化发展，形成点、线、面相结合的产业空间布局，构建文化产业创新发展新格局。近代历史文化资源较为丰富的江岸区和江汉区，更加注重空间产业集聚，形成规模效应，引导文化产业蓬勃发展。而承担武汉中央文化区发展重任的汉阳区，围绕"长江文明之心"，加大改革成果应用力度，主动对接"长江文明之心"规划建设，整合片区内丰富的文化旅游资源，着力打造"知音"文旅品牌和"汉阳造"文创品牌，聚焦特色文化品牌效应，以汉阳博物馆之城建设为突破口，依托汉阳文化旅游资源，打造知音生活节、知音文化艺术节、"汉阳造"国际桥梁论坛等系列节庆活动，并充分利用新媒体，开展城区营销，推动文化与生态、运动、创意、科技等产业融合发展。

目前，武汉文化产业园区发展迅速，已形成以武汉东湖国家文化和科技融合示范基地为龙头，包括7个国家文化产业示范基地、14个省级文化产业示范园区以及19个市级文化和科技融合示范园区在内的文化产业园区体系。

表4 2018年武汉市主要文化产业园区情况

区域	文化产业园区
江岸区	黄浦科技园、武汉岱家山科技创业城、武汉文创谷·飞马旅创业基地、多牛世界、台北院子、铭十九生活方式集合体、5号车间、界立方、金凤珠宝国际产业园(在建)、大智无界·空中小镇文化创意产业园(在建)
江汉区	红T时尚创意街区、武汉圈外数字创意产业园(在建)、鸣笛"Lingo候"文创艺术街区(在建)
硚口区	江城壹号文化创意产业园、新华印务智慧产业园、武汉D+M工业设计小镇、新华·1937文化创客园、创智园、博济·武汉智慧园(在建)、海尔大健康文创园区(在建)、南国装饰设计园(在建)、汉正街沿江文化创意产业园(在建)
汉阳区	汉阳造创意园、高龙博古城·国家非物质文化遗产传承园
武昌区	楚天181文化创意产业园、武汉东创研发设计创意园、5.5创意产业园、大成汇互联网+文化产业众创孵化平台
洪山区	南湖科技创意产业园、武汉创意天地、融创智谷、星角色和平文创产业基地、武大珞珈创意产业园、烽火创新谷、武汉创意天地二期(在建)、融创智谷一期续建(在建)、穿越伍仟城(在建)、中秀文创园(在建)
青山区	乐娱·创青谷数字文化产业基地
东西湖区	武汉客厅
蔡甸区	武汉花博汇、红连·薪火工坊(在建)
江夏区	武汉金林文化创意科技企业孵化器(在建)
新洲区	靠山小镇创客村、华中影视文化产业园、京东华中(武汉)电商产业园、航天新城、问津产业新城
东湖新技术开发区	中国光谷创意产业基地、武汉大学科技园、华中科技大学科技园、华中师范大学科技园、光谷软件园、花山软件新城、光谷金融港、创魔方科技企业孵化器、光谷移动互联创谷、北辰·光谷里(在建)、长江数字文化中心(在建)、中国东湖广播影视媒体内容基地文创产业园(在建)、中南民族大学科技园(在建)、中华科技产业园(在建)、中建科技产业园(在建)

区域	文化产业园区
武汉经济技术开发区（汉南区）	华中智谷·华中国家数字出版基地、湖北太子湖文化数字创意产业园

4. 政策资金引领力不断提升，金融赋能文化产业发展

2018年，财政部对湖北省下达文化产业发展专项资金504万元，武汉市文化产业发展专项资金划分为媒体融合补助、会展补助、新进"四上"库文化企业奖励、入库文化企业营收增长奖励、入库净增达标区奖励、文化和科技融合示范园区奖励六个种类，覆盖到的武汉企业和组织达到141家①。

目前，武汉市第一只文化产业引导基金子基金——武汉文信股权投资合伙企业（有限合伙）正式组建并完成政府出资。该只基金总规模为1.4亿元，其中文化产业引导基金出资3500万元。基金共分为两期投资，主要投向在汉的文化产业项目，包括文化特色小镇、文化旅游景区开发和运营、网络信息安全、移动智能生态、动漫和电竞游戏开发、影视与院线建设等方面。截至2019年2月20日累计完成投资1.37亿元，其中投资文化产业金额为1.1亿元，占基金总规模的78.57%；完成在汉投资金额为8120.8万元，占基金总规模的58%②。

（二）武汉市文化产业发展的新举措

1. 持续深入推进文化体制改革

武汉市围绕市委、市政府决策部署和市委宣传部年度重点工作要求，持续创新国有文化单位生产经营机制，推进文化市场主体规模扩大、质

---

① 《关于2018年武汉市文化产业专项资金项目审核认定结果公示》，2018年9月5日，http://www.whxc.org.cn/2018/0905/53749.shtml。
② 《武汉市完成首只文化产业引导基金子基金政府出资》，2019年2月22日，http://www.whxc.org.cn/2019/0222/54893.shtml。

量提升,持续完善国有文化资产监管机制,全市文化改革发展监管工作取得新成绩①。

(1) 稳步实施市属新闻单位改革

第一,探索市属新闻单位改革顶层设计。2018年,按照市领导要求在前期工作的基础上进一步修改完善市属新闻单位深化改革方案。武汉市委相关领导组织相关部门深入研究,详细分析问题,明确改革方向,谋划工作路径;并召集宣传文化体制改革专项小组会议,研究审议长报集团、广电集团改革方案,听取有关部门意见和建议,进一步统一思想,凝聚共识。就《市属新闻单位深化体制机制改革方案》先后3次征求市相关部门意见并修改完善。多次深入长报集团、广电集团研究具体问题,形成《关于市属新闻单位深化体制机制改革的调研报告》,并作出重要批示,召开市委深改组会议进行研究。2019年10月上旬,市委宣传部派员专程赴京,向中宣部文改办汇报武汉新闻单位改革思路,得到了中宣部文改办主要领导的明确支持。组织、机构编制、财政、人社等部门均对改革方案表示支持,方案已经报送到市委深改办审核。

第二,推动市属媒体内部管理运行机制改革。指导长报集团按照"行业细分、垂直深耕、资源集中、同质聚合"的原则,把改革重点与宏观规划、整体设计、系统优化紧密结合起来,统筹推进集团事业产业结构的全面改革转型,用大改革、大改造实现大突破。部务会研究通过并以市委宣传部名义批复《长江日报、武汉晚报公司、长江网采编和经营资源整合方案》,打破长报集团采编和经营资源的传统划分方式,以及集团传统报媒不同单位之间人、财、物资源的区隔,弱化内设部门行政色彩,强化媒体平台传播属性,促进长报集团业务局部调整与全局调整、重点领域与其他领域、关键环节与相关环节的有机衔接和协调共进。此项改革引起全国报业的关注,多个自媒体大号进行了发布,《南京日报》《广州日报》《山西日报》《襄阳日报》等多家省市媒体来汉学习。

---

① 参见中共武汉市委宣传部2019年3月12日发布的《武汉市高水平建设国家级文化和科技融合示范基地》。

第三,支持市属媒体融合发展。开展全市媒体融合工作调查研究,制定《市属媒体融合发展重点项目工作计划》。批复支持长报集团实施"长江数字媒体城"项目,长报集团与东西湖区签订项目合作协议。面向市属媒体单位和文化科技融合示范企业广泛征集媒体融合重点项目,经过专家评审并报部领导审定,以市文产办名义印发《关于组建武汉市2018年文化产业重点项目库(媒体融合类)的通知》(武文产办〔2018〕3号),长报集团民情综合分析及互动信息系统等10个项目入库。指导推动长报集团进行资源重组,完善采编流程,坚持以官微优先、视频直播为常规报道手段,以城市留言板为核心功能,以长江日报客户端为主阵地,官微用户从78万升至110万,头条阅读数稳定在3万人次左右;长江日报客户端于2018年7月再次升级,完善了智能机器人"小智"的功能和会员功能。指导推动武汉广电推进"中央厨房"建设,以虚拟机构、实体化运行形式成立全媒体新闻中心,《民生e线》等栏目实现全媒体采制播出;全媒体发稿助手"见微"从工具向平台迈进,2018年已组织直播1096场,"汉新闻Han News"通过百度、搜狐网、凤凰网等门户传播武汉声音。通过市级文化产业发展专项资金支持长报集团"民情综合分析及互动信息系统"、武汉广电"基于媒体融合的直播+短视频生态系统"、武汉出版集团"'阅读武汉'全民阅读综合服务平台"等8个媒体融合项目建设。

(2)国有文化企业改革

第一,做好企业改革基础工作。根据《关于同意上收武汉市电影发行放映公司二级单位股权的批复》的工作路径,上收武汉市电影发行放映公司二级单位股权。其中,5家法人独资企业拟变更为国有独资企业,指导武汉市电影发行放映公司对5家公司章程作出多轮修改。对修改后的公司章程、股东签署的股东会决议(决定)进行研究审核。协调工商部门依法依规办理相关工商事宜。现已全面完成相关单位上收工作,为武汉市电影发行放映公司下一步改革重组工作奠定了基础。

第二,完善企业内部规章制度。指导推动出资企业按要求将党建内容纳入公司章程，明确企业党委会、董事会、经营班子各自的工作职责，深化履职尽责管理，不断完善企业绩效考核办法，探索建立以绩效为核心的现代企业薪酬体系。如：武汉出版集团制定实施《武汉出版集团中层管理人员管理办法》《武汉出版集团公司财务管理规定》《武汉出版集团内部责任审计管理办法》《武汉出版集团招投标管理办法（试行）》《武汉出版社有限公司纸张采购管理办法（试行）》等相关规章制度，企业规范化治理水平进一步提高，风险防控能力进一步增强。又如：天河电影集团在公司章程和《"三重一大"决策制度实施细则》基础上，完善修订党委会、董事会、总经理办公会议事规则，出台《内部工作报告制度》，明确各下属单位可定、需报事项范围。

第三，推动互联网+传统业务。积极探索实施内容产业创新融合发展，布局数字内容创新蓝海。如：武汉出版社有限公司与中文在线共同出资组建武汉慧读教育科技发展有限公司，深度聚焦基础教育、大众阅读两大数字出版领域，推动武汉出版集团融合发展；武汉出版集团与中南财经政法大学新闻与文化传播学院、湖北省儿童文学作家共同成立董宏猷儿童文学创作研究中心，启动"长江的孩子"儿童文学名家名作书系出版工程；同时与在全市实体书店开办的"武汉书架"平台积极互动，开展各类阅读推广活动10余次，积累了一定的"线上+线下+现场"且行之有效的阅读推广经验，培育了集团未来高质量发展的增长引擎。

第四，开辟影视产业新蓝海。支持国有文化企业参与拍摄《你和我的倾城时光》影视剧。由市委宣传部协调在汉拍摄、武汉文发集团和天河电影集团参与投拍的电视剧《你和我的倾城时光》于2018年11月12日播出，在上海卫视、浙江卫视黄金时段热播，首播当晚就拿下了双卫视收视率前三的好成绩。该剧80%取景于武汉及周边地区，并入选国家广播电视总局改革开放40周年重要推广剧目，入镜的武汉美景让人倍感亲切、熟悉、惊艳。

2. 促进文化产业高质量发展

把握文化产业发展关键环节，集中力量促进文化市场主体发展壮大，全面激活各类要素，带动全市文化产业生态持续优化、发展质量逐步提高。2018 年武汉市文化产业增加值占 GDP 比重上升到 4.91%，文化产业已经成为城市经济社会高质量发展的重要引擎。

（1）发展壮大文化市场主体

将发掘、培育、扶持、壮大文化市场主体作为促进文化产业高质量发展的重要抓手，坚持问题导向，找准工作路径，创新工作方法，全面推动相关工作不断迈上新台阶。

第一，以"四经普"（第四次全国经济普查的简称）为契机全面摸清武汉文化市场主体状况。聚焦规模以下文化市场主体的普查登记工作，根据全国、省"四经普"工作部署意见及《市人民政府关于认真做好第四次全国经济普查工作的通知》（武政〔2018〕15 号）精神，与市经济普查办公室联合制发了《关于做好第四次全国经济普查中有关文化及相关产业单位核查、统计入库工作的意见》，明确要求各区经济普查领导小组办公室负责牵头组织协调，各区宣传文化部门积极对接经济普查办公室，工商、税务、质监、商务、行政审批等部门通力配合开展文化单位普查工作，确保文化企业普查信息数据全面真实。

准确把握"四经普"期间的关键时间节点，充分运用现有的四经普工作机制和工作力量，借力推动文化市场主体调查工作，协调工商部门筛选提供《文化及相关产业市场主体重点筛查名录》，制发《关于开展全市文化产业市场主体专项调查工作方案》，明确按照"统一领导、分级负责、以区为主、属地统计"的原则，重点筛查中小微文化企业、文化个体经营户、未登记但实际从事文化及相关产业生产经营活动的主体或个人，全面反映文化产业市场主体状况。

武汉市分别于 2018 年 3 月和 9 月两次召开全市文化统计工作培训会，邀请省、市统计部门相关负责人讲解文化产业统计、文化法人单位普查登记业务知识，下发文化企业普查工作资料，全年共有各级宣传、统计干部和企业工作者 400 余人次参加了培训学习。

第二，跟踪服务大型文化企业发展。在做好全市文化市场主体调查的同时，促进规上文化企业做大规模、做优质量。一是将企业服务工作"关口前移"。把招商引资与统计入库、工商登记等服务工作有效结合起来，对引入和新实施的文化产业项目，指导并帮助其进行工商登记，准确反映文化企业特征。二是依法规范在库企业主营业务关键词。认真筛查在库企业，对从事文化经营业务的在库非文化企业，指导其规范、准确地填写文化产业相关信息。三是鼓励小微文化企业做大做强。大力促进个体工商户转型升级，支持以现有生产经营场所和条件为基础，依据有关法律法规，重新登记为公司制企业、个人独资企业、合伙企业。积极运用"小进规""新进规"等多种手段，帮助小微企业发展壮大。

第三，进一步减免文化企业增值税。2018年3月，武汉市文产办发布了《关于支持武汉市文化产业发展若干税收政策的通知》，推出了一系列优惠税收政策。如为支持小微文化企业发展，2020年12月31日前，对月销售额小于3万元（含本数）的增值税小规模纳税人，免征增值税。同时，对广播电视行政管理部门、电影集团公司、电影制片厂、纪念馆、博物馆、文化馆、文物保护单位、美术馆、展览馆、寺院等文化组织和单位均有不同程度的增值税减免政策。

第四，以督查狠抓工作落实。把服务文化市场主体发展纳入党委督查范畴。协调市委督查室下发专项督查通知，科学合理设定各区年度文化产业发展指标，以区委宣传部为考核责任主体，明确督查方式、工作路径和目标要求。由区委宣传部主要领导带队，全年开展10余次现场调研督办，详细了解文化企业发展中存在的问题，有针对性地开展调度和协调。编发《文化产业统计专报》6期，总结成绩、积累经验，推动各区完善工作机制、配备工作力量，开展政策宣传引导，为企业提供必要帮扶和长效服务。

在2018年3月召开的全国文化统计工作会议上，武汉市委宣传部作为唯一副省级城市宣传部介绍经验。《关于2018年一季度武汉文化产业发展情况的报告》获湖北省委常委、省委宣传部部长王艳玲同志批示肯定，要求各地市州学习借鉴。武汉市文化产业统计工作经验也被湖北省统计局以简报形式专题刊发。

(2) 支持新兴文化产业发展壮大

全力支持网络直播、动漫游戏等武汉本地特色优势文化产业发展壮大，积极为新兴文化产业搭建交流展示平台。

第一，运用文化产业专项资金支持新兴文化企业发展。印发《关于组织申报 2018 年武汉市文化产业发展专项资金项目的通知》，按照规范程序组织申报，委托中介机构审核认定，经部务会审定并公示，以市财政局、市文产办名义下达 2018 年武汉市文化产业发展专项资金计划，共投入 3043.16 万元支持 174 个项目，包括"泛娱乐直播平台（斗鱼）粉丝体系建设及应用示范"等超过 70 个新型文化业态扶持项目。

第二，加快文化产业引导基金运作。市委宣传部先后两次召集文化产业引导基金理事会专题审议子基金组建事宜。对全市科技型、成长型文化企业和基金投资项目进行专题调研，加强对基金运作的指导和监管。截至目前，武汉市文化产业发展引导基金组建四只子基金，基金总规模达 6.25 亿元，引导基金已完成出资 5000 万元。

第三，全面营造新型文化业态发展的良好环境。组织"红 T 时尚创意街区"等 4 个项目申报湖北省扶持优势文化产业发展专项资金，获得资助 320 万元。国家文物局批复武汉建设国家智慧文博新融合产业基地暨"互联网+中华文明"示范基地。2018 年中央文化产业发展专项资金（重大项目）支持武汉艾立卡电子有限公司和江通动画传媒股份有限公司文化服务出口奖励资金合计 504 万元。商务部充分肯定武汉市文化服务贸易工作，商务报简报以《融合创新彰显特色 武汉市文化贸易发展取得新突破》专题介绍了武汉市文化服务贸易发展成绩。

经过多年努力，我市文化产业结构持续优化升级，催生出一批占据行业高点、具有引领作用、规模快速扩张的代表企业，以"斗鱼"为代表的互联网信息服务业实现营收 39.76 亿元，比上年增长 30.7%；"软通动力"等多媒体、游戏动漫和数字出版业实现营业收入 133.76 亿元，增长 17.2%；以"文化+"为主要特征的"铁四院""中南市政设计院"等建筑设计业实现营业收入 380.29 亿元，实现 8% 以上的增长。

(3) 持续推进文化和科技融合工作

第一，推进文化科技融合示范认定。中共武汉市委宣传部对40家文化和科技融合示范园区、示范企业申报单位进行复核认定，经组织申报、中介机构审核、实地考察、部务会审议和公示等规范程序，以武汉市文化和科技融合工作领导小组办公室名义公布复核认定结果。斗鱼、科大讯飞入选"中国文化科技融合TOP30企业品牌"。

第二，开展文化科技创新研究。组织编撰《创意城市蓝皮书：武汉文化创意产业发展报告（2018）》。蓝皮书由中共武汉市委宣传部和华中师范大学国家文化产业研究中心共同研究和编撰。编撰工作2018年3月上旬启动，组稿工作于9月完成，由社会科学文献出版社正式出版。

第三，提升文化科技创新在国内的影响力。10月24—25日，由中共武汉市委宣传部、华中师范大学主办，华中师范大学国家文化产业研究中心、武汉文化科技创新研究院承办的"2018文化科技创新与文化产业发展高峰论坛"暨"文化产业研究基地工作会"在华中师范大学科学会堂举行。来自文化领域的各位专家学者围绕"文化科技创新"主题展开讨论，为文化产业发展贡献智慧。

第四，统筹发挥文化创新协会组织的积极作用。按照中共中央办公厅、国务院办公厅《关于加强文化领域行业组织建设的指导意见》精神，切实加强党对文化领域行业组织的政治领导、思想领导、组织领导，积极推进武汉文化创意产业协会发挥联系纽带作用，武汉市工业设计行业协会、武汉市时尚文化产业联合会、武汉数字创意与游戏产业协会、中国武汉工程设计产业联盟等25个社会组织成为团体会员，当代明诚、湖北广电、长江出版传媒、盛天网络、金运激光等25个文化领域主板、创业板、新三板上市企业成为企业会员。

(4) 深入推进文化产业招商

持续抓好文化产业招商一号工程，促成小米第二总部、新西兰维塔工作室、火花思维、荔枝APP、依图科技等一批企业及项目落地、投产并见效。

第一，搭建平台，积极发挥本地文化节会的招商引资作用。2018年

4月，市委宣传部举办"2018首届国际武汉斗鱼直播节文化产业招商洽谈会"，有关市领导和市直部门负责人参加洽谈会，与会各界嘉宾逾230人。北辰·光谷里等5个本地文化招商项目在会上推介；索尼公司添田武人等4位来自知名文化企业的嘉宾到会演讲；斗鱼超级联赛等19个项目现场签约，总金额达80.91亿元。

第二，积极组织武汉文化企业和园区赴深圳文博会参展、推介、签约。2018年5月10日，省委宣传部在深圳文博会上举办湖北文化产业招商推介会暨项目签约仪式，武汉出版集团就"武汉中心书城"做项目推介；武昌区委宣传部与杭州二更网络科技有限公司签署"二更公司华中区域总部"等项目，签约总金额达6.2亿元；武汉中心书城、华中出版文化小镇、汉古艺术馆、武汉软件新城智慧文创园、圈外·创意社区文化创意产业园等项目列入湖北省招商项目手册。多家武汉文化企业在文博会现场进行展示和互动体验，武汉华星光电技术有限公司生产的具有世界领先水平的柔性屏、穆特科技（武汉）股份有限公司的VR座椅、武汉需要智能技术有限公司的智能服务行业解决方案等体现了武汉市文化和科技融合发展的最新成果，受到各界人士热切的关注。2018年5月11—12日，湖北省委宣传部考察了深圳非遗生活文化产业有限公司、T8旅游创意（保税）园、A8新媒体集团、深圳书城中心城、大鹏新区等文博会分会场，了解企业和园区情况，介绍武汉市投资环境和招商政策，邀请客人来汉兴业。

第三，组团参展2018温州国际时尚文化创意产业博览会。红T时尚创意街区、至上集（全球设计师品牌集合店）、金鸣高定（旗袍）、罗凡溪（高定婚纱）、汉绣、精密铸造、秀宝软件、落地创意等文化企业集中以武汉馆的名义参展。武汉馆展区共分为影像展区、互动体验区、时尚设计陈列区、创意产品展卖区四个区域。秀宝软件展示了最新游戏类产品技术，包括VR、AR及MR技术，以及各种硬件设备、激光技术，落地创意展示的是用3D技术打印的武汉城市部分建筑模型，汉绣以卷轴、手拿包、双面绣、卡包、虎头鞋、武汉地标建筑、农耕年华等摆件和挂件的形式展示。武汉展示馆获得"2018温州国际时尚文化创意产业博览会优秀展示奖"。

第四，组织文化园区和企业参加 2018 中国（宁波）特色文化产业博览会。会同洪山区委宣传部研究制订参展方案，指导武汉创联凯尔文化控股有限公司等单位在展会现场设立武汉城市文创馆，展示武汉文化产业发展成果和武汉城市形象，推进与"一带一路"国家及国内兄弟城市的交流与合作。重点展示烽火科技智能家居、新生涯教育 3D 打印、童学馆国学互动体验、心跳互娱 APP、漆艺作品、武汉市非物质文化遗产——沈松柏剪纸、高洪太铜响器等武汉文创产品，受得业界专业观众和广大市民游客热切关注，开辟了武汉文化产业"走出去"的新窗口，搭建了汉甬两地文化产业深化合作的新平台。

第五，借助 2018 中国（南京）文化科技融合成果交易会展示新兴文化企业。组织武汉东湖国家文化和科技融合示范基地，以及斗鱼直播、盛天网络、武汉湾流、武汉理工数传、颂大教育、麦塔威科技、闪图科技、中冶南方、江通传媒、文网亿联、传神语联网、卓讯互动等代表性企业参展，与全国 34 家国家文化和科技融合示范基地同台展示。

（5）研究出台文化产业政策

第一，集成发布文化税收优惠政策。根据中央、省有关要求，为充分发挥税收优惠政策对文化企业的扶持作用，评估相关税收政策的执行情况及效益，开展了 2018 年度武汉市文化企业税收优惠落实情况的调研。联合市税务部门收集现有税收优惠政策，经充分研究甄别、筛选梳理，联合制发了《关于支持武汉市文化产业发展若干税收政策的通知》，包括减轻文化企业税收负担、支持文化企业改制转制、鼓励文化企业吸收就业、提升文化企业创新能力、拓展文化企业融资渠道等方面的 50 条政策。

第二，研究制定《武汉市文化产业招商引资扶持政策若干规定（试行）》（以下简称《扶持政策（试行）》）。市政府召集市委宣传部、市委网信办、市发改委、市财政局、市国土规划局、市商务局（招商局）、市房管局、市统计局、市政府法制办等部门负责人进行专题研讨，对《扶持政策（试行）》给予积极评价，完成了《扶持政策（试行）》的公平竞争审查程序,《扶持政策（试行）》以新引进（新设立）的文化企业为主要扶持对象，强化政策对招商引资的指引作用，并提请市政府常务会议审议。

第三，形成市区联动的政策支撑体系。武汉市推动区级文化经济政策的研究制定，如：武昌区制定了《武昌区文化产业创新政策》，武汉经济技术开发区（汉南区）在《宣传思想文化工作要点的通知》中，鼓励大力发展文化事业和文化产业，洪山区制定《促进文化产业高质量发展政策》，江汉区发布《武汉市江汉区文化产业发展规划（2018—2025）》，《光明日报》等媒体进行宣传报道。

（6）举办系列重大文化活动

第一，举办2018首届国际武汉斗鱼直播节。对"斗鱼嘉年华"进行全方位提档升级，支持斗鱼公司举办"2018首届国际武汉斗鱼直播节"，聚力打造节庆娱乐、双招双引、城市营销综合平台。2018年4月29日至5月1日，直播节共吸引游客52.18万人次，较上年斗鱼嘉年华的35万人次大幅增长49.1%；全网线上观看累计2.3亿人次，较上年的1.7亿人次增长35.3%。为确保活动顺利举行，会同有关部门尽早谋划、精心筹备、高效协作、周密实施，提供强有力支持和高水平服务。

一是系统谋划，抓好筹备工作。研究起草《2018首届国际武汉斗鱼直播节实施方案》，提出举办思路、活动内容、组织架构、职责分工，报市领导审定后印发实施。市委宣传部领导两次召集斗鱼直播节筹备工作领导小组会议，统一思想认识，明确责任分工，协调重大问题，督促工作落实。制订领导小组办公室工作方案，建立工作信息网络和协同联动机制，将任务落到实处。活动前夕，市领导带领宣传、公安等部门领导及江岸区负责人调研斗鱼直播节筹备现场，对安全保障等重点工作进行检查督办，要求相关单位制定万全之策，确保万无一失。

二是精心组织，丰富活动内容。市委相关领导和斗鱼创始人陈少杰、张文明共同推杆启动"2018首届国际武汉斗鱼直播节"。邀请著名歌手韩磊携"专为武汉而作、专为武汉而唱"的歌曲《在此》亮相直播节现场。斗鱼人气主播冯提莫、阿冷等相继登场献艺并与粉丝亲切互动，主舞台现场人气爆棚，观众热情持续高涨。

三是科学调度，提供综合保障。斗鱼直播节期间，市委宣传部主要领导亲赴现场巡视安保、交通等情况，慰问一线值守的公安干警、保安人员和组委会成员。组织江岸区及公安、交管、网信、卫生、食药监、供电、通信等部门和单位制订斗鱼直播节系列应急保障方案。在汉口江滩组建应急指挥部，完善信息收集、反馈、处置机制。三天活动期间，应急指挥部高效运转，高质量完成各项协调保障任务。

第二，举办2018首届中国游戏节。2018年5月25—27日，北辰集团在武汉国际会展中心举办"中国游戏节暨武汉·中国光谷数字创意科技展"，湖北省委宣传部副部长邓务贵等相关领导出席开幕式并致辞，共有140余家游戏厂商参展，200多位行业嘉宾、超2万人次专业观众参会。本次活动由中国音像与数字出版协会、市委宣传部、市文化局和东湖高新区管委会等单位指导，北京北辰实业股份有限公司主办，武汉北辰领航商务会展有限公司承办。活动包括开幕式、国际游戏产品展、电竞大赛、"智·游"2018中国游戏行业发展论坛、COSER嘉年华等环节。144家国内外知名游戏企业和硬件厂商参展，200余名行业专家和从业人员参与论坛，200余家新闻媒体和互联网新媒体现场报道，3.7万人次观众现场参与。

第三，举办2018简单生活节（武汉站）活动。10月20—21日，武汉文发集团参与举办"2018简单生活节（武汉站）"活动，这是一场最大规模的音乐文化创意生活节。本次活动现场集结华语乐坛顶尖力量，为观众带来高品质的原创音乐盛宴。抢抓武汉入选世界"设计之都"一周年时机，专辟武汉特色策展区域"渡口集市"，汇集野生唱片、汉口二厂汽水等本土品牌，展示武汉文化创意成果。

第四，举办2018首届武汉数字创意产业创新发展论坛。江汉区委、区政府于2018年10月17日在圈外数字创意产业园举办"2018首届武汉数字创意产业创新发展论坛"，此次论坛以"武汉数字创意产业发展新格局：创新与融合"为主题，邀请20多位数字创意产业行业精英、高等院校顶级专家学者以及投资领域专业人士，聚焦产、学、资三方平台高端对话，共同探讨数字创意产业发展建设意义，探索创意产业协同发展大局。

第五，举办2018武汉电商节暨中国青年电子竞技大赛。积极帮助企业通过线上和线下对活动进行宣传，组织园区企业参加2018年中国青年电子竞技大赛企业赛，全赛季参赛队伍共20000余支，覆盖全国高校600余所。各界大咖齐聚一堂，讨论如何加强青年电子竞技职业技能培训，推动青年在电竞领域创新创业，带来更加多元化的电竞体验，推动绿色电子竞技产业发展。

3. 国有文化资产监管

（1）加强文化企业负责人薪酬管理

第一，开展2016年度市属文化企业负责人薪酬发放工作检查。根据《关于开展2016年度市属文化企业负责人薪酬发放工作检查的通知》，组织专班，通过听取汇报、查阅资料、个别谈话等方式对长江日报报业集团、武汉广播电视台（集团）、武汉出版集团、武汉文化发展集团有限公司、武汉天河电影控股集团有限公司等单位2016年度负责人薪酬发放工作进行检查。对检查发现的问题通过下发整改通知书的方式要求相关单位进行整改。

第二，开展2017年度市属文化企业负责人经营业绩考核。下发《关于做好2017年度市属文化企业负责人经营业绩考核自评工作的通知》，组成考评工作小组对市属文化企业2017年度经营业绩中的社会效益指标完成情况进行复核检查。部务会研究通过各市属文化企业经营业绩考核结果及薪酬发放标准。

第三，制定2018年经营业绩考核目标建议值。按照《关于做好2018年度经营业绩考核目标建议值填报工作的通知》，结合各单位的生产经营状况及企业特点，本着实事求是，以及最大限度地发挥考核目标激励与约束作用的原则，研究制定市属文化企业2018年经营业绩考核目标建议值。

（2）加强文化企业党的建设

第一，加强市属文化企业党建督导考核。制定《2018年市属文化企业党建工作要点》《2018年市属文化企业党建工作责任清单》。按照

《市委办公厅〈关于建立健全市属国有企业党建工作责任体系的实施意见〉的通知》及全市国有企业党的建设工作会议精神有关要求，加强市属文化企业党的建设，建立市属国有企业党建问题整改情况台账。对市属文化企业基层党建重点工作进行督导考核。

第二，把党的建设内容纳入市属文化企业公司章程。为进一步完善市属文化企业法人治理结构，确立国有企业党组织在公司法人治理结构中的法定地位，把加强党的领导和完善公司治理统一起来，下发《关于修订市属文化企业公司章程的通知》，推进各市属文化企业围绕加强党的建设，开展企业章程修订，将章程修订工作向二级子企业延伸。

第三，督促各单位做好巡视（巡察）反馈问题整改工作。针对省委巡视反馈资产负债率过高问题，组织各市属文化企业分管领导及具体负责人召开专题会议进行研究，加强市属文化企业资产负债约束，指导各单位制定整改方案，推动高负债市属文化企业资产负债率逐步回归合理水平。督促部分文化企业就省委巡视反馈的问题进行积极整改，完善企业各级党组织建设。

（3）规范开展国有文化资产日常监管工作

第一，加强文资监管制度建设。印发《市国有文化资产监督管理领导小组办公室2018年工作要点》《关于进一步落实〈武汉市文资办出资人监管权力和责任事项清单（试行）〉的通知》，提升文资监管规范化、精细化水平。

第二，编制执行市属文化企业国有资本经营预算。印发《市文资办关于2018年国有资本经营预算的通知》《关于执行2018年度市属文化企业国有资本经营预算的通知》，召开专家评审会对2019年国有资本经营预算支出项目进行评审，编报市文资办2019年国有资本经营预算建议草案。

第三，推进市属文化企业全面预算管理工作。印发《关于做好2018年市属文化企业全面预算管理及报表编制工作的通知》（武文资办文〔2018〕2号），部署关于开展市属文化企业贯彻落实《国有企业领导人员廉洁从业若干规定》专项检查工作，做好出资企业有关事项的核准备案工作。

二、当前武汉市文化产业发展的主要问题

2018年，武汉文化及相关产业呈现良好发展势头，但与国内先进城市比较，武汉文化产业依旧存在以下问题亟待解决。

(一) 文化产业竞争力不强

中国城市创意指数是文化产业竞争力的评价项目。项目组以钻石模型、系统论等为理论基础，结合已有的指数模型，构建了中国城市创意指数（CCCI）。据2018年中国城市创意指数排行榜，各城市文化产业领域整体发展迅速，在评估的50个中国大中城市中，有45个城市的CCCI都在提升，其中深圳的CCCI提升幅度在全国排在第1位，但也呈现明显的地区发展不平衡。在中国城市创意指数排行榜前10中，西南地区仅重庆进入榜单，排在第8位，其余均属于华东、华南和华北地区。西北、东北地区无城市入榜，武汉作为华中地区领头城市同2017年一样，排在第12位，在国内城市文化产业竞争力方面仍需要增强。同时，我国文化产业发展程度仍呈现较大的差距，处于第一梯队的城市仅有北京和上海，其CCCI均超过96，而排在第3位的香港不足88。此外，约78%的城市（有35个城市）仍低于70，差距甚大[①]。

2018年11月21日，由社会科学文献出版社出版的蓝皮书《中国城市创新竞争力发展报告（2018）》发布。蓝皮书数据显示，北京、上海、深圳列中国城市创新竞争力排行榜前3名。蓝皮书从创新基础竞争力、创新环境竞争力、创新投入竞争力、创新产出竞争力、创新可持续发展竞争力五个方面构建了中国城市创新竞争力指标评价体系，追踪研究城市创新竞争力的演化轨迹和提升路径，具有重要的参考价值。武汉虽榜上有名（居第10位），但城市创新竞争力指数仅为36.7，与排在第1位的北京差距甚大，甚至落后于GDP远低于武汉的西安、宁波（见表5）。

---

① 《2018中国城市创意指数发布　北上港深杭广稳居前六》，2018年12月2日，http://www.gd.xinhuanet.com/newscenter/2018-12/02/c_1123794864.htm。

表5　2018年中国城市创新竞争力指数

城市	创新竞争力		创新基础竞争力		创新环境竞争力		创新投入竞争力		创新产出竞争力		创新可持续发展竞争力	
	排名	指数	排名	指数	排名	指数	排名	指数	排名	指数	排名	指数
北京	1	70.0	2	82.4	1	68.0	1	82.6	2	61.9	1	54.9
上海	2	60.5	1	88.5	4	52.4	3	56.1	4	55.2	2	50.5
深圳	3	57.6	3	66.1	8	44.6	2	61.5	1	73.8	3	42.1
天津	4	46.4	4	62.2	11	41.8	6	49.5	16	42.6	6	36.0
广州	5	44.4	5	47.1	2	58.8	18	36.6	7	46.4	11	32.8
苏州	6	44.4	6	46.6	6	45.4	11	38.7	3	57.4	9	33.8
杭州	7	42.2	7	43.1	3	52.4	7	48.2	88	33.7	10	33.5
西安	8	38.0	27	22.6	7	45.1	4	54.3	13	43.9	29	24.2
宁波	9	37.2	11	35.9	12	40.6	9	40.9	110	32.3	5	36.3
武汉	10	36.7	9	37.9	5	48.6	20	33.9	23	41.1	43	33.8

资料来源：《〈中国城市创新竞争力发展报告（2018）〉蓝皮书发布　深圳创新竞争力位居中国副省级城市第一》，2018年11月22日，http://finance.people.com.cn/n1/2018/1122/c1004-30414566.html。

（二）文化产业资本生产力较弱

中国人民大学文化产业研究院发布的"2018中国省市文化产业发展指数"指出，中国省市文化产业发展指数由生产力、影响力和驱动力三个分指数构成，其中生产力指数从投入的角度评价文化产业的人才、资本等要素和文化资源禀赋，影响力指数从产出的角度评价文化产业的经济效益和社会效益，驱动力指数从外部环境的角度评价文化产业发展的市场环境、政策环境和创新环境。综合指数越高的省市，拥有的文化产业实力越强。生产力指数越高的省市，拥有的文化产业生产实力越强。下面以综合指数和生产力指数数据为例来比较各省市文化产业资本生产力。

从综合指数来看，北京凭借文化产业影响力和驱动力的优势依旧排在第1位；浙江在文化产业生产力和驱动力方面上升较快，首次进入第2位；湖南在文化产业影响力和生产力方面表现良好，连续两年列在第7位；重庆在文化产业驱动力和影响力方面有了一定改善，5年来首次进入前10位（见图3）。

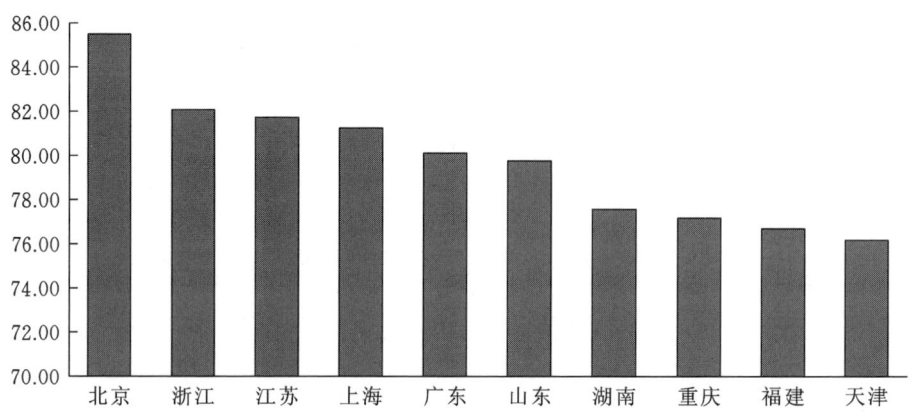

图3　2018年中国省市文化产业发展综合指数

从生产力指数来看，排在前10位的省市中，除了四川、陕西、河南外，其他均来自东部地区（见图4）。从增速看，江苏、河南、河北、广东、浙江分列生产力指数增速前5位。值得一提的是，江苏的生产力指数中排在第1位，说明江苏省拥有强劲的文化生产力。

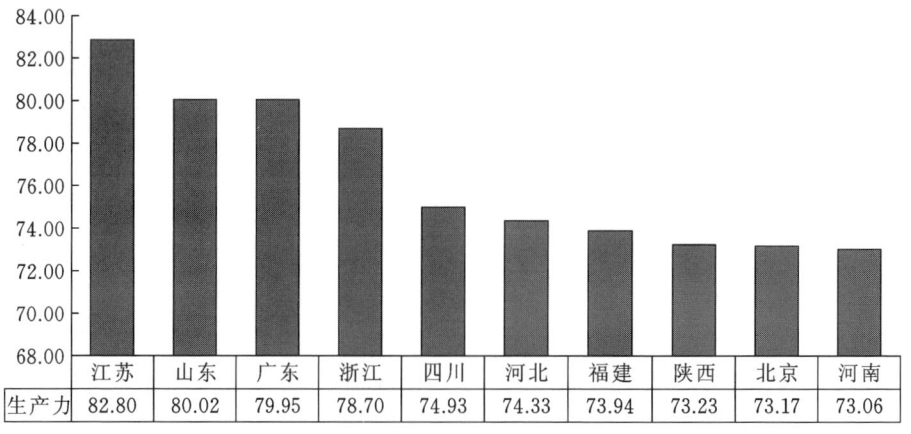

图4　2018年中国省市文化产业发展生产力指数

而在排名较靠后的省市中,湖北作为GDP排在第7位的省份,在文化产业发展指数类别中属于弱势一档,同广西、海南、青海等地区属于同一档,这说明湖北省的文化产业竞争力还较低(见表6)。

表6 2018年中国省市文化产业发展指数聚类分析

类别	省市	特征值	生产力	影响力	驱动力	综合指数
强势	北京、上海、江苏、浙江、山东、广东	均值	77.9	84.2	81.2	81.7
		均衡度	0.052	0.046	0.050	0.025
普通	河北、山西、辽宁、安徽、福建、湖南、重庆天津、四川、云南、山西	均值	71.9	75.4	76.9	75.3
		均衡度	0.030	0.033	0.036	0.022
弱势	内蒙古、吉林、黑龙江、江西、河南、湖北、广西、海南、贵州、西藏、甘肃、青海、宁夏、新疆	均值	68.8	71.7	78.3	73.8
		均衡度	0.032	0.027	0.028	0.022

国家统计局公布的数据显示,根据对全国规模以上文化及相关产业6.0万家企业的调查,2018年上述企业实现营业收入89257亿元,比上年增长8.2%(见表7)。

表7 2018年全国规上文化及相关产业企业营业收入及其同比增长情况

	绝对额(亿元)	比上年增长(%)
文化制造业	38074	4.0
文化批发和零售业	16728	4.5
文化服务业	34454	15.4
新闻信息服务	8099	24.0
内容创作生产	18239	8.1
创意设计服务	11069	16.5
文化传播渠道	10193	12.0
文化投资运营	412	-0.2

续表

	绝对额(亿元)	比上年增长(%)
文化娱乐休闲服务	1489	-1.9
文化辅助生产和中介服务	15094	6.6
文化装备生产	8378	0.2
文化消费终端生产	16284	1.9
东部地区	68688	7.7
中部地区	12008	9.7
西部地区	7618	12.2
东北地区	943	-1.3
总计	89257	8.2

资料来源:《2018年全国规模以上文化及相关产业企业营业收入增长8.2%》,2019年1月31日,http://www.gov.cn/xinwen/2019-01/31/content_5362727.htm。

(三) 文化产业发展区域不平衡

但由于各区资源禀赋、发展条件、主观努力等方面存在差距,区与区之间发展仍不平衡。文化产业园区分布不均,不仅影响各区文化企业经营成果和文化产业增加值,而且影响各区文化产业招商引资工作。从全市来看,东湖新技术开发区拥有的文化产业园最多。丰富的人才资源和扎实的经济基础吸引了小米第二总部(西山居游戏、金山办公软件均为文化企业)在光谷落户办公;推动恒信东方视觉工业基地项目,将新西兰维塔工作室引入光谷;高新区在斗鱼直播节招商洽谈会上签约项目6个,总金额6.2亿元;"楚才回家"成功吸引了火花思维、荔枝APP、依图科技等10多家互联网公司在光谷设立第二总部。目前,小米、今日头条、科大讯飞、小红书、旷视科技(Face++)、跟谁学、木仓科技、来画视频等60多家知名互联网企业在光谷设立第二总部或研发中心,光谷已形成第二总部集聚效应。

江汉区充分发挥已有的文化资源和金融优势，以红T时尚创意街区改造项目为龙头，吸引入驻企业100余家，其中海归人才与新近大学毕业生创办企业30余家、文化创意设计类企业50家、高新技术企业3家、上市公司1家[①]。圈外数字创意产业园经改造重建后于2018年10月17日正式开园，现已与上海亦复数字、联创股份、华谊嘉信等10家国内知名企业签订入驻项目合作协议。在红T时尚创意街区项目的带动下，一批老牌汉派服装企业，如Lingo候（原鸣笛服饰）、中英服饰、红人服饰等均启动了老旧厂房改造升级文化创意园区项目。其中，Lingo候创意园已完成改造，正在进行项目招商；中英荟文化园以文化艺术交流为主题，正在进行园区配套改造。江汉区还与武汉交通广播电台合作，推出三档栏目（《立马噶事》《吃喝玩乐搜城记》《行走的耳朵》），分别讲述江汉人文故事，宣传文化旅游，推介文化产业。

江岸区则整合汉口历史文化风貌区文化资源，引进多牛资本、飞马旅天使街区、大智无界创意空间等打造汉口文创谷，吸引一批文化产业项目入驻。而文化产业园区较少的汉阳、青山、蔡甸、江夏、黄陂、新洲等区的文化产业发展基础相对薄弱。产业布局分散，集聚度不够，没有形成连片发展的规模效应，引入的文化产业投资有限、整体实力不强。

（四）文化消费潜力挖掘不够

2018年，全国城乡居民人均可支配收入为28228元，比上年增长8.7%，扣除价格因素，实际增长6.5%。全国城乡居民人均可支配收入中位数为24336元，比上年增长8.6%。按常住地分，全国城镇居民人均可支配收入为39251元，比上年增长7.8%，扣除价格因素，实际增长5.6%。全国城镇居民人均可支配收入中位数为36413元，比上年增长7.6%。全国农村居民人均可支配收入为14617元，比上年增长8.8%，扣除价格因素，实际增长6.6%。全国农村居民人均可支配收入中位数为13066元，比上年增长9.2%。2018全国城乡居民人均消费支出为19853

---

① 2018年江汉区文化产业工作座谈会代表发言材料。

元,比上年增长8.4%,扣除价格因素,实际增长6.2%。按常住地分,全国城镇居民人均消费支出为26112元,比上年增长6.8%,扣除价格因素,实际增长8.4%(见表8)。根据数据对比可知,武汉城乡居民人均可支配收入、城镇居民人均可支配收入、农村居民人均可支配收入3项指标均高于全国平均水平,但是武汉市城乡居民人均可支配收入绝对额增长速度较为缓慢。武汉人口数量和流动量较大,因此消费市场巨大,文化消费力亟待挖掘。

表8 2018年全国与武汉市居民收入和消费对比

指标	全国(元)	比上年增长(%)	武汉(元)	比上年增长(%)
城乡居民人均可支配收入	28228	8.7	42133	9.0
城镇居民人均可支配收入	39251	7.8	47359	9.1
农村居民人均可支配收入	14617	8.8	22652	8.5
城乡居民人均消费支出	19853	8.4	28307	9.5
城镇居民人均消费支出	26112	6.8	31201	9.3
农村居民人均消费支出	12124	10.7	17520	10.8

资料来源:国家统计局:《2018年国民经济和社会发展统计公报》,2019年2月28日,http://www.stats.gov.cn/tjsj/zxfb/201902/t20190228_1651265.html;武汉统计局:《2018年武汉市国民经济和社会发展统计公报》,2019年4月28日,http://tjj.hubei.gov.cn/tjsj/ndtjgb/fzndtjgb/120429.htm。

(五)高端文化创意人才不多

中国文化产业发展的一个重要制约因素就是人才的缺乏。根据2018年上半年信息统计,我国规模以上文化及相关企业主要分布在东部地区,其营业收入为32443亿元,占全国的76.8%,而武汉所在的中部地区为5828亿元,占比仅为13.8%。

就武汉来看,尽管高校云集,且众多高校在全国较早开设了文化产业相关专业,专业门类齐全,师资力量雄厚,每年为社会培养了大量文化创意类人才,但是相对于行业迅猛发展的需求来看,在汉高校培养的文化创意高端人才以及留汉的人才数量相对较少。

三、武汉市文化创意产业发展的对策建议

(一) 助推特色文化产业发展,形成独特文化竞争力

根据前文的分析,武汉市文化竞争力同其他城市的差距在于创新投入竞争力和创新产出竞争力。这就需要武汉市政府在文化产业创新上加大资金、政策、技术投入,完善文化产业项目及文化企业孵化与发展的培育链条,从而为提升文化产业创新产出竞争力打下坚实的基础。值得注意的是,在文化产业的投入上,也需要充分挖掘武汉本土特色文化,如荆楚文化、首义文化、商埠文化等。

例如汉剧作为京剧形成与发展的主要源头,在有着"戏剧大码头"之称的武汉,并没有形成应有的特色。再如武汉中央文化区的打造,必须将以琴台为标志的知音文化、以"汉阳造"为标志的创业文化作为挖掘点,提升现有文化设施的服务功能,推动文化业态升级创新;集中布局建设武汉市图书馆新馆、杂技厅、武汉美术中心等重大文化设施,将具有特色的汉阳文化及武汉文化充分展现出来,将特色文化资源发展成为独特的文化产业,从而形成个性化、差异化的文化竞争力[①]。

(二) 推进文化企业制度改革,增强企业竞争力

推动党报党刊发行、印刷业务及其相应的经营性资产剥离组建文化企业,全民所有制文化企业改制为国有独资企业或者国有全资子公司,对经营性文化事业单位转制中资产评估增值、资产转让或划转涉及的企业所得税、土地增值税、城市维护建设税、印花税、契税等给予相应的税收优惠政策。培育一批以科技创新和文化创意为引擎的创业型企业群,形成以出版传媒、动漫游戏、建筑设计三大产业为主导,龙头

---

① 参与武汉市人民政府 2016 年 12 月 31 日发布的《关于印发〈武汉市文化产业发展"十三五"规划〉的通知》。

企业为核心的产业集群，特别是在数字出版、游戏电竞等领域进一步实现中部地区领先，培育一批在国内外具有一定影响力的优秀企业，创作一批文化和科技融合发展的优秀产品。大力发展新兴移动游戏和竞技型网络游戏，引入、举办国内外知名的电子竞技品牌赛事。打造国内一流、具有国际影响力的游戏直播平台，构建以游戏为核心的泛娱乐产业生态圈。

在打造企业资本竞争力方面，近年来文化企业及互联网企业的"第二总部"工作效果显著，可以采用此方式打造武汉文化企业的资本竞争力。这需要构建文化企业良性发展的生态系统，实施文化总部经济引领战略，吸引国内外龙头文化企业把总部或者地区总部以及高附加值的制造、研发、采购和服务外包部门设在武汉。完善服务机制，支持原创品牌、核心技术和具有较强市场竞争力的龙头文化企业做大做强。鼓励金融资本、社会资本以及产业投资基金等投资武汉文化企业，支持小微文化企业快速成长。

（三）完善补助政策，协调区域发展

为全面落实区域协调发展战略各项任务，促进区域协调发展向更高水平和更高质量迈进，建立更加有效的区域协调发展新机制，2018年11月，中共中央、国务院出台《关于建立更加有效的区域协调发展新机制的意见》。随着文化产业规模的扩大和发展质量的提升，在推动建立区域协调发展新机制的过程中，文化建设成为不可或缺的选项，体现为在各种区域协调发展规划中，都有文化产业的相关内容。大数据时代，文化产业空间布局突破传统区域环状分布而代之以线性带状分布，将文化产业的诸多要素进行有机的市场化配置与整合，从而突破行政区划的阻隔和产业门类的分割，最终实现文化产业国际化生产、交换与消费的整体共赢发展大格局。因此，武汉市政府需要完善对各区的补助政策，鼓励各区之间通力合作，探索搭建统一的公共服务平台等提升相近区域的产业关联度，建立和完善区域文化产业发展协调联动机制，形成既差异

化发展又优势互补的格局，提升文化产业空间配置效率，实现互惠共赢，从而引导较落后地区文化产业快速发展。

（四）打通信息渠道，促进市民文化消费

2018年，武汉市投入6100万元财政资金，建立了一套文化事业、文化产业互相促进贯通的体制机制，搭建了一套完善的运营检测管理平台，使全市文化产品和服务更加完善，人均文化消费支出不断提高，居民满意度实现提升，参与公共文化服务的人才明显增加。自2019年起，每年再安排专项资金4600万元为文化消费试点工作提供持续的财政支持，从资金上保证引导居民扩大文化消费的常态化、长效化。本次在全市展开试点，是在武昌区试点成功经验的基础上，采用从公共文化"服务评价"到居民文化"消费积分"，再到及时获取"消费补贴"的模式进行的。实施文化消费品质提升工程。积极推进国家文化消费试点城市建设，培育文化消费理念，引导市民形成健康向上、可持续的文化消费习惯。创新文化消费模式，开发并推广基于网络终端和移动互联技术的文化消费平台，完善文化消费惠民、商户联合营销、综合信息服务、行业检测分析等动能。增加对公共文化消费的财政支出，提高武汉文化产品和服务的政府采购比例，探索消费券补贴、积分奖励等模式。制订文化消费创新产品及服务认定办法，支持文化企业自主研发或者引进新技术开发文化创新产品及服务。继续增强新媒体客户端的连接功能，将旅游优惠信息及时向市民传达。通过"武汉文惠通"微信公众号平台搭建公共文化场馆和文化企业的桥梁，引导文化消费。

（五）实现产学研结合，完善人才培养与发展体系

武汉拥有118万名在校大学生，是全球拥有在校大学生最多的城市，而"百万大学生留汉"政策也让很多大学毕业生后选择留在武汉工作和生活。高素质人才是武汉艺术、动漫、游戏等文化创意类行业发展的基石，但是在文化产业并不算发达的武汉，文化产业人才难以找到满意的工作，因此也容易造成文化人才的流失。

除了保持既有人才优势，还应实施"城市合伙人计划""黄鹤英才计划""3551光谷人才计划"，重点培养和引进一批文化产业领军人才、高层次文化经营管理人才、文化金融资本人才、文化科技创新人才及外向型人才。实施"青铜计划""创谷计划""摇篮计划"，建设各类文化企业孵化器、大学生创新园、青年创业街区以及创业公寓，最大限度地降低文化创新成本。探索建立文化创新人才认定标准和机制，完善安居、薪酬、医疗、支撑、养老、子女入学等方面的配套措施。鼓励高等院校、科研机构和文化企业联合共建人才实训基地，实现人才双流动。

武汉市与相关城市文化产业发展比较研究（2019）*

中共湖北省委宣传部
华中师范大学国家文化产业研究中心
武汉轻工大学艺术与传媒学院

党的十九届五中全会提出要繁荣发展文化事业和文化产业，提高国家文化软实力。"十四五"时期将是文化产业作为国民经济支柱性产业整体迈向高质量发展和数字文化产业腾飞发展的重要阶段。在此大背景下，我国各大城市均采取相应措施刺激本市文化产业发展，提升城市文化产业竞争力。在武汉市打造国家中心城市的进程中，文化产业在其中扮演着重要角色。本文以武汉、杭州、成都、南京、苏州、长沙、天津、西安、重庆等九大城市为比较对象，从文化资源内涵特色、文化产业发

---

* 本研究报告为中共湖北省委宣传部委托项目"武汉市与相关城市文化产业发展比较研究"成果。本报告执笔人：黄勤，中共湖北省委宣传部文化产业处处长；黄永林，华中师范大学国家文化产业研究中心主任，教授，博士生导师；张国超，武汉轻工大学艺术与传媒学院副教授，博士，硕士生导师；马力，武汉轻工大学艺术与传媒学院硕士研究生；凌泽坤，武汉轻工大学艺术与传媒学院硕士研究生。
本报告完成时间：2021年7月31日。

展现状、文化产业市场环境、文化产业创新能力、文化产业配套机制等方面入手,总体评价、总结出武汉与其他城市文化产业发展之间的差距,为武汉市文化产业发展指明新的方向。

一、文化产业竞争力的内涵与研究指标构建

文化产业竞争力是指"一国(地区)文化产业对于该国(地区)文化资源禀赋结构(比较优势)和市场环境的反应与调整能力,是一国(地区)文化产业比较优势和竞争优势的总和"[①]。目前学界对于区域文化产业竞争力评价指标研究颇丰。时亚栋(2010)从波特的竞争力理论出发,结合中国文化产业发展现状,通过对文化产业发展相关理论、文化产业竞争力的具体表现形式和影响文化产业竞争力的诸多因素综合分析后,提出一个由生产要素系统、需求状况系统、相关产业系统、文化企业系统、政府行为系统、科研创新系统等大要素系统构成的文化产业竞争力理论模型。李红梅、任锦华(2015)从"两力模型"出发,将"硬实力"与"软实力"应用到文化创意产业人力资源分析,从"文化创意产业硬实力"延伸出的教育支出水平和文化创意产业发展水平,以及从"文化创意产业软实力"延伸出的"体制支持""文化包容""人本价值"和"文化辐射"等指标进行比较分析。陈建祥(2015)根据文化产业发展状况的主要评估指标,考虑数据的可获得性,选择文化产业发展水平、文化产业重点行业、文化产品(服务)需求状况、文化产品(服务)供给状况四个比较方向。前两个旨在以宏观和微观的视角比较产业发展总体水平和结构状况,后两个旨在以市场供求关系来反映产业发展状况。郭淑芬、裴耀琳(2016)在文化产业创新综合绩效中提取出"产出绩效""过程绩效"和"条件绩效"3个一级指标,提取出13个二级指标,构建文化产业创新综合评价指标体系。孙中页、王惠(2018)对八大国家中心城市的文化资源特色、文化产业发展环境和创

[①] 彭民安:《基于产业集群的城市文化产业竞争力提升研究》,《求索》2006年第10期,第58页。

新能力等进行了对比分析。韩宝华（2015）充分统筹其文化及产业维度，从文化资源内涵特色、文化产业发展现状、文化产业市场环境、文化产业创新能力、文化产业配套机制等方面入手，分析六大城市之间文化产业竞争力。从信息获取的综合性便宜度和分析比较的深度、可靠度出发，本报告选取武汉、杭州、成都、南京、苏州、长沙、天津、西安、重庆等九大城市作为比较对象，分析各大城市文化产业发展政策，找出武汉与这些城市在这方面的差距，指明武汉市文化产业发展的方向。

二、九大城市文化产业竞争力比较分析

（一）文化资源内涵特色比较

文化资源是文化产业发展的基础和前提。借助互联网的普及与应用以及大数据，文化资源的流动性空前加速，大范围、广角度、创意化的文化资源借鉴已逐渐成为各地文化产业发展的主旋律。

成都是古蜀国文化的重要发源地，是国务院首批公布的24个历史文化名城之一，距今已有4500年文明发展史，吃文化、茶文化、休闲文化、三国文化、道教文化闻名世界。成都承载了"古蜀文化""三国文化""道教文化"等9项高品质文化艺术资源，是全国著名的休闲之都。杭州是国务院首批确定的全国历史文化名城之一，拥有八千年的文化史、五千年建城史，是五代十国时期吴越国和南宋王朝的都城，文化昌盛、人文渊薮、古迹繁多，文化门类丰富多彩，素有"三吴都会""文献之邦""文物之地""东南佛国""东南诗国""书画之邦"等美誉。南京文化主要包括六朝文化、明文化和民国文化等三大"都城文化"，不仅反映了红粉文化、科举文化、祭孔文化以及市井风情，而且还包含了文人风骨、民族气节和爱国精神。西安作为中华民族文明的重要发祥地，先后有周、秦、汉、唐等13个朝代在西安建都，境内有重点文物保护单位314处，各类博物馆、纪念馆20余座，古遗址、陵墓4000多处，出

土文物12万余件，被誉为中国古代社会的"天然历史博物馆"。苏州是一座具有2500多年历史的古城。太湖山水、古镇幽巷、姑苏遗址、苏州园林等自然景观得天独厚，宋锦刺绣、苏作玉工、昆曲评弹等特色鲜明的吴文化奠定了苏州传统文化产业的基础。天津具有丰富的历史文化资源与深厚的历史文化底蕴，人文与自然景观风貌独特，拥有14个历史文化街区，1个国家级历史文化名镇杨柳青镇，1个国家级历史文化名村西井峪村，1个市级历史文化名城蓟州，1个市级历史文化名镇葛沽镇，2处世界文化遗产大运河（天津段）和蓟州古长城。重庆是国家历史文化名城，熔巴渝文化、革命文化、抗战文化、三峡文化、移民文化等于一炉，文化资源得天独厚。长沙是国家首批历史文化名城、湘楚文化的发源地，历史名人众多，历史文化遗迹丰富，有"山水洲城"之美誉。武汉是楚文化的发祥地之一，其城市文明历史可追溯到3500年前的盘龙古城。武汉在中部地区独特的中心区位，造就了其城市文化兼容并蓄的特点和融汇多元文化的优势。有脍炙人口的"相知相报"知音文化，又有谱写"敢为天下先"的首义文化，更有独具楚风楚韵的人文景观。此外，武汉市土家族、回族等多民族杂居，形成了独特的户部巷美食文化、卓刀泉武圣文化、龙王庙治水文化、武汉关租界文化和通江达海的码头文化等等。

（二）文化产业发展规模比较

当前，国内文化产业发展迅速，各种新型文化业态不断萌生。本报告依据国家统计局发布的《文化及相关产业分类（2018）》标准，选取文化艺术团体表演情况、公共图书馆数量、公共图书馆藏书量、博物馆数量作为文化产业发展规模的比对项。另查阅《中国统计年鉴2020》《武汉市统计年鉴2020》《成都市统计年鉴2020》《杭州市统计年鉴2020》《中国省市文化产业发展指数报告（2019）》和《中国文化产业发展指数报告（CCIDI）》的统计数据，梳理总结出九大城市文化产业发展规模（如表1所示）。

表1 九大城市文化产业发展规模统计

城市	文化产业增加值（百亿）	增加值占GDP比重(%)	从业人数数量（万）	文化艺术团体数量（个）	表演情况（百场）	公共图书馆数量（个）	公共图书馆图书藏量（百万）	博物馆数量（个）
武汉	8.07	5.0	40.83	16	16.4	17	17.77	87
成都	18.05	10.0	33.12	6	8.5	22	24.55	49
杭州	22.85	14.18	37.10	20	13.85	16	17.61	79
南京	9.04	6.10	44.26	71	10.23	15	20.31	66
苏州	10.52	5.23	60.00	17	18.57	11	33.93	46
天津	7.84	4.74	20.09	16	27.5	28	29	68
重庆	10.00	3.9	58.29	20	29	43	19.01	74
长沙	10.93	9.0	45.82	13	—	12	—	35
西安	5.01	5.0	21.41	18	48	13	8.01	100

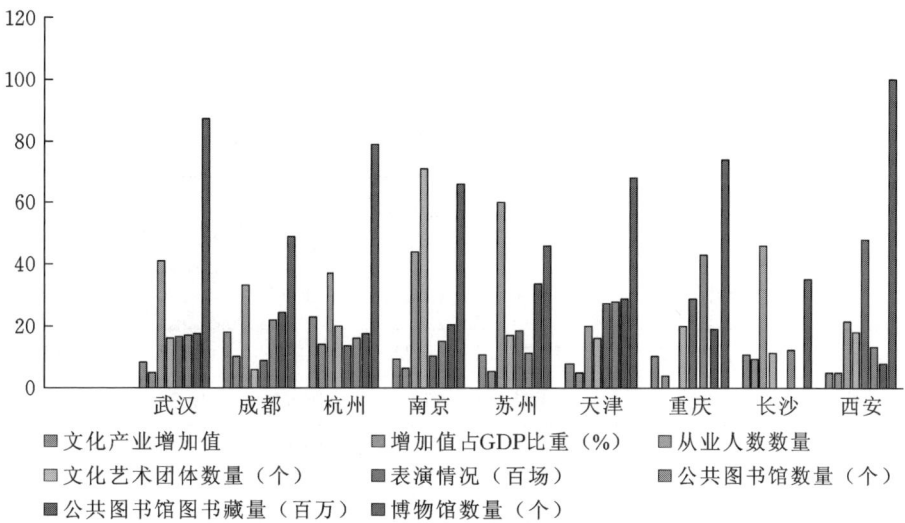

图1 九大城市文业发展状况比较图

注：长沙数据来源于《长沙市统计年鉴2019》。

如表1所示，九大城市文化产业发展规模上各有千秋，但2019年文化产业增加值最高的是杭州和成都，分别为22.85百亿以及18.05百亿，文化产业占GDP比值也是最高，分别为14.8%和10.0%。长沙市文化产业增加值达到了10.93百亿，占GDP总量的9.0%。南京的文化艺术表演团体数量最多，达到71个。西安的博物馆数量最多，拥有100个。武汉各项指标都处于中间，没有明显的短板，但也没有明显的优势，尤其以文化产业增加值及其占GDP总量两项指标，明显落后于杭州、成都和长沙等城市。

(三) 文化产业市场环境比较

文化产业市场环境主要包括文化消费能力、文化消费潜力、市场需求、消费者成熟度等因素。城镇居民家庭平均每人的年教育文化娱乐服务支出及其占全部消费性支出的比重能够有效反映出城市的文化消费能力；人均GDP、人口、消费水平等指标则彰显出城市文化产业市场环境的文化消费能力、市场需求等。根据《中国统计年鉴2020》《武汉市统计年鉴2020》《成都市统计年鉴2020》等文件，我们整理出反映九大城市文化产业市场环境的比对情况（如表2所示）。

表2 九大城市文化产业市场环境统计

城市	人均年教育文化娱乐服务支出（百元）	占消费支出比重（%）	地区生产总值（千亿元）	常住人口（百万）	人均GDP（万元）	居民消费水平（万元）
武汉	38.27	11.21	16.22	11.21	14.55	3.40
成都	32.13	10.81	17.01	16.58	10.34	2.97
杭州	47.65	10.82	15.37	10.36	15.24	4.40
南京	67.59	18.80	14.03	8.47	16.57	3.59
苏州	62.31	15.71	19.23	10.74	17.92	3.96
天津	40.62	11.67	14.10	15.61	9.03	3.48
重庆	28.94	11.22	23.61	31.24	7.58	2.58

续表

城市	人均年教育文化娱乐服务支出(百元)	占消费支出比重(%)	地区生产总值(千亿元)	常住人口(百万)	人均GDP(万元)	居民消费水平(万元)
长沙	71.80	18.34	12.14	8.39	13.79	3.95
西安	32.23	13.60	9.32	10.20	9.31	2.37

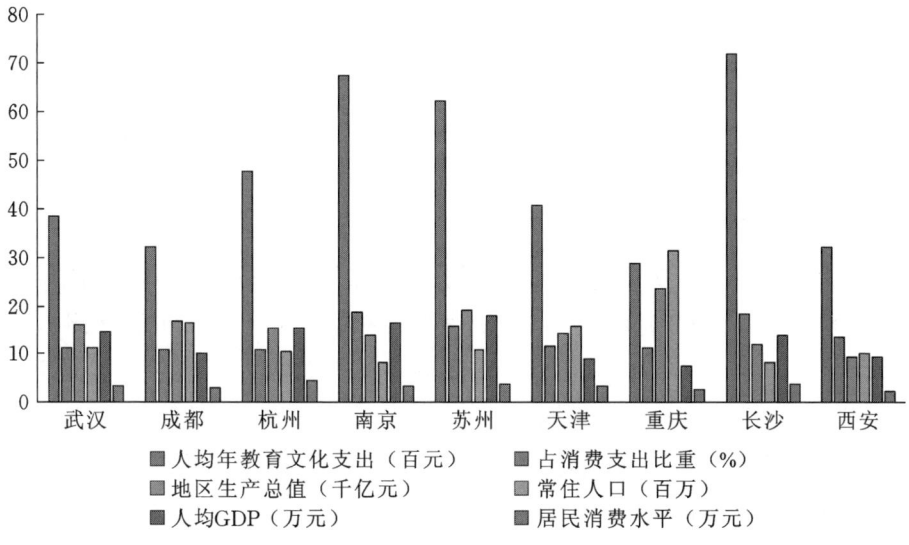

图2 九大城市文化产业市场环境情况图

从文化消费能力上看,长沙2019年城镇居民家庭平均人均年教育文化娱乐服务支出为7180元,占其全部消费性支出的15.2%,位居榜首;南京、苏州、西安、天津、重庆、武汉、杭州、成都人均年教育文化支出分别占据消费支出比重为18.80%、15.71%、13.6%、11.67%、11.22%、11.21%、10.82%、10.81%。从消费潜力上看,2019年西安地区生产总值为9.32千亿元,在九大中心城市中为最低值。

杭州市文化产业规模最大,2019年实现地区生产总值15.37千亿元,年末常住人口1036万人,人均GDP为87475元,排名第三。长沙作为经济规模不大的城市,拥有最高的人均教育文化及娱乐支出,且比重仅次于南京，具有非常强劲的文化消费能力和优秀的文化产业市场环境。南京拥有高达18.80%消费占比，教育文化与娱乐支出为67.59百元，排名第二。相较于长沙，苏州各项数值较为均衡，人口超千万，GDP总量最高，达19.32千亿元，人均GDP也最高，故苏州文化市场消费环境也十分优秀。杭州有最高的居民消费水平，但教育文化与娱乐消费占比较少，说明杭州还需要进一步加强文化市场消费环境，鼓励居民在文化产业领域消费。除上述四座亮点城市之外，剩下的五座城市中，成都、天津、西安、重庆表现不佳，人均GDP以及消费支出并不高，说明这四座城市需要进一步优化人均经济水平和文化市场消费环境。武汉作为整体表现居中的城市，在居民教育文化娱乐消费及其占比、人均GDP、居民消费水平等方面都是最为平庸的，没有亮眼的数据，也不是最差的水平。这就意味着武汉市政府在打造良好的文化产业市场环境中，需要全方位加强管理和引导。据21世纪经济研究院统计，2019年中国内地人均GDP超过2万美元的城市达14个，其中本报告的九大城市中有苏州、南京、杭州、武汉四座城市上榜，长沙也距离2万美元门槛仅一步之遥。从国际发展经验来看，当人均GDP达到2万美元后，该地区就已经基本完成了工业化，城市发展将进入"后工业化"时期，以服务业为代表的第三产业将成为主导产业。

（四）文化产业创新能力比较

科技创新是新时代经济发展的核心动力。科技创新不仅能为推动文化产业成为新时代中国支柱性产业提供驱动力，也是转变产业发展方式，满足人民群众文化需要的迫切要求。《中华人民共和国国民经济和社会发展第十四个五年规划和2035年远景目标纲要》明确提出，要实施文化产业数字化战略，加快发展新型文化企业、文化业态、文化消费模式。科教力量是科技创新和文化创意的主要保障，是文化产业创新的基础所在；文化产业的发展与传播高度依赖于文化科技融合度，这是文化产业创新能力的重要标准。因此，我们以科教资源和文化科技融合度作为衡量九大城市文化产业创新能力的比较指标。

1. 科教资源比较

现代文化产业是知识密集、信息密集、技术密集的新兴产业，科教资源是其发展所必需的生长土壤，发展文化产业需要一批高质量的人才支撑。城市的科教资源是否雄厚，这决定了其文化产业发展是否拥有不竭的动力源泉，是否能够提供一大批高水平复合型文化产业人才后备军，是否能够催生出一大批新型科技创新优秀成果，从而为文化产业的发展注入新动力。

城市的高校数量、高校学生人数、高校专任教师人数可以在一定程度上代表一个城市的科教资源实力。专利授权数是支撑文化产业竞争的硬件技术利器。研发经费投入为文化产业所需的科技创新、科技应用等提供后方保障。规上工业企业 R&D 经费内部支出数额可以作为间接反映文化产业创新能力的硬件要素。因此，我们选用以上五个指标进行城市文化产业科教资源的评价比较（如图 3 所示）。

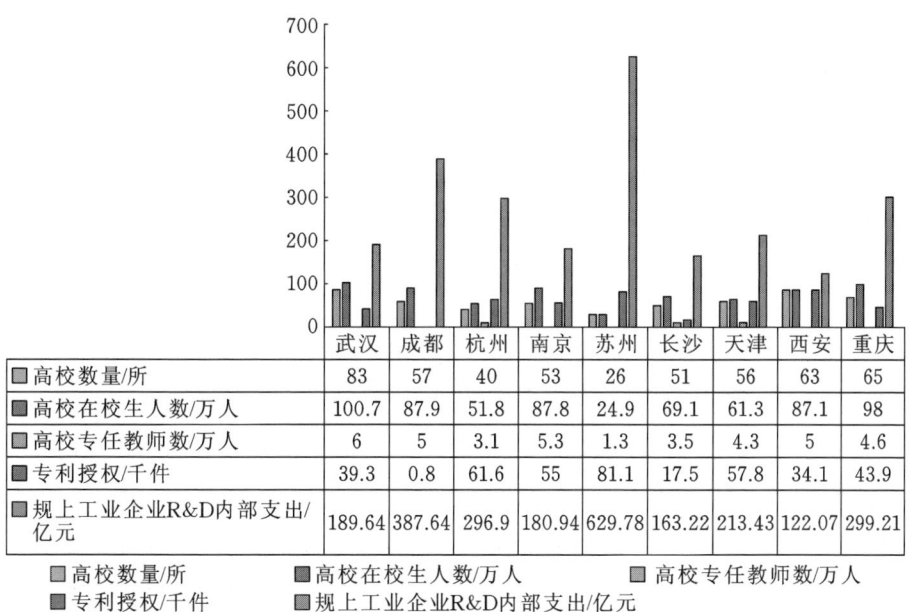

	武汉	成都	杭州	南京	苏州	长沙	天津	西安	重庆
高校数量/所	83	57	40	53	26	51	56	63	65
高校在校生人数/万人	100.7	87.9	51.8	87.8	24.9	69.1	61.3	87.1	98
高校专任教师数/万人	6	5	3.1	5.3	1.3	3.5	4.3	5	4.6
专利授权/千件	39.3	0.8	61.6	55	81.1	17.5	57.8	34.1	43.9
规上工业企业R&D内部支出/亿元	189.64	387.64	296.9	180.94	629.78	163.22	213.43	122.07	299.21

图 3　九大城市科教资源情况比较图

注：数据来源于各城市 2020 年统计年鉴。

其中成都市专利授权和规上工业企业R&D内部支出仅收录成都市高新技术产业企业数据。南京、西安、重庆的规上工业企业R&D内部支出费用所能找到的最新数据为2018年度。

从高校数量来看，武汉作为公认的教育大市，高校林立，在九大城市中位居第一，相较于排在末位的苏州，高校数量相差57所，在校生人数为后者4倍之多，为武汉市文化产业的发展提供了最为雄厚的人才储备。但值得注意的是，尽管苏州高校数量较少，高校学生人数和专任教师人数排在末位，但是其专利授权数却远超其他新一线城市，超过第二名杭州近20000件，是武汉市专利授权数的2倍多。这说明武汉市创新活动中知识产出水平较低。武汉市规上工业企业R&D内部支出额为189.64亿元，排在第六位，明显落后于其他新一线城市，不足第一名苏州的三分之一，在R&D经费投入方面表现出了巨大差距。

2. 文化与科技融合度对比

现代科技是提升文化产业竞争力的重要手段。知识、经济、文化相互渗透，相互促进，相互交融成为当代经济社会发展的一个突出特征。文化产业强调产业的价值源于文化积累和科技发展所激发的创意，从本质上讲，富于创新精神和知识含量的文化产业，与不断进步的科学技术有着天然的亲和力。在当今文化科技大发展的时代，文化产业是科技与文化高度交融的产物，科技已成为文化创作，传播的主要载体和主要驱动力。

成都市政府通过《成都市国民经济和社会发展第十四个五年规划和2035年远景目标纲要》，大力发展数字经济，推进数字科技在工业设计、文化创意、文化旅游等领域广泛应用。推进了一批数字产业化项目：5G互联科创园、5G文创综合体、大唐5G云基地IDC。到2025年，力争建成1个国家实验室、1个国家技术创新中心、3个重大科技基础设施，新增20个国家级科技创新平台，初步建成具有全国影响力的科技创新中心。

杭州市政府印发《关于促进文化和科技融合的若干政策意见》和《关于印发杭州市文化和科技融合示范园区、示范企业、示范公共服务平台认定管理办法的通知》，以促进杭州文化产业发展。在文化产业与数字经济融合发展的背景下，文化企业纷纷着手数字化转型发展。从2018年就开始布局在线教育的杭州阿优文化科技有限公司近年来研发的阿U智慧幼儿园系统，在2020年派上大用场，采购量达到7000余万元，成为公司转型升级的新动能。2020年，杭州市数字内容产业增加值增速达12.7%，成为带动文化产业向上向好快速发展的重要力量。

南京市政府积极举办文化科技融合成果展览会，2020中国（南京）文化和科技融合成果展览交易会展览面积2.1万平方米，吸引全国近300家文化科技融合企业与多个国家文化和科技融合示范基地参展。作为中国历史文化名城、全国首个科技体制综合改革试点城市，同时也是国家文化和科技融合示范基地，南京在2018年实现文化产业增加值815亿元，占GDP比重6.3%，居江苏省第一。2019年南京已建成文创设计、移动游戏、光电传媒、未来网络和数字教育五个产业分基地，拥有文化企业约3.5万家，规模以上企业1600多家，12个国家级文化产业园区。

苏州市在第二届文化和科技融合发展暨"全国数字文化遗产大数据体系建设及数字文旅产业化发展"峰会上成立CSIG数字文化遗产专委会，签订合作苏州高新区国家文化和科技融合示范基地智库等一批项目，筹建全国性的"数字文旅技术应用国家创新联盟"，推动了苏州高新区文化和科技融合创新高质量发展。

长沙市紧扣"建设国家创新创意中心、打造国际文化名城"目标，以文立城、创业兴文，拥有"广电湘军""演艺湘军"等众多品牌，先后获评世界"媒体艺术之都""东亚文化之都"，文化产业发展走在全国省会城市前列。近年来，随着5G的规模化商用、AI产业化落地和多样性算力革命的到来，长沙因时应势，稳步推进文化和科技融合，加强文化领域技术集成创新与模式创新，加快汇聚国际国内高端文创资源。鼓励和支持优秀的文创企业积极申报高新技术企业，鼓励企业加大研发投入，提升自主创新能力，规上文化类高新技术企业已达122家。投入过亿元资金在动漫、数字出版、电广传媒、演艺文化、湘绣、陶瓷、烟花等9个领域，支持一批文化科技企业，包括市科技重点研发计划支持的文化类项目134个，省数字卡通动画工程技术研究中心等科技与文化融合企业的 5 个国家文化创新工程项目。

天津市在《天津市关于促进文化和科技深度融合的实施意见》提出三大主要目标,在 2025 年打造形成 3 家国家文化和科技融合示范基地,形成 10 家文化和科技融合领军企业,文化和科技融合成为文化创新的重要动力、文化高质量发展的重要引擎。

西安市先后出台了《文化产业发展的若干政策》《建设"丝路文化高地"行动计划》《文化产业倍增计划》《文化与科技、旅游、金融融合发展实施方案》《电竞产业发展规划》等一系列政策和规划。西安市各区县、开发区也参照市上做法,结合区域实际制定了相应配套政策。建立宣传文化部门与科技部门联席会议机制,先后举办了西安文化和科技融合发展高峰论坛、文化科技大集市、文化和科技融合交流会等一系列活动,有力促进了文化科技融合发展。截至 2019 年全市文化科技企业达 1.6 万家。

重庆市政府举办第八届重庆国际文化产业博览会,汇集全国 24 家数字文化装备产品和新型数字文化消费品,涵盖新型移动终端、虚拟现实、增强现实、全息成像、可穿戴智能设备、沉浸式体验平台、裸眼 3D、智能家居、智能硬件等要素;利用博览会大大促进了重庆市文化产业文化与科技融合的脚步。

武汉市针对文化与科技融合,颁发多项文件,如《中共武汉市委武汉市人民政府关于推进文化科技创新、加快文化和科技融合发展的意见》《中共江岸区委江岸区人民政府关于印发〈江岸区文化和科技融合发展推进方案〉的通知》《关于印发〈武汉市江岸区科学技术研究与开发资金管理办法〉的通知》等,这表明了武汉市政府对文化产业的高度关注和扶植力度之大,在不断加快推进武汉市文化产业链的转型与升级、扩大武汉市文化产业企业链的协同与延伸、拓展并提升武汉市文化产业价值链、创新与升级武汉市文化产业技术链、聚合与优化武汉市文化产业空间链的进程。2021 年 6 月 6 日,武汉市政府经过制定标准、组织申报、实地考察、认真研究、专家评审等程序,已从全市 110 多家文化科技类企业、22 个文化科技类产业园区中,评审遴选出江通动画等 21 家首批文化和科技融合试点。

(五) 文化产业配套机制比较

1. 文化金融融合促进机制

文化金融是我国社会主义市场经济建设和文化事业大发展的生动实践中应运而生的鲜活概念。我国文化产业经历政策驱动和资源驱动阶段，当前存在的主要问题是效率偏低、创新能力不足，文化产业需要向创新驱动转型，向提质增效转型，文化金融的发展可以完善金融服务体系，对于促进文化产业的创新具有重要作用。

成都市政府正在加快建设国家中心城市，着力增强国家西部金融中心功能，历史底蕴深厚的青羊区已明确将文化金融作为重点发展方向。青羊区成立了文化金融融合发展工作领导小组，由区长担任组长，统筹协调全区资源力量。先后设立了成都青羊文化金融商务区、少城国际文创谷两大金融、文创产业功能区。

杭州市制定出台《杭州市文化创意产业信贷风险池补助资金使用管理细则（试行）》，进一步规范对文创金融机构和企业的资金支持机制。加快提升文创产业授信规模，杭州市文创办与杭州联合银行组建规模1100万元的市文创产业"助文贷"风险补偿基金，目前，文创风险补偿基金规模累计达6900万元。杭州文创产业投资引导基金实力不断增强，目前已累计投资项目151个，涉及投资额17.65亿元，财政资金带动子基金投资杭州项目杠杆超过5倍，该基金在带动引导社会资本进入文创领域发挥了重要作用。2018年8月，杭州文投打造的杭州文化创意产业创新创业服务平台被国家文化和旅游部列入"文化产业双创扶持计划"。

南京市出台《金融支持文化产业稳企业保就业工作的实施方案》，进一步加大对文化产业稳企业保就业的金融支持力度，推动文化与金融深度融合，提升金融对文化产业支持的精准性和有效性。为文化企业融资提供多样化的金融解决方案，力争文化企业的融资支持覆盖面明显增加，文化企业金融环境进一步改善。该实施方案从8个方面提出具体落实措施，加大了对南京文化产业稳企业保就业金融支持力度。2018年，南京启动全国地方首个以信用为支点、以金融为手段、数据驱动产业创新发展的文化金融生态创新服务体系——南京文化金融"梧桐计划"。

苏州市高新区通过加强规划引领、部门联动，不断加快体制机制建设；注重协调联动，用好文化产业财政资金，推出文化产业金融产品，创新开发信贷产品，助力推动企业上市，多措并举促进文化金融融合。2020年，高新区文化产业增加值96.52亿元，占GDP比重6.67%，位列全市第三。

长沙市2021年4月16日成立了首家长沙产业金融服务站，政府、企业、银行、媒体开启全新合作模式。率先落实湖南省委、省政府刚刚印发的《湖南省金融服务"三高四新"战略若干政策措施》的文件精神，促进金融资源与企业需求的高效精准对接，加速实现金融和实体经济同频共振，给长沙争当"领头雁"、建设示范区贡献了重要的金融力量。

西安市2017年制定《文化金融五年发展规划（2017—2021）》，曲江文化金融发展路径首现，2019年发布《西安曲江新区促进金融科技行业发展实施细则》，2020年发布《曲江新区关于应对疫情支持文化企业健康发展的十五条举措》，在政府政策支撑上，逐步形成了产融深度融合发展的文化金融发展模式和体系。

天津市发布了《关于促进我市文化与金融融合发展的实施意见》，鼓励商业银行探索联保联贷等方式，为文化产业园区或处于文化产业链中的中小文化企业提供金融支持。鼓励金融机构对大型文化产业项目提供银团贷款、产业集合信托等支持。鼓励保险机构开发推广适合文化企业的保险产品，综合运用各类保险产品，为文化企业融资增信并提升抗风险能力。支持符合条件的文化企业发行企业债、中期票据、短期融资券等融资产品，积极推动中小型文化企业发行中小企业私募债，研究推动有条件企业通过资产证券化等方式盘活企业资产。该实施意见为天津市文化产业的发展提供经济上的保驾护航。

重庆市《重庆市文化产业发展专项资金管理办法》提出，专项资金由市级财政预算安排，用于深化文化产业供给侧结构性改革，建设文化产业内容原创、数字创意、用品装备、全域融合、开放共享"五个体系"，推动文化产业高质量发展。

武汉市2019年确定由洪山区率先创建国家级文化与金融合作示范区，为文化与金融融合发展"牵线搭桥"。武汉文化金融服务中心按照"政府引导、市场运作、公共服务、多方共赢"的运营原则，积极探索文化金融融合新方式，在金融创新与风险防范等方面开拓创新，与各文化园区通力协作，拓宽了文化企业融资渠道，搭建了多层次、综合性文化金融服务体系，形成了可复制、可推广的"武汉模式"。

2. 文化产业服务体系建设

成都市政府《国民经济和社会发展第十四个五年规划和2035年远景目标纲要》中提到高水平建设三城三都——建设世界文创名城，世界旅游名城，世界赛事名城，国际美食之都，国际音乐之都，国际会展之都。在规划纲要中明确提出文化产业发展六个方面的具体目标，有利于在长期发展中把握方向，适时调配资源，保证文化产业平稳、有力发展。

杭州市政府在2019年《关于加快发展杭州文化产业的若干意见》中提出努力把文化产业发展成为新世纪杭州的支柱产业之一，成为推进杭州建设文化名城的强大动力。市委、市政府建立发展文化产业指导委员会，负责研究制定杭州发展文化产业的规划和政策，指导和协调文化体制改革，解决文化产业发展的重大问题。依据《杭州市之江文化产业带建设推进计划（2018—2022年)》提出的空间开发格局，未来五年，将重点围绕"一核五极"打造6个产业能级达百亿元的文化产业集群，并依托上下游延伸区域发展特色文化产业。

南京市近年来一直高度重视文化产业发展，不断健全现代文化产业体系和市场体系，创新生产经营机制，完善文化经济政策，培育新型文化业态，推动文化产业高速发展。南京不仅出台了《创意文化产业空间布局和功能区发展规划》《推进文化创意和设计服务与相关产业融合发展行动计划》和《促进文化创意和设计服务与相关产业融合发展的实施意见》，还把文旅健康作为全市"4+4+1"主导产业体系中的一个重要方面大力发展。另外，南京市2019年初新组建了市文化和旅游局，以机构改革为契机，南京市将加快促进资源要素整合和文化旅游融合，为人民群众提供更加丰富优质的精神食粮，为文化产业发展注入源源不断的强大动力。

苏州市政府出台了《关于文化产业倍增计划的实施意见》和《关于落实文化产业倍增计划的扶持政策》等一批文件，拿出真金白银，致力于打造最优的项目政策、企业政策、人才政策，为文化产业提供最优营商环境。文化产业增加值占 GDP 的比重较"十三五"末翻一番。《"江南文化"品牌塑造三年行动计划》提出，从 2021 年到 2023 年，持续推进"江南文化"品牌塑造十大工程，努力把大运河文化带苏州段建成"最精彩一段"。对于新增头部平台型投资项目，按照"一事一议"的原则，给予最高不超过 1 亿元的扶持资金；对首次入选"全国文化企业 30 强"的企业，一次性奖励 1000 万元；设立规模达 10 亿元的苏州文化产业投资基金，以满足初创型、成长型、领军型文化企业的融资需求，等等。

西安市政府 2020 年 8 月 10 日召开文化产业发展工作推进会，传达全省文化产业发展现场会精神，分析研判文化产业发展形势，提出积极适应疫情影响下文化产业发展的新趋势，抢抓发展机遇，培育文化产业新增长点。精准发力，坚持融合发展战略，全面做好园区基地培育、重点项目建设、招商引资、市场主体培育等重点工作，推动文化产业高质量发展。要加强学习，坚持亲商助企，深入一线做好企业服务，营造文化产业发展的良好环境。实施文化产业原创力提升计划，以创意设计、传媒影视、动漫游戏、信息服务、电子竞技为重点，打造附加值高、创造性强、成长性好的现代文创产业。

重庆市制订了《加快文化产业品牌建设　提升重庆城市软实力》，提出要加强文化产业统筹规划，推进文化产业品牌化发展；实施品牌发展战略，引领文化产业高质量发展；优化品牌建设路径，谋划文化产业品牌大格局体系；强化文化产品供给，扩大文化消费需求，打造区域文化消费品牌，注重文化市场的培育等。重庆市提出走文化品牌建设之路，培育一批具有自主知识产权和质量竞争力的知名文化品牌，让重庆文化产业品牌"走出去"。

武汉市政府高度重视文化产业和文化事业的发展，在对市政协十三届四次会议第 20200174 号提案的回复意见中指出，加快构建"政府引导、企业主体、市场导向、学研依托、行业服务、社会参与、契约纽带"的动漫产业协同创新体系。着力推动以数字化生产、网络化传播、链条化重组、信息化消费、IP 化升级、生态化建设、融合化发展为特征的新时代动漫产业创新发展。在《武汉市国民经济和社会发展第十四个五年规划和 2035 年远景目标纲要》中提出要繁荣发展文化事业和文化产业，不断增强文化软实力。持续推进"文化五城"建设（读书之城、博物馆之城、艺术之城、设计创意之城、大学之城），优化"一核、一轴、两带"布局（一核：长江文明之心；一轴：长江文化轴；两带：长江北片"文化商贸融合带"、长江南片"文化科技融合带"）。

3. 文化产业园发展实践

文化产业园区是文化创意企业和人才的集聚高地，文化产业的发展离不开文化产业园区的建设、运营和管理，作为与城市文化具有共生性的部分，作为与社会经济发展息息相关的组成部分，文化产业园区的发展很大程度上影响着文化产业市场的走向、发展和繁荣。

成都市在文创产业的城市空间格局上，初步形成了以成都中心城区和天府新区作为"双核"支撑，龙泉山和龙门山"两带"联动，以及以新都区、双流区、郫都区为代表的北南西"三片"共兴的局面。成都市已形成国家文化产业示范基地 8 家、四川省文化产业示范基地 22 家、成都市文化产业示范园区 15 家、成都市文创产业园区 31 家、国家级文创众创空间 2 家。产业方向包括国家动漫游戏产业基地、国家数字媒体技术产业化基地、国家首批文化科技融合示范基地、国家广告产业园区、国家音乐产业基地等。文创产业的集聚效应、叠加效应、协作效应逐步增强。

杭州市提出"迈向创意之城"和打造全国文化创意产业园基地后，各类文化创意园不断涌现，拥有国家级文化产业示范园"杭州市白马湖生态创意城"、12 个市级文化创意产业街区、40 个文化产业园区、20 家浙江省文化产业示范基地。十大文化创意产业园是杭州文化创意产业的发展基地，园区拥有深厚的产业文化，其发展建设的规模不断增大，产业构成和空间集聚不断完善和扩大。近年来，杭州文创产业发展创新举措效果明显，2013—2017 年以来杭州文创产业增长值持续稳定增长，2017 年全市文创产业增加值达 3041 亿元，占 GDP 比重为 24.2%。之江文化创意园、西湖数字娱乐产业园、乐富智汇园三个园区先后获得"国家数字娱乐产业示范基地""国家大学科技园""国家级科技企业孵化器""国家高新技术创业服务中心""全国优秀高新技术产业园区""浙江省科技企业孵化器"等荣誉称号。杭州国家动画产业基地电视动画片产量连续多年居全国国家级动画产业基地之首，占浙江省原创作品总量的 80% 以上。

南京市文化产业园区发展迅速，形成了一批具有全国影响力、集聚效果明显和产业特色鲜明的文化产业集聚基地。截止到 2018 年底，已建、在建的文化产业园区载体超过 80 个。其中，国家级园区 12 个，省级文化产业园区基地 26 个，市级文化产业园 15 个，去重后（去除被多部门、多级别重复认定的）南京市市级以上园区共 28 家。

苏州市共有 46 个文化创意产业园区，元和塘文化产业园区入选国家级示范园区创建名单，为江苏省唯一入选单位。通过建立健全运营管理、企业服务、绩效考核、宣传推广、园区进入和退出等机制，组建专业运营队伍，打造智慧管理平台，提供高效的管理服务，加强运营管理；积极组建园区知识产权服务中心，建立元和塘文化产业高端发展智库，搭建线上一站式的文化消费综合服务平台，为园区内载体及企业提供更加多元化的公共服务，增强其对园区的信任度和依赖性。

长沙市创造性提出"北有中关村，南有马栏山"的战略构想，旨在打造具有全球影响力的马栏山视频文创产业园。园区以"文化+科技"为发展方向，以数字视频内容为核心，推动视频文创资源集中和产业集聚。目前已聚集芒果超媒、电广传媒、中南传媒、中广天择等 4 家主板上市公司，引进爱奇艺、腾讯、字节跳动等头部企业抢滩布局，吸引各类文创企业 3000 余家入驻，形成了涵盖内容创意、制作、播放、交易、监管的全产业链条。2019 年园区企业产值达 342.39 亿元，展现出湖南高质量发展新引擎的强劲"马"力。

西安市拥有文化产业示范园区名单（23家）和西安市文化产业示范基地名单（25家）。西安曲江国家级文化产业示范区作为西北首家国家级文化和科技融合示范基地，聚集陕文投、曲文投、陕西广电网络、今日头条、优酷、喜马拉雅、西部电影频道等龙头企业。截至目前，园区聚集企业3000余家，拥有特色众创空间49家，申请专利251项，企业融资30亿元，孵化创业创新项目500个，带动就业人数10万人，文化产业增速连续保持20%以上，形成了文化演艺、影视动漫、新闻出版、文化旅游、网络文化、创意设计、电竞游戏、人工智能、电子商务、旅游休闲等门类齐全的"芯"文化产业聚集区。

相较于其他城市，武汉市的文化产业园区知名度还有所欠缺，近期发展动力不足，科技成果应用于文化创意产业的转化率较低。2019年，武汉市文化体制改革与文化产业发展领导小组审议通过了《关于加快武汉市文化产业高质量发展的实施意见》《武汉市文化产业招商引资扶持若干规定》《武汉市创建国家"文化和金融合作示范区"工作实施方案》《武汉市特色文化产业园区认定促进办法》等文化产业发展系列政策文件。积极推进文化金融服务中心建设，开展了首批市级特色文化产业园区评选认定工作。《武汉市建设国家文化和旅游消费示范城市工作方案》提出：到2022年，全市建设国家文化产业和旅游产业融合发展示范区、国家级夜间文旅消费集聚区、国家级文化产业示范园区、国家级文化和金融合作示范区各1个以上，打造1~2个全国旅游演艺精品项目，新增1个国家全域旅游示范区；使武汉文化和旅游发展形成更加完善更具活力的体制机制、协调平衡的供需结构、更加健全的政策保障体系、更加优化的消费环境、更加丰富的产品和服务供给，进一步发挥示范和引领作用。

4. 城市绿色发展指数

城市绿色发展指数是支撑文化产业持续发展的重要影响因素，我们选取《亚太城市绿色发展报告》来判断各城市的综合发展水平。《亚太城市绿色发展报告》由中国学者牵头，组织来自美国、俄罗斯、澳大利亚、新加坡、日本、泰国、马来西亚、英国、瑞典等国家知名智库和高水平研究机构的 50 余位专家学者共同完成。通过构建亚太城市绿色发展评价框架，围绕环境宜居、经济富裕、社会包容、多元善治、国家繁荣五个维度，构建亚太城市绿色发展指数，对亚太地区 100 个城市的绿色发展水平进行了综合评估。

武汉得分 0.457，排名第 54 位，在九大城市中位列第三，和位列第一和第二的长沙和成都（分别得分 0.487、0.477）有着细微的差距。此外，西安得分 0.447，排名第 61 位；南京得分 0.436，排名第 66 位；杭州得分 0.410，排名第 73 位；重庆得分 0.339，排名第 78 位；天津得分 0.405，排名第 75 位。这体现了武汉市在城市绿色发展中拥有较高水平的治理能力和协调能力。近年来武汉城市绿化面积不断扩大，湖泊湿地保护力度不断加强，城市生态环境得到明显改善。在经济发展方面，尽管 2020 年武汉市遭遇新冠肺炎疫情的沉重打击，但总体发展势头依旧强劲，不断推进高新技术产业发展，大力扶持文化产业与科技、金融融合，表明了武汉在绿色发展方面已经取得了较为显著的成果。

三、武汉文化产业发展评价与启示

武汉作为中国中部地区最大都市、国家中心城市，全市文化创意产业集聚正在蓬勃发展，"光谷"创意产业基地、"汉阳造"文化创意产业集聚区等已初具规模，基本形成了门类齐全、特色鲜明的产业格局。但是与成渝宁杭苏西长等同级别城市比，武汉市文化产业还面临诸多问题，主要表现在：文化资源挖掘不够深，缺乏领军文化创意企业名牌，文化产业人才研发专利较少，文化产业软性配套设施不够完善等。根据其他级别城市的经验，武汉市可以从以下几个方面推动文化产业的高速发展。

（一）强化品牌宣传工作

当前武汉市在国内较为知名的文化品牌有传统的黄鹤楼、长江大桥、武汉东湖、武汉大学樱花、首义之城等文化元素，目前新文化元素依旧不够响亮。例如武汉市政府着力打造的斗鱼文化节、黄陂木兰文化生态旅游区、昙华林街区、楚河汉界商业区等，缺乏传播力强、影响力深远的 IP。实际上武汉还有更加优秀的民国文化、红色文化、生态旅游文化以及背后的故事值得深挖。例如常年占据国内各大旅游黄金期前五的杭州西湖，在文化品牌打造上，遥遥领先武汉东湖，因此，也有人说：东湖比西湖也就差一个"白娘子"。

2020 年武汉遭遇新冠肺炎疫情，钟南山院士的一句"武汉本来就是很英雄的城市"让武汉成为全国人民皆知的"英雄之城"。在武汉恢复正常秩序，并采取 2020 全年 A 级景区免票制度之后，五一假期来武汉旅游人数突破纪录，成为五一期间全国最热门旅游城市之一，武汉东湖也成为全国最热门景点之一。武汉黄鹤楼景区市场部负责人王红念说："一是武汉持续向全国乃至全球宣传推介，吸引世界的目光；二是全国人民支持武汉、向往武汉，都想来亲自看看。"因此深挖文化资源，打造本土特色文化符号，做好文化宣传推介工作非常重要。当前新媒体平台是最为重要的宣传途径，武汉市政府的官方系列微博、微信、客户端需要引进专业宣传人才，紧跟社会热点，掌握网民舆论心理动向，同时联合武汉市本土的文化宣传、广告公司及新媒体企业，打造新媒体宣传矩阵，对外积极宣传，是武汉打造全国知名文化品牌的重要举措。

（二）加强文化基础设施建设

根据前文所展示的表格数据，武汉市文化艺术团体、公共图书、图书馆藏量、博物馆等数量较少，人均文化服务机构享有比值较低。武汉市政府与相关社会组织需要进一步完善公共文化服务以及文化产业基础设施。文化产业市场的发展，要从整体系统性的眼光出发，任何一个相关性的因素都是不可忽视的。加强和扩大文化产业规模，需要增加文化经营性单位，培养更多文化产业及相关专业人才，从而提高文化产业及相关产业从业人数，为社会创造出更多文化产品和服务，营造良好的文化消费氛围，吸引和刺激市民文化消费。

(三) 优化文化市场发展环境

武汉当前经济规模依旧在国内前十,但受新冠肺炎疫情的影响,武汉经济社会发展遭遇了重大打击,和成都差距越来越大,南京、杭州等城市也紧随其后快速发展。城市竞争依旧十分激烈,武汉市要进一步刺激经济发展,提高人均 GDP 和收入水平。在做好文化产品和服务的基础上,调动居民文化消费需求和意愿,吸引市民积极参与教育文化和娱乐活动,促进武汉市文化消费水平,优化武汉市文化市场环境,吸引更多龙头文化企业进驻武汉,内外联动,进一步提高文化市场发展水平。

(四) 提高文化产业研发水平

武汉市具有全国数一数二的大学生人才资源,是国家三大科教中心城市之一,这对武汉市文化产业发展有强力的智力支撑。武汉大学生的数量和专业教师数量是苏州的四倍,但武汉市相关专利授权数量仅是苏州的一半,究其原因,过低的规模以上企业研发内部投资是主要原因。专利授权数是支撑文化产业竞争的硬件技术利器,研发经费投入为文化产业所需的科技创新、科技应用等提供后方保障。规上工业企业 R&D 经费内部支出数额也是间接反映文化产业创新能力的硬件要素。因此,武汉市需要进一步加大对文化企业、高校相关专业的研发投入,出台相应激励政策,鼓励高校研究机构、文化企业研发部门进行文化产业创新,提高武汉市文化产业专利授权数量。文化产业是创意产业,需要强有力的人才和技术支撑。武汉市文化产业人才培养和引进机制不够完善,对于年轻人才的吸引力不够强,导致"人才东南飞"。人才缺乏而导致的创意产业少、技术含量低、自主知识产权匮乏就成了制约武汉市文化产业发展的重要问题。因此,需要对"人才留汉"工程进一步完善,在毕业生工资水平、福利待遇、住房租房政策、生活补贴等方面提供保障。

当前数字网络技术不断发展,新一代信息技术多点突破、快速发展,广泛渗透到经济社会各个领域,数字化、网络化、智能化发展势头日益强劲,互联网普及率和用户规模大幅攀升。武汉市要抓住这一重要机遇,全面推进文化产业转型升级，加快发展新型文化企业、文化业态、文化消费模式，壮大数字创意、网络视听、数字出版、数字娱乐、线上演播等产业，推进公共文化服务模式创新，努力形成线上线下融合互动、立体覆盖的文化服务供给体系。

（五）完善文化产业配套政策

文化产业配套政策包含很多方面：文化产业发展相关政策支持、鼓励各类担保机构对文化产业提供融资担保，通过再担保、联合担保以及担保与保险相结合等多种方式多渠道分散风险；研究建立企业信用担保基金和区域性再担保机构，以参股、委托运作和提供风险补偿等方式支持担保机构的设立与发展，服务文化产业融资需求；探索设立文化企业贷款风险补偿基金，合理分散承贷银行的信贷风险等。武汉市政府可通过设立文化产业发展专项资金等，对符合条件的文化企业，给予贷款贴息和保费补贴。完善知识产权法律体系，切实保障各方权益。需要完善文化创意产业园区法规，明确园区文化功能定位、发展方向、配套政策等。应不断提升文化创意产业园区的集聚能力，如特色文化创意产业集群的培育。园区管理方应致力营造良好的软件环境，为文化企业提供研发、生产、经营场地及办公、通信与网络等共享设施，提供政策、融资、法律和企业管理等中介服务等。同时，城市环境恶化可能对文化产业的发展带来负面影响，还要加强城市绿色工程建设，对传统产业进行改造。文化产业作为可持续发展的高附加值产业无疑是中心城市应对环境恶化和物质生产困境、促进产业升级、推进"两型"社会建设的最佳选择。

附录：

聚焦问题　重质求效
加快湖北文化产业高质量发展*

——《关于加快全省文化产业高质量发展的意见》解读

2018年11月3日，中共湖北省委、湖北省人民政府出台了《关于加快全省文化产业高质量发展的意见》（以下简称《意见》），发文规格之高、总体要求之明、发展措施之新、支持力度之大，在我省文化领域实属罕见，这充分体现了省委、省政府对加快湖北文化产业高质量发展的高度重视和坚强决心。

一、《意见》出台的背景与意义

近年来，湖北省委、省政府高度重视文化产业发展，提出发展文化产业，建设现代化文化强省，强调要把文化产业发展摆在更加突出的位置，坚定不移把文化产业培育成支柱产业，文化产业发展呈现出良好的发展态势。从2017年统计数据看，湖北省文化产业发展在四个方面取得了突出成绩：一是文化产业增加值首次突破千亿元大关，规

---

* 本文原题《聚焦问题　重质求效　加快湖北文化产业高质量发展》，原载《湖北日报》2019年3月30日。

模达到 1164.09 亿元；二是文化产业增加值增速较快，比上年增长 11.49 个百分点；三是文化产业增加值占 GDP 比重上升，达到 3.28%，比上年提高 0.36 个百分点；四是文化产业规上企业数增加，全省有 2117 家规上文化企业，较上年增加 303 家，增幅为 16.7%。尽管如此，湖北省文化产业发展仍存在不足：一是全省文化产业总体发展不充分，区域发展不协调，发展质量不高；二是产业整体市场化程度较低，文化市场各类主体发展不均衡；三是新兴文化产业发展不够，文化与相关产业融合发展程度不深；四是文化供给侧创新创意不足，高质量文化产品和服务供给不够充分。文化产业发展水平与湖北省在全国的经济地位不相适应，与湖北省文化大省的地位不相适应，与满足人民群众对美好生活向往的要求不相适应，与全面建成小康社会的目标不相适应。《意见》为当前和今后一个时期湖北文化产业高质量发展提出了改革思路、优化了产业布局、确定了发展重点、建构了产业体系、明确了经济政策、提供了保障措施，这一文化产业发展蓝图的实施，将大大激发全省人民文化创新创造活力，让湖北文化产业发展跑出加速度和创出高质量，对推动湖北经济强省和文化强省建设相互促进、同频共振具有十分重要的意义。

二、《意见》的主要内容与特点

习近平总书记在全国宣传思想工作会议上关于推动文化产业高质量发展的重要讲话，为湖北文化产业发展指明了前进的方向。《意见》全面把握、认真贯彻落实了习近平总书记关于推动文化产业高质量发展的讲话精神。

1. 坚持正确方向，遵循发展规律，科学地提出了发展要求和目标。在指导思想上，《意见》强调必须"坚持以习近平新时代中国特色社会主义思想为指导，坚定文化自信，推动社会主义文化繁荣兴盛"；遵循文化产业发展规律，强调要"健全现代文化产业体系和市场体系，推动各类文化市场主体发展壮大，培育新型文化业态和文化消费模式"；坚持以人民为中心的发展思想,强调"以高质量文化供给增强人们的文化获得感、幸福感",造福人民;强调文化产业的社会属性,"坚持正确导向,始终把社会效益放在首位;坚持深化改革,推进文化领域供给侧结构性改革;坚持融合创新,促进文化产业转型升级,培育新型文化业态;坚持特色发展,大力实施文化品牌战略"。

在发展目标上,立足现实,在认真考虑各种经济资源及社会资源承受能力基础上,实事求是地提出"到2020年底,建成一批主导产业特色鲜明、集约配套完备的文化产业聚集区,培育一批实力雄厚、核心竞争力强的骨干文化企业,打造一批有较强知名度、影响力的文化品牌,推动文化产业成为我省国民经济支柱性产业,文化产业增加值占GDP比重达到全国平均水平。到2025年底,建立完善的现代文化产业体系和市场体系"。这既为湖北文化产业发展指明了前进的方向、提出了要求,又为湖北文化产业发展描绘了一个较为宏伟且切实可行的蓝图,催人奋进。

2. 坚持特色和差异化发展,构建了"一主两副多极发展"区域布局。《意见》基于对湖北自然地理环境、经济社会发展和文化资源现状分析,依托特色和优势,构建了"一主中心带动、两副重要支撑、多极竞相发展"的湖北文化产业发展的区域布局,通过差异化发展,形成新的区域增长极和特色增长极,实现协调、可持续的高质量发展。

发挥武汉作为湖北"主中心"作用,打造湖北文化产业核心区。将武汉打造成"全国性新兴文化企业聚集区""全国性时尚设计之都""全国性文化科技融合示范中心"。"到2020年,文化产业增加值超过千亿元。"通过强化武汉在全省文化产业中的核心作用,巩固和提升湖北在全国的实力和地位,增强武汉对全省的辐射带动功能,促进全省文化产业发展。

发挥襄阳市和宜昌省域副中心城市的作用,建设湖北文化产业支撑区。襄阳市加快古城文化、三国文化和汉水文化建设,打造全国知名影视拍摄基地、中部地区重要的文化创意产业基地和区域性的工艺品生产基地，建设国家级文化旅游名城。宜昌市加快建设长江中上游区域性文化中心城市，做强叫响三峡文化旅游品牌，打造"钢琴之城"和"诗歌之城"。到2020年，襄阳市和宜昌市文化产业增加值均超过250亿元。

发挥其他市州（直管市、林区）文化资源优势，培育文化产业新兴增长极。荆州市、荆门市、随州市发挥荆楚文化、三国文化等历史文化资源优势，深度开发特色文创产品，推动形成荆楚文化、三国文化展示交流区。黄冈市、孝感市、黄石市、咸宁市、鄂州市、仙桃市、天门市、潜江市依托红色文化、工业遗址、万里茶道文化遗产等文化资源，大力发展红色旅游、工业旅游和文化休闲旅游；精准对接武汉市，承接关联产业转移，推动形成武汉城市圈文化产业聚集区。十堰市、恩施州、神农架林区依托世界文化和自然遗产、国家非物质文化遗产以及自然山水等资源，叫响文化旅游融合发展品牌，加快创建国家旅游改革创新先行区。各县（市、区）从本地资源和优势出发，大力发展特色文化产业，走特色化、差异化发展之路。

3. 坚持转型升级、实施双轮驱动，着力推动重点领域高质量发展。《意见》提出通过对传统产业转型升级，大力发展战略性新兴产业、服务业、现代制造业，培育壮大特色文化产业，实现文化产业重点领域高质量发展。

传统文化产业的转型升级。一是以创新促进出版业转型。在巩固少儿、美术、文学等出版业务在全国优势地位基础上，大力发展数字出版，加快华中国家数字出版基地建设，支持华中国家版权交易中心打造行业领域的示范平台等。二是以优质推动影视产业升级。发展壮大影视企业，培育优秀制作团队，加大优质剧本培育和孵化力度，加大对优质电影创作、摄制、发行、放映企业的支持力度等。三是以改革激发演艺业活力。深化国有文艺院团改革，支持民营演艺团体发展，鼓励各类演出经纪机构健康发展。四是以品牌促进会展业升级。推动政府办展向社会办展转变，提升会展业市场化、专业化、国际化水平。

大力发展新兴科技型文化产业。《意见》基于现代网络信息和数字化技术，提出建设新兴科技型文化产业：一是用现代科技发展文化装备制造业。适应大数据、物联网、人工智能等发展趋势，提升传统制造业水平；推动文化装备制造与智慧旅游、特色小镇、城市综合体等相结合，发展智能家庭娱乐、智能语音、3D 打印等高端制造业。二是以跨界融合培育动漫游戏业新优势。推动动漫游戏跨界融合发展，大力发展手游、端游、VR 游戏等新型业态。三是以数字技术壮大创意设计服务业。发挥武汉全球创意城市网络"设计之都"优势，发展设计主体、建设孵化平台、培养创新人才，创建高规格的设计中心。

推动特色资源转化和产业融合。一是统筹推进湖北省红色文化、荆楚文化、三国文化等文化资源的创造性转化和创新性发展。打造具有荆楚特色的工艺产品，加强特色文化小镇、文化名村和特色街区建设，鼓励利用历史遗迹、文化遗存及生态宜居环境等资源发展文化休闲旅游业，发展特色节庆经济。二是推动"文化+"跨界融合，促进文化产业高质量发展，其一，促进文化与科技深度融合发展，培育基于大数据、云计算、人工智能等新技术的新型文化业态，创建国家级文化与科技融合示范基地；其二，促进文化与旅游全面融合发展；其三，促进文化与体育、商贸、康养等产业加快融合；其四，促进文化与建筑业、信息业等相关产业融合发展。

4. 坚持体制改革，推进制度创新，健全现代文化产业体系和市场体系。实现文化产业高质量发展，必须"健全现代文化产业体系和市场体系"，为此《意见》提出了以下任务和要求。

做大做强文化生产经营主体。一是深化国有企业分类改革，鼓励支持多种所有制文化企业共同发展，通过培育一批航母型企业集团，打造一批有影响的文化企业，谋划一批文化产业重点项目，推动文化企业做大做强。二是把文化产业发展与"大众创业、万众创新"紧密结合，支持小微文化企业走"专、精、特、新"的发展道路，推动总量上规模、质量上水平。三是完善文化产业园区政策，促进文化产业共生发展、集聚发展。四是实施文化品牌战略，培育一批在全国有较大影响力的文化企业、文化产品、文化活动和优势品牌。

培育扩大国际国内文化市场。一是对内培育文化消费市场。合理布局文化消费场所，提供有效覆盖、方便快捷的文化消费设施；健全培育和扩大文化消费的长效机制，创新文化消费补贴方式；探索开展城乡居民文化惠民消费季活动，刺激撬动大众文化消费。二是对外扩大国际文化贸易。建设一批省级对外文化贸易示范园区及基地，培育文化贸易企业，支持申报国家文化出口基地、重点企业和重点项目，鼓励文化企业参加经审定的国内外重大展会，承办经审定的国内外重大文化赛事活动等。

强化金融人才市场环境支撑。其一，加大文化金融服务创新力度。加强文化产业投融资平台建设，促进银企供需对接。引导各类金融机构扩大对文化产业的融资比例，创新文化信贷产品和服务。其二，充分利用多层次资本市场。通过创新逐步建立起多元化、社会化、公共化的投融资服务体系，为文化产业发展提供投融资渠道保障。其三，强化文化产业人才支撑。造就领军人才，留住骨干人才，培养技能型人才，聚集创新型人才。其四，优化文化市场环境。加快构建统一开放、竞争有序、诚信守法、监管有力的现代文化市场体系，增强文化产业发展活力。

5. 实行优化组合，强化整体发力，完善各项文化产业经济政策。一是加大政府对文化产业发展的财政支持力度，发挥各级文化产业专项资金的引导和杠杆作用，引导社会资本加大对文化产业发展的投入；二是全面落实国家支持文化产业发展的税收优惠政策；三是对国家级、省级文化产业示范园区（基地）的重大文化产业项目，优先纳入省重点建设项目计划，优先保障供地；四是加强和改进文化产业统计工作，以保证文化产业统计数据的真实、客观、准确和可靠。

6. 加强组织领导，实施简政放权，在抓落实求实效上狠下功夫。《意见》强调推动文化产业高质量发展必须真抓实干，狠抓落实。一是加强组织领导。在省委、省政府统一领导下，省文化体制改革与文化产业发展领导小组负责统筹推进全省文化产业发展工作。省委宣传部统筹协调，省直各相关部门明确职责，落实责任，抓紧细化措施。各市州县要健全工作机制，加大推进力度。二是实施简政放权。深化文化领域"放管服"改革，探索"一站式"服务模式，提升行政审批服务效能。三是落实责任主体。对于《意见》中提出的各项具体任务，明确了具体牵头单位和参与单位，做到任务清楚、责任明确。

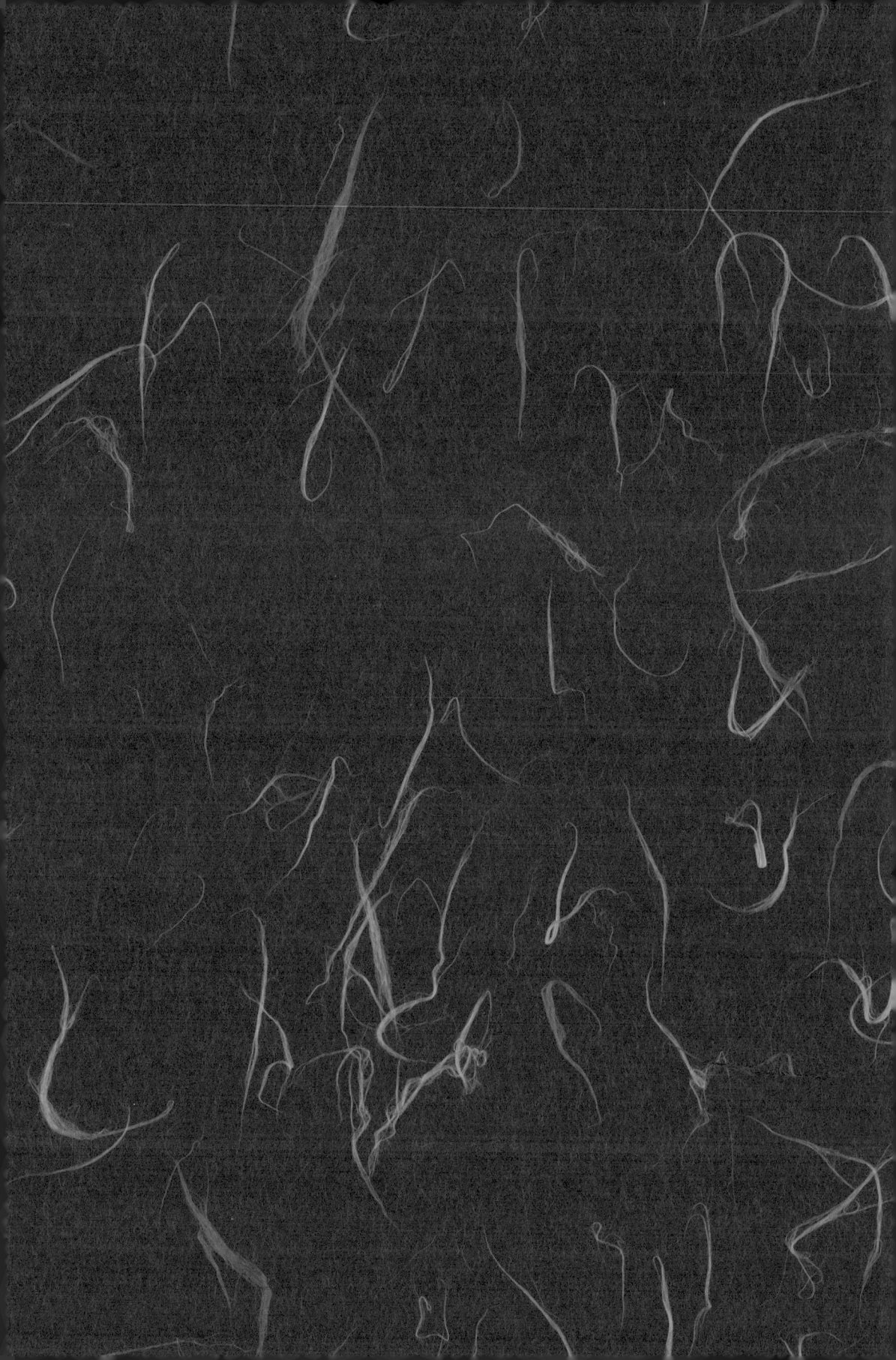